氢能发展战略与前沿技术

陈 琳 魏 凤 黄开耀 周 洪 等 编著

ZHEJIANG UNIVERSITY PRESS
浙江大学出版社

图书在版编目（CIP）数据

氢能发展战略与前沿技术／陈琳等编著. — 杭州：
浙江大学出版社，2022.3
ISBN 978-7-308-22360-7

Ⅰ. ①氢… Ⅱ. ①陈… Ⅲ. ①氢能－能源发展－能源
战略－研究－中国 Ⅳ. ①F426.2

中国版本图书馆 CIP 数据核字（2022）第 029663 号

氢能发展战略与前沿技术

陈 琳 魏 凤 黄开耀 周 洪 等 编著

责任编辑	金佩雯	
责任校对	潘晶晶	
封面设计	续设计	
出版发行	浙江大学出版社	
	（杭州市天目山路 148 号　邮政编码 310007）	
	（网址：http://www.zjupress.com）	
排　版	杭州星云光电图文制作有限公司	
印　刷	广东虎彩云印刷有限公司绍兴分公司	
开　本	710mm×1000mm　1/16	
印　张	13.75	
字　数	186 千	
版 印 次	2022 年 3 月第 1 版　2022 年 3 月第 1 次印刷	
书　号	ISBN 978-7-308-22360-7	
定　价	86.00 元	

《氢能发展战略与前沿技术》编写组

主　　　　笔：陈　琳　魏　凤　黄开耀　周　洪

主要编撰人员：周超峰　郑启斌　高国庆　洪　慧

　　　　　　　高　林　郝　勇　邓阿妹　谭思敏

　　　　　　　孙玉琦

前　　言

　　随着全球气候变化及能源低碳化结构转型加速,加大推进低碳、零碳的能源利用技术成为各国的重要选择,其中零碳氢能以稳定、持续、可靠的供能特点受到普遍关注。作为一种清洁高效的能源,氢能具有能量密度高、零碳、储存便利等优点,还可以随时、随地被灵活利用。与传统能源相比,氢能还具有来源多样、终端零排、用途广泛等多重优势,对构建清洁低碳、安全高效的现代能源体系,保障国家能源安全,改善大气环境质量,推进能源产业升级,以及减少温室气体排放等均具有重要意义。

　　推动氢能技术及氢能经济的发展已经成为许多国家应对气候变化和实现能源低碳转型的重要技术手段。我国以及美国、日本、韩国、欧盟等主要经济体高度重视氢能的发展,将氢能上升到能源战略高度并从战略层面给予支持。英国、德国、法国等是全球较早发展氢能的国家。早在 1923 年,英国科学家就预判氢能将成为未来的主要燃料。20 世纪 70 年代,欧洲共同体启动对氢能技术的科学研究。1992 年,比利时试验了世界上第一辆氢燃料公共汽车。进入 21 世纪后,随着对气候环境和能源问题的关注,欧盟不断对氢能发展给出支持性政策,还建立了"欧洲氢能和燃料电池技术平台"。2019 年 2 月,欧洲燃料电池和氢能联合组织(FCH-JU)发布了《欧洲氢能路线图:欧洲能源转型的可持续发展路径》(*Hydrogen Roadmap Europe：A Sustainable Pathway for the European Energy Transition*),指出欧洲能源转型必须大规模部署氢能,并提出欧洲 2030、2050 年氢能发展路线图以及针对监管层、产业界、工业界、电力、交通等利益相关方的 8 条建议。由此可以看出,欧盟通过全局性、系统化的设计和部署来推动氢能的发展应用。2021 年,美国能源部为了响应拜登总统提出的应对气候变化目标(到 2030 年实现碳排放在 2005 年基础上削减 50% ~ 52%,到 2035 年 100% 使用清洁能源,到 2050 年实现净零排放),启动实施能源攻关计划,把氢能作为推动全球能源转型和应对气候变化的一种可行性技术路线来大力发展。国际氢能委员会预计,到 2050 年,全球范围内氢能占全部能源消费的比重将提高到 18%,氢能经济的市场规模将达到 2.5 万亿美元。

本书重点围绕氢能技术的发展和应用,首先介绍了全球主要经济体的氢能技术发展战略与项目部署及其所带来的启示。各主要经济体纷纷从战略层面制订系统、全面的"制氢-运氢-储氢-用氢"全链条发展计划,不断加大对氢能技术的研发投入,期望通过技术创新,降低氢能技术应用成本,推动规模化氢能产业的发展。目前欧盟、美国、日本等发达经济体正处于低成本氢能技术研发、抢占全球氢能技术制高点的激烈竞争之中。

在氢制备技术研发方面,本书主要对电解水制氢、热化学循环制氢、碳氢燃料化学链重整制氢三大类制氢技术的类型、原理和优缺点进行调研与比较。电解水制氢属于传统技术,在工业领域应用最为广泛,技术经济性也较高,期待未来将可再生能源用于电解水制氢,以降低成本;热化学循环制氢是用加热化学反应方法制氢的工艺,包含较多化学反应物和催化剂,普遍而言制氢效率越高,成本越大,未来有望通过太阳能热化学反应制氢,以降低成本;碳氢燃料化学链重整制氢主要分为水蒸气甲烷重整、化学链水蒸气重整、自热化学链重整和甲烷化学链重整,该技术的关键在于载氧体材料的研发,目前尚处于实验室阶段。

氢能的应用主要表现为制备燃料电池、化学合成品(如甲烷、甲酸、烯烃、液体燃料)等工业原料。质子交换膜(proton exchange membrane,PEM)燃料电池是第五代燃料电池,其采用氢气作为燃料,以氧气作为氧化剂,通过氢氧化合反应,直接将氢气中的化学能转换成可以利用的电能,具有能量转换率高、环境友好等显著优势。PEM 燃料电池是最具发展前景和最有吸引力的新型清洁能源之一,受到了业界的广泛关注。在前沿研发上,二氧化碳加氢制化学品与液体燃料受到关注,如二氧化碳加氢制甲烷、甲醇、甲酸、二甲醚、低碳烯烃等取得了很大进展,而对长链产物的研究相对较少。

随着全球氢能产业的发展及其燃料电池的应用,相关技术和产品快速发展,我国需要打破相关技术壁垒来改善产品质量和技术先进性,从而提升我国氢能及相关应用链在国际上的战略优势。因此,开展氢能技术、人才、标准、知识产权及交流合作等多角度、全方位的工作,将有助于我国增加在国际氢能领域的参与度,争取更大的话语权,提升我国氢能技术和产业的国际竞争力。

氢能的发展涉及科技、政策、规划、投入、人才等众多因素,非常复杂。我们认为,随着科技的进步,氢能的创新和应用发展必将在未来能源系统中占据一席之地。本书仅从全球主要经济体制定的氢能政策、规划以及新的技术创新路线等方面介绍氢能发展现状,希望读者对国内外氢能政策、当前各类制氢技术及应用有所了解。由于作者水平有限,加之时间较为仓促,因此书中难免存在不足和疏忽之处,希望各位专家和读者提出宝贵意见和建议,以便进一步修改和完善。

本书的完成得到了中国科学院工程热物理研究所高林研究员、洪慧研究员、李胜研究员、郝勇研究员等专家的帮助和指导,在此一并表示衷心的感谢!

目　录

第1章 引　言

氢能是一种清洁高效的可再生能源。发展氢能技术对于构建清洁低碳、安全高效的现代能源体系,以及保障国家能源安全、改善大气环境质量、推进能源产业升级均具有重要意义。

氢是宇宙中最轻的元素,也是唯一完全不含碳的分子基能量载体。作为能源,氢具有两个明显优势:高能量密度,能被储存但不含碳。氢的单位质量的热值约是煤炭的4倍,汽油的3.1倍,天然气的2.6倍;相比传统能源行业,氢能来源多样、终端零排、用途广泛,可以实现灵活的时间或地域转移。随着技术日趋成熟、成本大幅下降,氢能正迎来快速发展的战略机遇期。

随着全球气候变化加速及能源转型压力增大,氢能以其清洁、灵活高效和应用场景丰富的特点受到全球瞩目,尤其将在各国实现碳中和目标上发挥重大、积极作用。许多国家与地区都将氢能上升到能源战略高度,视其为推动全球能源转型的一种可行性技术路线。

氢能产业是一个广阔的领域,其产业链包括制氢、储运、加氢、氢能运用等多个环节。美国、日本、韩国、欧盟及我国都高度重视氢能产业发展,纷纷加大氢能产业扶持力度。国际氢能委员会预计,到2050年,全球范围内氢能占全部能源消费的比重将提高到18%,氢能经济的市场规模将达到2.5万亿美元。

世界能源理事会认为,氢能不是能源,而是能量载体,必须在使用前生产和储存,属于二次能源。氢气可以通过以下方式产生能量。①燃烧。燃烧 1kg 氢气释放的能量是燃烧 1kg 汽油的 3.1 倍,且只排出生产水。②燃料电池。燃料电池是一种电化学电池,通过氧化还原反应将氧气转化为电能,反应的副产物是水。只要供应氢气和氧气,电池就可以连续发电。

制氢方式有煤制氢、天然气制氢、工业副产氢、火电/光电/光催化制氢、生物发酵制氢等。世界能源理事会按照生产来源将氢气分为灰色、蓝色和绿色三类。灰色氢气(简称灰氢)是指通过水蒸气甲烷重整(steam methane reforming,SMR)或煤气化技术制取的氢气。该过程制氢成本较低,但是碳强度最高。蓝色氢气(简称蓝氢)是指通过化石燃料或 SMR 技术、生物甲醇、氨等产品生产原料或煤气化,并和二氧化碳副产物捕获和储存技术联用制备的氢气。该过程制氢成本较高,碳强度较低。绿色氢气(简称绿氢)是指使用可再生能源或核能生产的氢气。该过程无二氧化碳排放,但成本高昂。

氢能具备各种显著优势,并且存在迫切需求,市场空间十分广阔。氢能的应用场景非常丰富,可以应用于能源系统、供电供热、炼化冶金、交通运输、建筑工程等各个领域。为此,需要对氢能与燃料电池技术链的关键技术发展方向和重点进行研究。

氢能已经成为我国新能源发展的热点。《国家中长期科学和技术发展规划纲要(2006—2020 年)》将氢能及燃料电池技术列为先进能源技术。《能源技术革命创新行动计划(2016—2030 年)》把氢能与燃料电池技术创新列入能源技术革命重点创新行动路线图。2019 年《政府工作报告》首次提出推动充电、加氢等设施建设。国家发改委修订发布的《产业结构调整指导目录(2019 年本)》中所列出的鼓励类新能源项目包括氢能、风电与光伏发电互补系统技术开发与应用,高效制氢、运氢及高密度储氢技术开发应用及设备制造,加氢站及车用清洁替代燃料加注站。

"十三五"期间,我国启动实施国家重点研发计划"可再生能源与氢能技术"重点专项,旨在大幅提升我国可再生能源自主创新能力,推进氢能技术发展及产业化,规模化替代化石燃料,为能源结构调整和应对气候变化奠定基础。中国氢能联盟预计,到 2030 年,我国氢气需求量将达到 3500 万吨,复合年增长率达 5.76%;到 2050 年,全国氢气需求量将接近 6000 万吨。氢能在国内的应用越来越广泛,市场拓展速度也越来越快。

　　从产业发展来看,随着我国氢能技术日益成熟,氢能应用进入商业化初期,但大部分上市企业只是将其作为新探索方向扩展延伸。从总体分布来看,氢能及燃料电池企业主要分布在东部沿海地区,珠三角和长三角地区是氢能及燃料电池企业数量最多的聚集区。从各领域研发占比来看,由于国内电堆系统和储运环节技术成熟度较低,企业的研发投入占比较高,而运营及制氢环节研发投入较低。在区域层面,国家发改委和北京市在北京市大兴区联手打造北京首个氢能产业园,河北省提出到 2022 年氢能产业链年产值 150 亿元,广州市提出建成大湾区氢能运营中心。国家即将出台氢能产业发展"以奖代补"政策——氢能在我国即将进入发展的快车道。

第 2 章　国内外氢能战略与项目部署

目前,各发达经济体将氢能作为缓解气候压力和实现能源转型的重要技术选择,从国家战略层面给予支持[1-4]。氢能可以实现灵活的时间转移或地域转移,具有来源多样、终端零排、用途广泛等多重优势[5-6],对构建清洁低碳、安全高效的现代能源体系,保障国家能源安全,改善大气环境质量,推进能源产业升级,减少温室气体排放等均具有重要意义[7-8]。

2.1　美国氢能发展战略与项目部署

美国政府自 1990 年制定推动氢能源产业发展的各项政策至今逾 30 年,始终保持着从政策评估、商业化前景预测,到方案制定、技术研发,再到示范推广的发展思路。随着全球气候变化压力增大,美国的氢能战略在碳中和目标下发生了新的转变[9],推动氢能技术的研究和商业化的步伐明显加快[10]。

2.1.1　美国氢能发展战略的历程剖析

美国是全球最为重视发展氢能的国家之一,也是最早提出利用氢能的国家之一。早在 1990 年,美国政府就颁布《氢研究、开发及示范法案》。时至今日,其已颁布了多项推动氢能发展的政策和行动计划。美国政府氢能战略发展可概括为四个阶段,具体如表 2.1 所示。

表 2.1　美国氢能战略发展的四个阶段

阶段	时间	标志性政策	主要内容	目标	实施效果
第一阶段：氢能论证和构建形成"制氢－运氢－储氢－用氢"全技术链	1990—2001 年	·《氢研究、开发及示范法案》(1990)；·《氢能前景法案》(1996)，将氢能作为未来能源发展的方向之一，开始开展氢能技术研究	·制订氢能研发 5 年管理计划；·投入 1.6 亿美元用于氢能生产、储运和应用技术研发；·重点论证氢能技术的可行性	在最短时间内，采用较为经济的方法，突破氢生产、储运和应用过程中的关键技术	通过前沿技术探索、商业应用可行性论证等，基本确定氢能产业的发展方向
第二阶段：氢能技术发展方向遴选和重点领域（交通）关键核心技术研发	2002—2012 年	·《国家氢能发展路线图》(2002)，产业开发进入行动阶段；·《总统氢燃料倡议》(2003)；·《氢立场计划》(2004)；·《能源政策法案》(2005)	·计划投资 12 亿美元研发氢能生产和储运技术，促进氢燃料电池汽车技术及相关基础设施在 2015 年前实现商业化；·开展氢能与燃料电池项目；·明确氢能产业发展要经过研发示范、市场转化、基础建设和市场扩张、建立氢能社会四个阶段	正式启动氢能与燃料电池研究计划，推动氢能燃料电池充电基础设施建设	建成一批氢能应用基础设施

续表

阶段	时间	标志性政策	主要内容	目标	实施效果
第三阶段：氢能燃料电池及其他配套技术的研发和推广应用	2013—2019年	《全面能源战略》(2014)，确定氢能在交通转型中的引领作用	· 2013年政府预算63亿美元给能源部，用于氢能、燃料电池、车用替代燃料等清洁能源研发，并对氢能基础设施实行30%~50%税收抵免； · 在2019年实施的氢能计划中，拨款4000万美元用于氢能技术研发，旨在通过技术早期应用推进氢能与燃料电池技术突破	通过新材料的研发推动制氢技术的发展，实现经济、安全、可靠的大规模氢气生产、运输、存储和利用	加快氢能基础设施的建设及其在交通运输业中的应用，同时重视制氢和储氢领域相关新材料的研发
第四阶段：在碳中和目标下，全面推动氢能发展，重点关注绿氢技术的研发和应用推广	2020—2030年	《氢能计划发展规划》(2020)	· 提出未来十年及更长时期氢能研究、开发和示范的总体战略框架； · 明确氢能发展核心技术领域、需求和挑战； · 提出氢能技术主要经济目标，首次明确氢能在实现碳中和目标中的作用	加快推动成熟氢能技术商业化应用，重点开发可再生能源制氢、核能制氢等清洁制氢技术	2021年6月，启动第一批氢能攻关计划，目标是在未来十年使清洁氢能价格降低80%，至1美元/kg

由表 2.1 可见,美国政府确定氢能为能源供应的方向之一和开展氢能技术研发示范的时间已超过 30 年,已经形成"制氢-运氢-储氢-用氢"全技术链,为规模化发展氢能奠定了可靠的科学基础。2019 年 11 月,美国燃料电池和氢能源协会(FCHEA)在其发布的《美国氢能经济路线图执行概要报告》中指出:在过去十年中,美国能源部对氢能与燃料电池每年资助研发经费 1 亿至 2.8 亿美元,尤其是自 2017 年以来每年约投入研发经费 1.5 亿美元[11]。根据该报告,美国计划 2020—2022 年实现氢能在小型乘用车、叉车、分布式电源、家用热电联产、碳捕捉等领域的应用;到 2030 年,预计美国氢能经济每年可产生约 1400 亿美元的收入,并在整个氢价值链中提供 70 万个工作岗位;到 2050 年,预计氢能将占据美国能源需求 14% 的比例,美国氢能经济每年将创造约 7500 亿美元的收入和累计 340 万个就业机会,以推动经济增长。这反映出推动氢能技术全链条产业化发展、建立新的经济增长点及反哺社会将是美国政府未来推动氢能发展的重点工作。

2.1.2　新时期美国氢能战略发展的主要特征

随着全球气候变化极端事件频发,在美国氢能技术研发体系日趋完善和成效日益彰显的前提下,美国政府将重点考虑氢能在实现本土碳中和目标中应发挥的作用。2021 年 2 月,美国政府宣布重返《巴黎气候变化协定》谈判,这促使美国在气候目标下重新定位氢能在能源结构和全球市场中的位置并做出新的部署。2020 年 11 月 12 日,美国能源部在 2002 年规划基础上,发布最新版《氢能计划发展规划》[12],提出未来十年及更长时期氢能研究、开发和示范的总体战略框架,其主要内容包括以下三个方面。

(1)设定未来十年(2020—2030 年)氢能全链条中重点发展的技术阶段及相关技术与经济指标,期望通过技术创新,提高技术稳定性和效率,降低成本,加快一批氢能技术或产品的商业化应用(表 2.2)。从表 2.2 中给出的技术与经济指标来看,美国有望在氢能全链条环节的一些技术领域率先实现商业化发展。

表 2.2　美国氢能发展各技术阶段的技术指标与经济指标

技术阶段	技术与经济指标
制氢阶段	电解槽:运行寿命 8 万小时,成本 300 美元/kW,转换效率 65%
运氢阶段	交通部门氢输配成本:初期降至 5 美元/kg,最终降至 2 美元/kg
储氢阶段	·车载储氢系统的成本:将能量密度 2.2(kW·h)/kg、1.7(kW·h)/L 的成本降到 8 美元/(kW·h) ·便携式燃料电池电源系统成本:将能量密度 1(kW·h)/kg、1.3(kW·h)/L 的成本降到 0.5 美元/(kW·h) ·储氢罐用高强度碳纤维成本达到 13 美元/kg
用氢/ 氢产品阶段	·工业和电力部门用氢价格:1 美元/kg ·交通部门用氢价格:2 美元/kg ·用于长途重型卡车的质子交换膜(PEM)燃料电池系统成本降至 80 美元/kW,运行寿命达到 2.5 万小时 ·用于固定式发电的固体氧化物燃料电池系统成本降至 900 美元/kW,运行寿命达到 4 万小时

（2）加大对氢能其他技术的设计和攻关,期望进一步为美国氢能经济提供更多元化的选择（表 2.3）。通过研究可再生能源、化石能源和核能制氢技术,开发多种氢源;通过开发氢能分配先进技术、储氢介质及储氢设施,满足各种规模的氢储运的需求;通过进一步开发高性能燃料电池和合成燃料产品等,拓展氢能应用领域。

表 2.3　美国氢能发展各技术阶段的新技术

技术阶段	新技术
制氢阶段	在开发成本更低、效率更高、更耐用的电解槽的同时,研发可再生能源、化石能源和核能制氢技术等
运氢阶段	开发氢能分配的先进技术,包括液化和化学储氢载体、氢气输运的通行权和许可权
储氢阶段	开发更高容量、体积更小的储氢介质;开发大规模储氢设施
用氢/ 氢产品阶段	开发大规模、低成本、更耐用和更可靠的燃料电池;开发以高浓度氢或纯氢为燃料的涡轮机;开发氨生产及利用氢气和二氧化碳生产合成燃料的技术等

（3）开展氢能标准的研究和制定。为了配合氢能技术、设备、材料、制造工艺的产业化，美国计划开展标准化制造流程、质量控制和优化制造设计等研究，期望制定适用、统一的标准，保障氢能生产、输配、储存和应用等安全性、规模化、统一化和质量流程，以提供最佳实践经验和做法。

为了落实上述氢能发展规划，美国能源部于 2021 年 6 月 7 日启动首个名为"氢能攻关"（Hydrogen Shot）的计划并征集相关项目，目标是在未来十年（到 2030 年）使可再生能源、核能和热能转化制造清洁氢能的价格降低 80%，至 1 美元/kg（目前可再生能源制氢价格为 5 美元/kg），增加 5 倍清洁氢能生产的产量，进一步减少碳的排放。该计划的项目征集信息主要包括如下几方面。①从氢的生产、氢的来源和氢的应用等基础设施出发，征求能够开展氢能示范项目的理想地区。此类地区应具备可用于清洁氢生产和基础设施建设的必要资源，包括但不限于水、可再生能源、核能、天然气，以及从其他废物（如垃圾填埋场、火炬气、废水处理）中获得的能源资源。②分析氢能示范项目理想地区的现有和潜在用户及案例，如在工业、交通、化学品制造、保障电网安全和其他领域的需求案例。③研究氢能价值链的温室气体和其他污染物减排潜力。④分析实施氢能示范项目可能需要的基础科学、基础或应用研究，以及创新的需求、需要的系统集成或原型设计设施。"氢能攻关"计划使美国发生了从以化石能源制氢（灰氢、蓝氢）为主，向以可再生能源制氢（绿氢）为主的转变。

2.1.3　美国氢能项目部署

美国近五年在氢能与燃料电池领域的部分项目研发及资助情况如下。

资助一　2018 年 4 月，美国能源部宣布资助 3900 万美元用于支持先进氢能与燃料电池技术的研发创新工作，旨在加快新材料、新技术的突破，降低氢能与燃料电池成本，加快氢能与燃料电池的商业化部署进程。该次资助重点关注燃料电池商业化关键技术问题和氢能生产、存储、输运相关的基础设施问题，研究内容涵盖电催化剂、氢能商业化开发应用、新隔膜和液体燃料电池三大主题。

（1）电催化剂。电催化联盟将加速开发新材料、新工艺，研发出非贵金属的廉价高效电催化剂，从而降低燃料电池成本，提高美国制造的燃料电池汽车和其他燃料电池能量转换装置的经济竞争力。

（2）氢能商业化开发应用。基于可再生能源及先进核能的制氢技术，研究低成本的氮基、硼基、铝基、镁基和碳基等轻质元素储氢材料，开发高压碳纤维复合材料及储氢罐设备的工业化制造技术；开发能耗低、电解液不易流失和腐蚀的新型廉价电解槽，降低氢气发生器和电解水制氢的成本，提高氢能的经济性，推进氢能商业化；开发适用于长距离输送的低损耗氢气输送管道，开发高性能、低成本的低温绝热液态储氢罐和真空多层绝热液氢输送管道，研究开发新型的加氢站建设技术，降低投资运营成本。

（3）新隔膜和液体燃料电池。开发高质子传导率、高氧化还原、高机械强度和优异热稳定性的新型燃料电池电解质膜，改善燃料电池的工作温度、湿度范围和寿命，改善隔膜的选择性以减小气体等其他燃料渗入量；开发具有燃料来源广、能量转化率高、污染低、储存和运输方便等优点的直接液体燃料电池（如甲醇、乙醇、甲酸等），以克服气体燃料电池气体燃料制备、存储和运输成本高昂的问题。

资助二 2019 年 3 月，美国能源部宣布资助 3100 万美元用于推进 H2@ Scale计划的研究项目，旨在通过技术的早期应用研发来推进氢能与燃料电池技术突破。涉及内容包括氢气生产（利用可再生能源、化石能源和核能等多种资源）、基础设施建设（氢气储存和输运）以及燃料电池（固定式和移动式应用），实现经济、安全、可靠的大规模氢气生产、运输、存储和利用。该项目重点关注以下三大研究主题。

（1）先进的储氢材料和基础设施（资助金额为 900 万美元）。研究内容主要是研发新型的储氢材料，实现更加安全和更高容量的氢气存储和输运，即：将当前的 200～500Pa 高压氢气压缩和存储技术提升至 700Pa，存储容量达到 4000kg（当前为 1000kg），储氢成本降至 5～7 美元/加仑汽油当量。

（2）氢气生产利用方式创新（资助金额为 1200 万美元）。研究内容包括：①开发更加经济高效的裂解水产氢（电解、光催化、电催化等）的催化剂，将产氢成本降至小于 2 美元/加仑汽油当量,以实现车载氢能燃料电池成本降至小于 4 美元/加仑汽油当量的目标;②开发更加经济高效的生物质制氢技术,以将生物制氢的成本从当前的 50 美元/加仑汽油当量降至 6 美元/加仑汽油当量;③开发能量效率大于 50%、功率大于 1 kW 的燃料电池电堆原型。

(3)一体化试点系统开发(资助金额为 1000 万美元)。研究内容主要为开发一个集成氢气生产、运输、存储、加注和使用的一体化试点系统。

资助三　2019 年 8 月,美国能源部宣布在 H2@Scale 计划框架下资助 4000 万美元用于氢能技术研发,旨在通过技术的早期应用研发来推进氢能与燃料电池技术突破。涉及内容包括氢气生产、基础设施建设(氢气储存和输运)以及燃料电池,以实现经济、安全、可靠的大规模氢气生产、运输、存储和利用。其中,可逆燃料电池开发和验证为本次资助重点关注的六个主题之一。针对质子交换膜燃料电池,开发新型的堆栈方法以获得高能量效率。

资助四　2020 年 7 月,美国能源部宣布 2020 财年约有 6400 万美元的资金用于支持 H2@Scale 计划的 18 个项目,卡特彼勒、康明斯、尼古拉、普拉格能源和 3M 等公司将获得美国政府氢研究项目资金。该次资助的重点依旧在于先进制氢设备(兆瓦级和吉瓦级电解槽)以及关键储运材料(低成本高强度碳纤维)研发,这两项占比近 50%;剩余资金主要用于氢及燃料电池在重型运输、钢铁、海事以及数据中心的示范应用(表 2.4)。

表 2.4　美国 H2@Scale 计划项目一览表(部分)

序号	支持领域	资助金额/万美元	项目数量
1	先进电解槽的研发与制造	1500	4
2	用于压缩氢气和天然气储罐的先进碳纤维	1500	3
3	重点应用领域的燃料电池研发	1000	7
3-a	重型应用的燃料电池膜部件		
3-b	重型应用的燃料电池膜国产化		
4	氢在新市场的应用:冶金	800	1

续表

序号	支持领域	资助金额/万美元	项目数量
5	新市场示范		
5a	海事领域示范	1400	2
5b	数据中心示范		
6	氢技术的培训和劳动力开发	200	1

2.1.4 碳中和目标下美国氢能政策的启示

根据美国总统拜登提出的应对气候变化目标,美国加快推动氢能技术的研究和商业化步伐,从中具体可得出如下五个方面的启示。

(1)使氢能成为比肩电力的重要能源形式。依照美国最新氢能战略目标,到 2030 年,氢能产业创造营收将为 1400 亿美元和 70 万就业岗位;到 2050 年,氢能可贡献全美工业行业 16% 的二氧化碳减排量,在全美能源需求中的占比将达到 14%,从而成为比肩电力的重要终端能源形式。

(2)美国开展氢能技术研发及产业化具有多目标性,同时更加重视清洁制氢技术的研发和产业化。美国政府氢能技术经过 30 多年的系统研发,已经从最初(20 世纪 90 年代)将氢能作为能源储备技术、调整和优化美国能源结构、重点发展氢能燃料电池产业等目标,转型到建立和发展氢能经济、应对碳中和目标、提振经济、加快"制氢-运氢-储氢-用氢"全链条技术商业化、争取全球氢技术主导地位等多目标。同时,美国更加注重电解水制氢、可再生能源制氢、核能制氢等绿色清洁制氢技术研发。上述举措不仅促使美国全面转型,建立清洁能源结构体系,而且使其在全球氢能全链条技术和经济发展体系中占据主导地位。

(3)重视"制氢-运氢-储氢-用氢"全链条技术的研发和规模化示范,研究氢能关键核心技术,打通美国氢能产业技术链、产业链、供应链等关键环节,为美国氢能技术和产业自立自强奠定坚实的科技基础。①在制氢方面,设计并开发电解槽制氢技术、化石能源重整、气化和热解制氢技术、核能制氢技术、生物质和废弃物制氢技术、混合制氢技术、可再生能源制氢技术等。②在运氢方面,开发氢气分配和输送系统,包括液化和化学储氢技术等,建设运氢基础设施。③在储氢方面,开发储氢系统、储氢设施、储氢介质等,研究和提供应急供应和地质储氢方案。④在用氢方面,发展氢作为原料进行转化的技术,开发氢燃料电池技术、高浓度氢涡轮机系统等。

（4）把经济指标和技术指标结合起来作为技术创新的评估指标,其本质上是提速本土氢能商业化应用,获取美国在全球氢能技术和市场的先发优势。从 1990 年氢能政策制定伊始,美国政府通过充分调研和论证,确定了当时氢能技术全链条研发方向,研究氢能在工业、住宅、运输等方面的技术可行性,并把应用重心放在氢能燃料电池的交通运输领域应用上。但是,随着全球气候变化压力的增大,尤其是 2021 年初新一届美国政府上任后,美国应对气候目标、推动氢能应用和建立氢能经济系统的步伐明显加大加快,这反映出美国对推动氢能发展的急迫性。

（5）重视氢能相关新材料技术的研发,期望以此推动关键氢能装备技术的变革性升级。美国在制定氢能发展规划和部署研究项目时充分秉承"材料是促进一切科技变革的基石"这一理念,自 2014 年开始,美国能源部就开始在制氢技术环节部署多个新材料研制项目,主要包括燃料电池离子交换膜的研制、电解槽新型涂层材料研制、各类催化剂材料的开发等,期望提升制氢技术的稳定性和耐久性。2020 年,美国能源部还在碳纤维等高强度储运氢新材料的研究上投入了高达 3200 万美元的开发经费。

2.2　欧洲氢能发展战略与项目部署

欧洲是全球最早提出应对气候变化和低碳转型发展的地区。为了促进 2020 年更高碳中和目标的实现,欧盟正式发布联盟层面的氢能发展战略,以应对气候变化和实现低碳能源转型发展。

2.2.1 欧洲氢能发展战略的历程剖析

氢能是欧盟实现碳中和目标的主要手段,不仅可以解决可再生能源应用的稳定性问题,而且能解决现有能源储备问题,更重要的是有望解决欧洲能源供应对外依存度高的战略问题。不仅德国、法国等成员国在欧盟战略框架下制定了各自的氢能发展规划,已经脱欧的英国也在欧盟战略框架下制定了适合其自身发展的氢能计划。

2.2.2.1 欧盟层面的氢能发展战略

为了应对气候和能源问题,欧盟在进入 21 世纪后将氢能纳入欧盟层面重点支持的领域,并整合欧洲内部的氢能研发和应用力量,涉及"制氢-运氢-储氢-用氢"全技术链。总体来看,欧盟氢能战略发展可分为三个阶段,具体如表 2.5 所示。

表 2.5 欧盟氢能战略发展的三个阶段

阶段	时间	重点内容	特点
第一阶段:欧盟各国自行研发和应用氢能	2002 年以前	法国、英国、德国、比利时、冰岛等国家纷纷探索氢能作为交通燃料的应用技术,希望减少对化石能源尤其是石油天然气的进口依赖	欧盟各国自行发展氢能
第二阶段:欧盟层面系统性整合氢能资源并共享研发成果	2002—2013 年	·2002—2006 年,欧盟在 FP6 框架下[13]建立欧洲氢能和燃料电池技术平台,开展氢能的科研实施工作,设计"制氢-运氢-储氢-用氢"全技术链各个环节; ·2007 年,欧盟在"欧洲战略能源技术计划"中将燃料电池和氢能作为重点支持的关键技术领域; ·2008 年 5 月,欧盟理事会通过决议,建立欧洲燃料电池和氢能联合组织(FCH-JU),开始着眼部署和推动氢能与燃料电池产业发展和应用[14]	欧盟期望将氢能发展化零为整,在欧盟成员国范围内共享氢能的研发成果,争取在全球氢能发展中占有一席之地

阶段	时间	重点内容	特点
第三阶段：聚焦氢能关键技术研发，推动产业化发展	2014 年及以后	开展重点研发工作和推动产业化发展，同时注重绿氢生产。 ·2014 年 5 月，欧盟理事会通过决议，延续对 FCH-JU 的支持至 2024 年，并聚焦于能源和交通行业的应用； ·2019 年 9 月，欧洲能源研究联盟（EE-RA）发布新版《氢能与燃料电池联合研究计划实施规划》，确定欧盟到 2030 年在氢能与燃料电池技术领域的研究目标、行动计划和优先事项，以促进氢能与燃料电池技术的大规模部署和商业化； ·2020 年 1 月，欧盟 FCH-JU 宣布 2020 年投入 9300 万欧元，以支持氢能与燃料电池领域 24 个技术主题的研究，涵盖氢气生产、储存、加氢站以及在交通和电力领域的应用； ·2020 年 4 月，欧洲氢能组织（Hydrogen Europe）发布《为实现欧洲绿色协议的 2 × 40GW 绿氢行动计划》[15]，以支持绿色氢气的生产； ·2020 年 7 月 8 日，欧盟正式发布《欧洲氢能战略》[16]，提出欧盟 2030 年和 2050 年的发展目标和计划	努力推动氢能关键技术研发和经济性、商业化、规模化发展

其中，在《欧洲氢能战略》中，欧盟首次将氢能纳入欧盟层面的战略，为欧盟碳中和目标下氢能的发展指明方向。该战略的总体目标就是通过研发低成本的可再生能源制氢技术，推动氢能的大规模应用。为了实现这一目标，欧盟将用三个阶段推动氢能发展（表 2.6）。

表 2.6 《欧洲氢能战略》的三个阶段

阶段	目标	举措	地点
第一阶段（2020—2024 年）	降低现有制氢技术的碳排放，扩大氢能应用范畴	·2024 年之前安装至少 6GW 可再生能源电解槽，使可再生能源制氢产能达到 100 万吨/年； ·制定氢能碳减排收益支持性政策； ·修订排放交易体系标准，支持和鼓励可再生氢生产； ·通过竞争性招标对可再生氢建立直接、透明、基于市场的支持计划； ·制定氢能市场规则，消除氢能基础设施建设过程中的障碍	靠近应用端或者可再生能源资源丰富的地区生产
第二阶段（2025—2030 年）	使氢能成为综合能源系统的重要组成部分，将氢能应用扩展到钢铁冶炼、卡车、轨道交通及海上运输等新领域	·安装至少 40GW 可再生能源电解槽，使可再生能源制氢产能达到 1000 万吨/年； ·建设具有氢能需求的基础设施，优化氢气的生产、使用和运输（包括远距离运输）	靠近应用端或者可再生能源资源丰富的地区生产，建成区域生态能源系统
第三阶段（2031—2050 年）	可再生能源制氢技术将逐渐成熟并低成本化。建立欧盟生态氢能经济体系	·将氢能大规模部署在所有脱碳难度系数高的工业领域； ·2030 年后，随着低热值天然气逐步淘汰，重新利用现有泛欧天然气基础设施，为大规模跨境运输氢气提供必要的基础设施	全面推进制氢及其应用

2.2.2.2 德国的氢能发展战略

德国是最早开展绿氢生产和应用的国家之一。水电解技术是德国产业政策中的重要组成部分，不仅可用于生产德国自身所需氢，而且同时可作为德国电网的灵活选择和对外市场的核心技术。早在 2006 年，德国就启动氢能与燃料电池技术创新计划，在 2007—2016 年间投入超过 14 亿欧元，资助290 多家科研教育和企业开展研究。截至 2019 年，德国可再生能源制氢规模居全球第一,燃料电池制造和供应规模居全球第二。2020 年 6 月,德国联邦经济与技术部发布《国家氢能战略》,从国家战略层面提出氢能在实现气候目标、建立新经济价值链和促进国际能源合作等方面的规划,决定投入至少 90 亿欧元支持可再生能源制氢技术发展和扩大全球市场。具体实施目标如表 2.7 所示。

表 2.7　德国氢能战略的实施目标

类别	主要内容
定位	氢能应承担减少全球温室气体排放的责任
经济和市场发展	期望通过技术进步推动氢能全球化生产和利用,实现规模经济,同时要求国内部分行业的供能系统转向氢能,以拓展国内氢能市场。在 2021—2023 年扩大国内市场的应用,在 2024—2030 年巩固国内氢能市场并开拓欧洲和国际氢能市场
关键领域	将氢能作为航空、重型运输、国防移动系统、海上运输等领域的替代能源,建设适用于重型运输、火车和轮船的加氢基础设施
工业	使氢能逐渐成为工业可持续发展的基础材料
运输	将利用现有的天然气基础设施,扩大专用的或者建立新的氢气网络,加强氢气运输和分配
税收	免除生产氢能的电力税费
专业人员培训	在 2030 年前制定成熟的工业氢气专业人员培训方案

为推进其国家氢能战略的实施,德国于 2021 年 1 月宣布投入 7 亿欧元支持可再生能源制氢,希望开发大规模高性能电解槽制氢装备并实现批量生产,到 2030 年部署 5GW 规模的电解槽装备。具体技术路线包括质子交换膜电解槽、碱性电解槽、高温电解槽和阴离子交换膜电解槽,攻克大规模化应用绿氢的障碍。同时,德国将开发利用海上风电生产氢气及甲烷、甲醇、氨、燃料等化工副产品的解决方案,最大限度降低氢气的生产成本。此外,德国还将测试短、中、长距离运输氢气的解决方案,评估高压容器储运氢、液氢运输、管道运输、以氨为载体运输等多种氢气运输技术,以确定最佳解决方案。

德国希望通过上述氢能发展措施,成为全球领先的氢能技术生产国,并在欧盟层面推动氢能技术的研发,促使氢能成为欧盟共同利益重要项目(IP-CEI),加速欧盟氢能技术的发展。

2.2.2.3　法国的氢能发展战略

氢能战略是法国复苏计划中"生态转型"的重要举措之一。2020年9月8日,法国生态部和经济部联合发布《法国国家无碳氢能发展战略》,计划到2030年投入70亿欧元发展无碳氢能。发展重点包括打造法国电解制氢行业促进工业脱碳(18.36亿欧元),开发无碳氢能交通(9.18亿欧元),支持绿氢技术的研究、创新和技能培养(6.46亿欧元)。自2018年以来,法国已经开展了氢气生产、氢气储运、氢能公交、氢能火车等一系列氢能项目,为其国家氢能战略的实施奠定了基础[17]。

法国国家氢能战略有三大目标:①到2030年建成6.5GW电解槽,并逐渐扩展至工业规模;②发展氢能交通,开发氢动力车辆,如轻型商用车辆、重型货车、公交车、垃圾车、火车等,到2030年减少600万吨CO_2排放;③提升氢能产业竞争力,到2030年创造5万~15万个就业岗位,开发燃料电池、储氢罐、材料、电解槽等下一代氢能技术。

为了实现其国家氢能战略目标,法国将逐步推动氢能在工业中的应用。首先,利用氢能实现重点工业领域脱碳,率先推进在炼油、化工(生产氨和甲醇等)、电子和食品等行业使用氢能,通过价格补偿、法规、税收等机制保障氢能的生产与应用;其次,研究确定氢能在可再生能源、钢铁、化工等行业的用途,开发氢动力航空、氢动力海运等未来交通部门,建设未来氢能基础设施等。

此外,法国也希望像德国那样推动氢能成为欧盟共同利益重要项目,推动氢能在欧盟层面的发展。

2.2.2.4　英国的氢能发展战略

与德国、法国相比,英国对氢能发展的态度较为保守。2018年11月,英国气候变化委员会在《低碳经济中的氢能》报告中,提出氢能在应对气候变化方面的作用,认为氢能是帮助英国能源系统脱碳的可靠选择,建议英国政府立即大规模部署氢能。

2020 年 4 月,英国商业能源与产业战略部启动新项目,推进低碳制氢供应链技术的开发,包括海上风电制氢、低碳制氢、聚合物电解质膜电解槽绿色制氢、天然气重整制氢、吸附强化水蒸气重整制氢等五大制氢方向,这些研究主要集中在制氢方面。

2020 年 11 月 18 日,英国政府发布《绿色工业革命十点计划》[18],提出到 2030 年投资 5 亿英镑推动低碳氢能发展,吸引 40 亿英镑的私人投资,实现 5GW 低碳氢产能目标,并建成首个氢能城镇试点。到 2030 年将支持 8000 个工作岗位,到 2050 年有可能支持多达 10 万个工作岗位。2023—2032 年的温室气体减排量将达到 $41MtCO_2e$①。与工业界合作,在保持国内消费者体验不变的情况下,提高氢气的使用量,将消费者的温室气体排放量减少 7%。

英国提出的上述氢能研发和投入政策规划与德国、法国及欧盟相比,无论是资助金额还是工业化推进力度都小很多。

2.2.2　新时期欧洲氢能战略发展及特点

为了实现 2050 年碳中和目标,欧盟在 2020 年 7 月 8 日正式发布《欧洲氢能战略》,首次将氢能纳入欧盟层面的战略。概括起来,其主要内容包括以下五个方面。

(1)推动氢能的大规模应用。计划到 2030 年前,欧盟各成员国将投资建设至少 40GW 可再生能源电解水制氢项目,同时将在欧盟以外国家投资建设 40GW 绿氢项目,目前规划地点为北非地区;到 21 世纪中叶,欧洲氢能市场可创造约 540 万个工作岗位,年营业额可达约 8000 亿欧元,未来十年内向氢能产业投入 5750 亿欧元,其中 1450 亿欧元以税收优惠、碳许可证优惠、

①$MtCO_2e$:metric tons of CO_2 equivalent,表示二氧化碳当量。

财政补贴等形式惠及相关氢能企业,剩余的 4300 亿欧元将直接用于氢能基础设施建设;到 2030 年,实现推广氢燃料电池电动汽车 424 万辆、建成加氢站 3000 座的目标。

(2)继续支持氢能的研究和创新。经过多年的研发,欧盟在电解槽、氢燃料补给站和兆瓦级燃料电池方面具有丰富的研发示范经验。在碳中和目标下,欧盟将进一步加强研发和技术创新,确保整个氢供应链服务于欧洲经济,如监测和评估氢能价值链对社会、劳动力市场、环境等影响,全面评价氢能关键原材料的需求、供应安全性和可持续性,建立可再生氢的生产、存储、运输、分配和关键应用等氢能产业链,促进氢能创新技术的示范,以及在碳密集地区开展氢技术创新试点等。

(3)实施全产业链投资计划,促进氢能发展。《欧洲氢能战略》提出了覆盖"制氢-运氢-储氢-用氢"全产业链投资计划,增加对氢能的投资。为了尽快投资构建氢能经济系统,欧盟将实施以下措施:成立欧洲清洁氢能联盟,拓宽氢生产规模的投资渠道;继续促进并协调欧盟成员国的投资,支持建立氢能供应链;激励私人投资支持氢能部署;促使成员国将氢能作为国家能源和气候战略计划中的组成部分;欧洲区域发展基金和凝聚基金将继续支持绿色转型,为碳密集型地区提供可能性方案;促进能源与交通设施协同发展,为氢能专用基础设施、天然气管网再利用、碳捕集项目以及加氢站建设提供资金支持;在未来十年间提供约 100 亿欧元的创新基金支持低碳氢能的创新技术示范;由欧盟为相关国家和地区的氢能项目提供针对性支持。

(4)重视氢能国际合作。通过清洁氢能国际合作,重塑欧洲与邻国和相关地区及其国际、区域、双边伙伴的能源伙伴关系,促进氢能供应链多样化,建立稳定和安全的氢能供应链。为加强氢能国际合作,欧盟将开展以下工作:促进与欧洲南部和东部邻国合作伙伴以及能源共同体国家在可再生能源发电和制氢方面的合作;在创新使命的下阶段任务中发展氢能;在"非洲-欧洲绿色能源倡议"框架内与非洲联盟制定可再生氢合作流程;在多边论坛上促进氢能国际标准的制定,加强欧盟在国际论坛上有关氢的技术标准、法规和定义的领导地位;通过国际标准化机构和联合国全球技术法规机构(联合国欧洲经济委员会、国际海事组织)扩大国际合作,包括协调氢动力汽车法规;开展二十国集团(G20)框架下的合作,与国际能源署和国际可再生能源机构合作,为交流经验和分享最佳做法创造更多机会;2021 年制定欧元计价交易准则,以巩固欧元在可持续能源贸易中的作用。

(5)用金融、税收政策支持氢能发展。德国、法国、英国不仅在氢能关键前沿技术的研发上给出了目标方向和发展计划,而且从金融、税收政策上给予大力支持,以推动氢能的工业化应用发展。德国通过税收、金融投资政策积极改善氢能推广利用的条件,如免除氢能生产的电力税费,探索电解槽运营商、天然气和电网运营商之间的新业务合作模式,通过金融投资支持海上氢能生产和工业领域向氢能转型。法国明确提出通过国家投资银行、国土银行等金融机构支持企业、科研机构和地方政府开展氢能相关项目,希望通过建立价格补偿、税收等机制,保障氢能的生产和应用,为其国家氢能战略的实施奠定基础。与德国、法国用金融政策支持氢能发展不同,英国政府更多地希望私人资本进入氢能发展领域,例如,通过投入 5 亿英镑推动低碳氢发展,并吸引超过 40 亿英镑的私人投资。

2.2.3　欧洲氢能项目部署

欧盟近年来在氢能与燃料电池领域的部分项目研发及资助情况如下。

资助一　2019 年 9 月,欧洲能源研究联盟发布新版《氢能与燃料电池联合研究计划实施规划》,确定欧盟到 2030 年在氢能与燃料电池技术领域的研究目标、行动计划和优先事项,以促进氢能与燃料电池技术的大规模部署和商业化。新版实施规划提出了 7 个子领域的研究重点和关键项目,并明确了实施优先级和预算。这 7 个领域分别是:电解质,催化剂与电极,燃料电池电堆材料与设计,燃料电池系统,建模、验证与诊断,氢气生产与处理,以及氢气储存。

□ 电解质

(1)燃料电池和电解质隔膜中输运过程研究。包括聚合物和无机纳米结构复合材料中的离子输运研究；将宽带电子光谱（BES）、核磁共振（MRI）同步加速器和中子散射技术用于聚合物、氧化物/陶瓷材料的化学和输运特性研究；多相氧化物材料中的离子输运研究等。

（2）电解质材料降解过程及其缓解方法研究。包括质子导电陶瓷基电解质材料的降解研究（尤其是在高压电解模式下）；开发监测隔膜和电解质降解的原位诊断传感器；利用 BES、MRI、同步加速器和中子散射等技术开发电解质降解现象的化学、结构和形态变化表征新技术，如开发增强聚合物膜化学稳定性和机械稳定性的方法，并进行验证等。

（3）新型膜材料和薄膜电解质沉积方法研究。包括开发稳定的碱性阴离子交换膜；开发具备质子电导率的中温固体氧化物燃料电池电解质；利用3D 打印技术生产高表面积电解质的可行性研究；开发适用于 200～450℃ 的质子导电材料；通过新的电解质膜化学、设计和架构开发智能、自适应材料，以缓解材料随时间的老化；开发薄膜电解质沉积的新工艺和方法等。

（4）膜电极界面电解质研究。包括通过性能、制备、加工路线、表征技术和工具研究，开发用于膜电极界面的改进离子聚合物；包含新型离聚物材料的油墨催化剂，研究电池运行过程中聚合物的降解现象等。

（5）在实际运行条件下膜电极组件电解质的性能和耐久性验证。包括新型材料的耐久性研究；建立燃料电池和电解槽长期测试数据的开放获取数据库；材料重复利用的可行性研究等。

□ 催化剂与电极

（1）燃料电池和电解槽电化学过程和材料基础研究。包括电极、催化剂和载体的模型和表征；新型分段式双极板；实际运行条件下的催化剂表面结构研究；用于高温、电压跨度大的稳定氧电极；优化催化剂和电极性能等。

（2）电极、催化剂和载体的设计与开发策略研究。包括集成电荷转移和催化活性的多功能电催化剂，用于含碳燃料；改进化学稳定性的质子交换膜燃料电池、便携式微流体燃料电池、直接甲醇/乙醇燃料电池，使电池具有更高活性和更佳性能；用于干燥环境的多相电极、结构化电极；耐腐蚀高温电极;中温电池(200~600℃)新型电极;纳米级催化剂、氧化物陶瓷电极和载体的稳定与控制;用于中温燃料电池中碳氢化合物直接利用的新型阳极电催化剂;低贵金属含量的阳极电催化剂,用于低温直接氧化制甲醇/乙醇。

(3)改进催化剂性能研究。包括多功能电极材料,用于直接转化和合成氢载体,使用无毒、无害的原料作为电催化剂;非贵金属电催化剂的合成与表征;耐碱性介质腐蚀电极,质子-电子混合导电电极。

(4)材料集成、电极设计与制造。包括电池中先进电极的集成和示范;使用最少电催化剂的纳米结构电极概念原型;通过可升级、环保和自动化制造技术开发纳米结构电极。

□　**燃料电池电堆材料与设计**

(1)连接件和双极板。包括开发用于高温燃料电池和电解槽的无腐蚀陶瓷连接件的3D打印新工艺;开发用于集成电路(IC)的3D打印材料;开发3D打印的IC设计;开发连接件的铬蒸发阻挡层的低成本涂层技术;开发用于低温运行的新型IC材料;开发质子交换膜燃料电池双极板的非贵金属涂层;开发用于燃料电池和电解槽管状电池的连接件;开发燃料电池和电解池双极板性能和稳定性的原位表征方法。

(2)接触和气体分布研究。包括低电阻和高稳定性质子交换膜燃料电池微孔层研究;热循环过程的接触损耗原因研究;电堆中电池互连的接触行为建模和仿真;新型阴极柔性接触层的开发;通过增材制造改善接触并减小面积比电阻。

(3)电堆密封。包括固态反应烧结法开发陶瓷密封;固态氧化物电池电解运行对电堆密封胶的影响研究;铸造和/或成型接近最终形状密封件的自动化生产;开发双极板或膜电极密封的低成本集成生产工艺;开发用于模块的玻璃-陶瓷密封胶;研究耐用和低成本密封的精确成型增材制造技术;开发密封材料以提高固态燃料电池电堆耐用性,实现200次以上热循环;不同玻璃-陶瓷密封胶材料的测试和表征;开发玻璃-陶瓷密封胶在工作条件下的表征方法;热循环过程中电堆热应力建模与仿真。

（4）新型传感器设计。包括基于氧气压力差和/或湿度传感器开发燃料利用率传感器；嵌入式传感器；将诊断算法和传感器等硬件直接集成到现有燃料电池辅助系统（BoP）组件中。

（5）电堆和 BoP 新型设计。包括通过结合氧气输运膜更好地回收燃料；优化 BoP 以减少低温系统寄生损耗；开发加压制氢电解池新型设计，具有更高的稳定性和更低的成本；基于氢能与燃料电池的轻便高效便携式发电新概念；质子交换膜电池和超级电容深度集成的电堆概念。

□ **燃料电池系统**

（1）系统组件材料开发。包括燃料电池 BoP 组件的经济高效合金材料；高温 BoP 组件新型材料；高温热交换器用涂料开发；BoP 组件耐腐蚀涂层开发等。

（2）组件/功能开发。包括在电堆中集成重整器和热交换器；开发选择性膜和其他燃料废气净化装置以获取热量、电力和氢气；开发阳极废气的再循环风机，用于水蒸气重整等。

（3）新系统概念开发。包括联合固体氧化物燃料电池和燃气轮机的高度灵活热电联产系统，以及实现最高效发电；固体氧化物电池和储热结合，以最大化能量转换效率；固体氧化物电池和液态有机氢载体储氢结合，用于汽车和航空等。

（4）燃料电池和电解槽传感器及诊断工具。包括集成燃料、温度、流量传感器的高温固体氧化物电池系统；集成传感器低温燃料电池和电解系统等。

（5）系统控制。包括基于脚本的系统控制和运行自动化，以实现系统生命周期内简易低成本检测电堆性能；基于神经网络和人工智能的系统容错控制等。

□ **建模、验证与诊断**

（1）燃料电池组件建模。包括利用从头计算法和连续模型，研究催化剂层的结构和物理特性，以改善其性能和耐久性；基于模型方法优化有源层结构以增加电池功率密度;多尺度输运机理研究以确定不同组件的最佳材料结构,开发快速可靠的多组件老化模型;通过双极板相变两相流仿真模拟以优化设计等。

(2)燃料电池单元、双极板建模及实验验证。包括电堆三维计算流体动力学(CFD)开源模型;用于下一代电池组的双极板设计和膜电极的共同优化;开发电堆先进三维模型,为开发模块化电池做准备;进行模型的实验验证。

(3)燃料电池电堆建模。包括优化双极板、集电器等的最佳参数、几何形状和配置,开发模型以测试辅助设备对电池组性能的影响(特别是在瞬态系统中),并研究电池组与其他电气设备(混合系统)的相互作用,以优化电堆设计;电堆三维仿真、专有设计规则和最佳实践。

(4)系统建模与控制。包括开发可预测寿命的动态多物理场燃料电池系统模型;建立燃料电池系统数据库;不同环境下运行状况与寿命关系的模型研究;优化燃料电池管理系统,包括电池组和系统级的性能和耐用性;开发快速原型仿真平台,用于优化车用燃料电池系统。

(5)开发表征工具。包括从纳米级到微米级结构的多尺度表征;分段式双极板,用于局部检查和实时诊断;开发用于表征单个现象和微观结构的燃料电池先进异位测试方法,用于模型参数识别和模型验证;加速压力测试以验证老化模型。

□ **氢气生产与处理**

(1)生物质/生物废物制氢。包括非贵金属催化剂生物质制氢;高性能气化炉实现废物气化连续运行 1 万小时以上;改进催化剂和优化过程控制,提高气化炉运行时间;废物制燃料的标准化并开发过程中燃料分析方法。

(2)藻类制氢。包括确定光转换效率高于 5% 的高性能藻类;藻类制氢用膜的开发,如聚合物和金属膜;生物水煤气变换反应中一氧化碳脱氢酶和[镍铁]-氢化酶对碳纳米管的生物功能化等。

(3)水热分解制氢。包括开发水和二氧化碳低温热分解的新型催化剂等。

（4）更高效的光催化制氢。包括共掺杂 TiO_2-Co_3O_4 纳米结构异质结作为光阳极,通过光催化水分解生产氢;通过改进光催化剂提高产氢率;用于光催化水分解和生产太阳能燃料的纳米结构非贵金属催化剂;光催化重整醇类制氢的催化剂;光催化重整生物质制氢;人工光合作用的多尺度模型开发等。

（5）氢气压缩、液化和净化。包括减少 70MPa 金属氢化物氢压缩机一半能耗,集成膜反应器,提高现场生产和膜分离效率;将氢气液化能耗降低至现有值的 1/3;开发金属膜和陶瓷膜等材料,提高气体分离膜化学稳定性、机械稳定性及选择性等。

（6）其他制氢方法的安全、规范和标准。包括确定监测氢气质量的方法,开发氢气质量传感器,评估质量下降对氢装置的影响,开发可利用低品质氢气的固体高分子燃料电池（PEFC）;通过监控设备、传感器等评估在建筑物等空间内对氢气的处理;氢气生产的安全性和风险评估;建筑物中氢气使用的风险评估和指南等。

□ 氢气储存

（1）压缩储氢和液态储氢。包括低于目前压缩气态储氢压力的碳纤维替代材料,如玻璃纤维或芳纶纤维;高压氢气对氢气管路、阀门、比例调节器的影响;高压氢气罐快速加注的控制系统;液态氢对连接管线、阀门、比例调节器等的影响。

（2）氢气载体。包括酰胺/酰亚胺基材料;利用体心立方结构合金储氢;基于轻元素的复合氢化物;新型稀土-镁-过渡金属（RE-Mg-TM）三元氢化物实现在环境条件下固态储氢;基于氨硼烷和/或硼氢化物的混合系统;复合氢化物;高熵氢化物;金属氢化物;在环境条件下不稳定但在较高氢气压力下稳定的材料;过渡金属-合金和金属有机框架（MOFs）复合材料,可在低温条件下吸附和吸收氢气;多孔材料（如包合物、多孔冰）储氢;用于液态化学储氢的硼氢化钠溶液及其他化合物（如氨硼烷）;液体有机氢载体,如甲酸、芳烃、酒精等;低成本金属和氢化物化合物副产物的可控水解和回收等。

（3）储氢系统。包括低温压缩储氢、固态压缩储氢；储氢罐与燃料电池系统集成；制定储氢规范等。

资助二　2020 年 1 月，欧盟"燃料电池与氢能联合行动计划"宣布 2020 年投入 9300 万欧元支持氢能与燃料电池领域 24 个技术主题的研究[19]，涵盖氢气生产、储存、加氢站以及在交通和电力领域的应用，具体如下。

（1）枯竭气田和其他地质库中可再生氢气的地下存储。研究在枯竭气田和其他类型地质库中大规模储存可再生氢气的可行性，并对地下储存可再生氢气进行技术经济评估。

（2）开发车用储氢罐。开发和验证一种新型 70MPa 车用储氢罐系统，可以集成在不适用于传统Ⅳ型储氢罐的轻型车辆上。

（3）开发车载液态储氢罐。通过设计研究以及示范试验，评估将液态氢用于重型汽车的可行性。

（4）用于重型汽车的燃料电池标准模块。确定该模块的尺寸、连接方式、接口和通用测试程序的标准。

（5）区域客运交通燃料电池客车的示范。示范燃料电池客车原型包括长途客车和城际运输客车。

（6）液氢作为船用燃料的示范。开发一种基于液氢的船舶动力系统原型，包括氢气加注概念技术，可最大限度减少氢气的损失、泄漏和蒸发，并具备扩大规模的潜力。

（7）通过创新设计和简化管理框架扩展燃料电池列车的应用。开发燃料电池列车原型，包括创新原型设计和制造，以及将燃料电池列车推向市场的规范框架。

（8）大规模加氢站用新型氢气压缩机技术的规模扩大和示范。通过标准化设计以扩大该压缩机技术的规模，示范并验证创新低噪声压缩机系统的可用性和寿命。

（9）开发催化剂以提高液体有机氢载体的经济可行性。通过优化催化剂或开发新型催化剂，降低液体有机氢载体技术的系统成本。

（10）结合可再生能源制热和发电的高效固体氧化物电解制氢。将固体氧化物电解槽（SOE）与光热发电或热电联产集成，以提高系统能效和可持续性。

（11）SOE 的诊断与控制。开发用于 SOE 的监测、诊断和控制技术，以延长系统寿命并增加动态运行可用性。

（12）燃料灵活的固定式固体氧化物燃料电池（SOFC）。开发并示范固定式 SOFC 系统，该系统能够使用多种燃料混合物，具有发电效率高、寿命长的特点，并能够达到常规燃料电池系统的成本水平。

（13）重型卡车燃料电池电堆的耐用性和寿命。探索该类电堆组件的耐用性和老化问题，开发并验证更耐用的电堆。

（14）海上可再生氢气生产的电解槽模块。开发和测试海上电解槽模块（＞1MW），考虑海水淡化和净化、高盐度环境运行、加压以确保管道运输至海岸、可再生能源电力高效利用、现场运输和调试等海上环境相关因素。

（15）小型盐穴中可再生氢气存储的循环测试。研究利用盐穴进行氢气循环存储的可行性，进行中试规模的示范，包括兆瓦级电解槽和基础设施设备。

（16）示范用于工业中电力合成为其他能源载体（power-to-X）市场的大规模共电解装置。开发、制造、调试和运行基于 SOE 的工业规模共电解系统。

（17）将燃料电池作为数据中心的主要供电设备。示范用于城区数据中心供电的燃料电池系统，开发将燃料电池集成到建筑物的解决方案，除了可为数据中心供电外，还可用于建筑物或区域供热。

（18）利用高温质子传导陶瓷材料实现高效灵活运行。综合采用材料科学、反应器设计和多尺度建模方法，显著提高材料性能，并进行反应器概念设计和验证。

（19）利用可再生能源和氢气实现岛屿脱碳（"氢岛"）。示范在岛屿上利用可再生能源电力制氢，并进行氢气输运、存储和分配，通过跨部门协作管理季节性能源和氢气生产/需求的平衡，将氢气用于所有终端用能部门。

（20）克服部署多燃料加氢站的技术和行政障碍。开发在欧盟多种燃料环境中部署氢气的指南,通过清晰、透明和科学的方法克服技术与行政障碍。

(21)船用氢基燃料。开发将氢基燃料用于船舶的监管框架,明确并正确管理从设计到运行层面的风险。

(22)开发氢能及燃料电池产品的生态设计准则。该设计准则涵盖制造、组装、成本、拆解、回收、再利用等多个方面,考虑整个生命周期的环境影响。

(23)开发和验证氢能及燃料电池产品的现有和新型回收技术。确定和评估各种物理、化学及热过程,以优化总体材料回收率。采取全生命周期方法,以明确解决方案的生命周期可持续性影响。在回收结束时对材料进行分析,标记可在新产品中重复使用的材料,以及在其他领域中进行再利用的材料。

(24)制定氢能及燃料电池系统生命周期可持续性评估指南。建立一个方法框架,阐明要求并指导如何对氢能及燃料电池技术和应用进行生命周期可持续性评估,并提供与竞争技术进行公平比较的框架。

资助三　2020 年 7 月,德国通过了一项国家氢能战略以协助经济脱碳,提供 90 亿欧元(105.8 亿美元)帮助推动新项目[20],使其从试点状态过渡到生产可销售的清洁燃料。德国的目标是到 2030 年实现 5GW 的电解能力,以取代常规能源和核能,并开发供热和运输燃料,最终取代天然气和石油。例如,海德炼油厂项目 WESTKUESTE 100("西海岸 100")获得了德国经济部 3000 万欧元资金的批准。德国经济部同时将提供 5900 万欧元,总投资 8900万欧元,旨在研究和开发一种方法,利用海上风能生产绿氢,并在电解厂中利用此过程中产生的废热和氧气。该项目的合作伙伴包括法国电力公司和水泥生产商豪瑞的德国分部、天然气管道运营商欧洲开放电网公司(OGE)、丹麦风力公司 Orsted、海德炼油厂、海德镇的市政公用事业、当地公用事业网络 Thuega 及蒂森克虏伯工业解决方案公司等。

2020 年 9 月,德国首个氢技术设施"西海岸 100"[21]实验项目在德国石荷州的西海岸地区正式启用。该项目是德国国家氢能战略的基石和先锋项目。通过这一项目,德国希望打造"绿色氢能"完整产业链:海上风电厂将为前期建设的30MW电解水制氢设备提供电能,水解时产生的废热可直接应用到工业领域,副产物氧气将用于当地水泥厂生产,以降低碳排放量。除了并入燃气管道外,氢气还将和水泥厂产生的二氧化碳一起用于生产甲醇,以及转化到航空运输燃料等应用领域。

2.2.4　碳中和目标下欧洲氢能政策的启示

欧盟在应对气候变化和实现碳中和目标之路上一直持较为激进的态度。2020年12月11日,欧盟27国领导人在布鲁塞尔峰会上就碳减排目标达成一致,决定到2030年时欧盟温室气体排放比1990年减少至少55%,到2050年实现碳中和。这一目标比欧盟2014年设定的2030年目标提高了15%。为了实现较高的碳中和目标,欧盟对发展氢能抱有极大期待,从战略层面制定了发展氢能的一揽子计划,从中可得出如下启示。

(1)从全球战略层面开展顶层设计,国际国内目标明确、并重,具有技术、经济、市场、金融多元化战略目标。从欧盟内部来说,2019年2月,FCH-JU发布报告《欧洲氢能路线图:欧洲能源转型的可持续发展路径》[22],提出了碳中和目标下发展氢能的三点原因:①氢能是建筑、交通和工业大规模脱碳的最佳选择;②氢能可实现跨部门、跨时间和跨地点灵活转移能源,在向可再生能源转型中发挥系统性作用;③发展氢能与用户的偏好和便利性需求相一致。发展氢能将为欧盟带来巨大的社会经济和环境效益。从国际层面来说,欧盟提出与非洲、G20等加强多边合作,与国际专业组织、国际标准化组织等合作制定国际氢能标准,巩固欧元地位。

(2)重视全链条创新,重点突出,尤其重视可再生能源+电解制氢联合技术的研发和规模化应用。欧盟氢能发展战略涉及"制氢-运氢-储氢-用氢"全链条研发,目标是推动欧盟氢能技术产业化。在欧洲氢能发展早期,欧盟主要将氢能定位在交通领域的氢燃料电池制备和供应方面,但是在2020年碳中和目标下,欧盟政策向可再生能源制氢方向倾斜,从基础设施建设到项目支持、应用示范、财税优惠等给予优先考虑,同时提出到2024年建成至少 6GW 规模的电解槽,这表明欧盟推广可再生能源氢和规模化电解技术产业化的决心。

(3)从运营角度,建立包括所有利益相关方在内的欧洲清洁氢能联盟,推进欧盟氢能战略目标的落实。欧洲清洁氢能联盟成员包括政策制定部门、监管部门、科研部门、产业协会、企业在内,涉及政、产、学、研、用各利益相关方,主要职责是通过圆桌会谈和政策制定者平台扩大氢能生产与应用规模。

(4)提出明确的财政支持方案,加大财政支持力度。欧盟提出覆盖氢能全产业链投资计划,明确提出将向氢能产业投入 5750 亿欧元,其中,1450 亿欧元以税收优惠、碳许可证优惠、财政补贴等形式惠及相关氢能企业,剩余的 4300 亿欧元将直接用于氢能基础设施建设。

(5)加强国际合作,为欧盟氢能技术进入国际市场做好前期准备。欧盟主要从三个方面明确提出氢能国际合作行动计划:①通过多种途径和方式建立多边合作关系,为打开氢能国际市场做好铺垫;②通过与联合国、国际海事组织等国际专业管理机构合作,将氢能应用纳入国际合法管理的范畴;③通过与国际标准化组织合作,将欧洲氢能技术纳入国际标准化的范畴,以争取标准话语权支持。

2.3　日本氢能发展战略与项目部署

2.3.1　日本氢能发展战略的历程剖析

日本近年来高度重视氢能与燃料电池的发展。2014 年 4 月,日本制定了《第四次能源基本计划》,确定了加速建设和发展"氢能社会"的战略方向。日本将 2015 年定为"氢能元年",将 2020 年定为"氢能奥运元年",将 2025 年定为"氢能走出去元年",将 2030 年定为"氢燃料发电元年"。

2017 年、2019 年和 2020 年,日本政府分别出台了《氢能基本战略》《氢能与燃料电池技术开发战略》和《绿色增长战略》等重要纲领性文件,在战略上部署和推动日本氢能与燃料电池技术的发展（表 2.8）。

表 2.8　日本氢能与燃料电池发展规划

年份	规划名称	主要内容
2017	《氢能基本战略》	日本中期（到 2030 年）和长期（到 2050 年）的氢能发展目标
		实现战略目标的十大行动计划
2019	《氢能与燃料电池技术开发战略》	确定了燃料电池、氢能供应链、电解水制氢三大技术领域 10 个重点研发项目的优先研发事项
2020	《绿色增长战略》	针对海上风电、燃料电池、氢能等 14 个产业提出了具体发展目标和重点发展任务

2017 年 12 月，日本经济产业省发布《氢能基本战略》，明确设定中期（到 2030 年）和长期（到 2050 年）的氢能发展目标：到 2030 年，实现氢燃料发电商业化，发电成本控制在 17 日元/(kW·h)以下，形成年均 30 万吨氢燃料供给能力，燃料电池汽车发展到 80 万辆；到 2050 年，氢燃料发电成本进一步降至 12 日元/(kW·h)以下，年均氢燃料供应量达到 500 万～1000 万吨，燃料电池汽车全面普及，燃油汽车全面停售，以推进日本迈入氢能社会，实现能源供给多元化以提高能源自给率，削减 CO_2 排放，以完成日本《巴黎气候变化协定》承诺的自主减排目标。该战略明确提出了实现战略目标的十大行动计划，具体内容如下。

（1）以低成本方式利用氢能。一方面，利用海外廉价褐煤并结合碳捕集与封存技术（carbon capture and storage，CCS）来实现低成本制氢；另一方面，直接从可再生能源资源丰富、发电成本低廉的国家/地区进口电解水制备的氢燃料。到 2030 年，建立起商用规模的氢能供应链，年均氢能供应量达到 30 万吨，氢气零售价降到现有水平的 1/3 以下（30 日元/Nm³）；到 2050 年，年均氢能供应量达到 500 万～1000 万吨，氢气零售价进一步降到 20 日元/Nm³。

（2）开发经济、高效的氢气存储和输运技术。采用与液化天然气相同的方法,将氢气直接转换为液体,即在当地制备、冷却液化,再通过船舶海运至日本。利用甲基环己烷储氢,即利用基于甲苯与甲基环己烷可逆反应的储氢技术,同时积极开发直接利用氨、甲烷等能源载体,以实现低成本、高效率的氢制备和储运。

(3)利用可再生能源电解水制氢。充分利用日本富余的可再生能源电力,发展电转气(power-to-gas)技术,即利用风电、光伏发电等剩余电力电解水制氢,然后输运注入现有的燃气管道网络;到 2020 年,将可再生能源制氢成本降至 5 万日元/kW;到 2032 年,与进口氢能一起形成完整的商业化氢能供应体系。

(4)氢能发电商业化应用。到 2030 年,实现氢能发电商业化,发电容量达到 1GW,发电成本控制在 17 日元/(kW·h)以下,形成年均 30 万吨氢燃料供给能力;到 2050 年,氢能发电成本进一步降至 12 日元/(kW·h)以下,达到与液化天然气发电相当的价格竞争力,形成年均 500 万~1000 万吨氢燃料供给能力,发电容量增至 15~30GW。

(5)推广普及氢燃料电池汽车。2020 年燃料电池汽车保有量达到 4 万台,2025 年达到 20 万台,2030 年达到 80 万台。2020 年加氢站部署规模达到 160 个,2025 年达到 320 个,2030 年增加到 900 个,到 2050 年逐步替代加油站。2020 年燃料电池公交车保有量达到 100 台,2030 年达到 1200 台。2020 年燃料电池铲车保有量达到 500 台,2030 年增加到 10000 台。

(6)利用工业余热进行热解制氢。将工业生产过程中产生的废热作为热源用于直接热解水制氢,一方面提升热利用率,另一方面减少催化电解水中贵金属催化剂的使用,降低制氢成本。

(7)降低燃料电池成本。为了普及推广氢燃料,需要进一步削减家用燃料电池成本,到 2019 年质子交换膜燃料电池(proton exchange membrane fuel cell,PEMFC)价格达到 80 万日元,到 2021 年固体氧化物燃料电池(SOFC)价格达到 100 万日元。

(8)新技术的开发。为实现战略提出的 2050 年目标,必须开发高效且廉价的氢气制造、运输技术,以及高效、稳定的燃料电池技术。

（9）强化国际合作引领国际标准。积极开展国际合作，引领氢能燃料技术标准制定，抢占技术制高点。

（10）加强氢能知识科普工作和地区合作。在日本民间开展广泛的氢能知识科普工作，提高普通市民对燃料电池与氢能的相关认识，打消人们对氢能抱有的不安情绪，提高社会对氢能的接受度；促使日本各地区议会、民间组织及时共享和发布燃料电池汽车及氢能的相关信息，增进普通市民对燃料电池与氢能的理解和认识。

2019 年 9 月 18 日，日本政府出台《氢能与燃料电池技术开发战略》《氢能与燃料电池路线图》和《氢能与燃料电池技术开发战略》，确定了燃料电池、氢能供应链、电解水制氢三大技术领域 10 个重点研发项目的优先研发事项（表 2.9）。

表 2.9　日本三大技术领域 10 个重点研发项目的优先研发事项

技术领域	重点研发项目	主要内容
燃料电池	车用燃料电池	开发低铂催化剂、非铂催化剂；开发高质子导电性、低气体渗透性和高耐久性的电解质膜；开发低电阻率、高孔隙率的气体扩散层，提高气体扩散性；开发低成本、高耐久性隔膜；开发能够在低温环境中保持性能的催化剂、载体、电解质膜等；开发能够在极端环境下运行的燃料电池及其组件
	固定式燃料电池	开发发电效率超过 65% 的燃料电池堆和系统；提高电池堆的耐久时间（13 万小时以上）和缩短启动时间；提高电池系统燃料的利用率；开发适应多样化燃料（如沼气）的电池堆；开发燃料电池构成部件连续制造工艺；开发燃料电池能源管理系统；开展燃料电池系统加速老化试验并建立模型
	辅助设备（如储氢罐）	减少移动式氢气存储罐中碳纤维的使用数量，提高容器制造工艺效率；开发与燃料电池系统有关的辅助设备的系统优化和低成本技术；开发除汽车以外的燃料电池应用技术

技术领域	重点研发项目	主要内容
氢能 供应链	大规模制氢	提升利用褐煤气化制氢效率,以降低成本;开发水电解产氢装置的放大技术
	氢气存储 运输技术	提高氢液化的效率;开发低温氢气压缩机;开发用于氢能发电的氢冷升压泵;开发装载臂的大型化、低成本技术;开发与氢气海上输送及陆地存储相适应的绝热系统;在极端低温情况下进行材料开发及评价技术;提高氢化/脱氢催化剂性能并降低甲苯含量;利用废热实现低成本、低碳化的制氢工艺
	氢能发电	开发与环境性(低氮氧化物)和氢燃烧特性相对应的高效率发电的燃烧器;利用来自发电设施的废热,提高从诸如氨之类的氢载体进行脱氢反应的效率并降低成本
	加氢站	通过远程监控对加氢站运行进行无人化管理;获取通用金属材料的储氢特性数据;开发延长蓄压器寿命和新的检查方法;进一步提高软管和密封材料的耐用性;开发新的温升控制氢加注协议(缓和氢供给温度等);基于通用数据的分析结果,将加氢站各设备的规格和控制方法标准化;研究高效率、低成本的压缩机;开发液态氢气压缩泵;开发容量大且重量轻的容器;开发容量大、耐久度强的储氢材料并确立生产技术
电解水 制氢	电解水 制氢技术	开发质子交换膜电解水装置;开发碱性固体阴离子交换膜电解水装置;开发固体氧化物燃料电池;开发通用的水电解技术
	产业应用	对无二氧化碳排放的氢气燃料作为替代能源的经济合理性开展探讨;探索炼钢过程中氢利用潜力;挖掘在现有管道中注入和利用氢气的潜力
	新型光解水产 氢技术开发	研究高效率的水电解;进行人工光合作用,提升氢气纯化精度的高性能氢气分离渗透膜研发;开发创新的高效率氢液化机;开发长寿命液氢存储材料;开发低成本高效率的创新能源载体;开发小型、高效率、高可靠性、低成本燃料电池的革新技术;利用氢和二氧化碳合成化学品

2020 年,日本发布《绿色增长战略》,明确了以"2050 年温室气体零排放"为目标的时间规划表,针对海上风电、燃料电池、氢能等 14 个产业提出了具体发展目标和重点发展任务,希望到 2030 年通过绿色投资和销售实现每年 90 万亿日元额外经济增长,到 2050 年达到 190 万亿日元。具体到氢能产业发展目标上,计划到 2030 年将年度氢能供应量增加到 300 万吨,到 2050 年达到 2000 万吨。力争到 2030 年将发电和交通运输等领域的氢能成本降低到 30 日元/Nm^3,到 2050 年降至 20 日元/Nm^3。氢能产业重点发展任务包括:发展氢燃料电池动力汽车、船舶和飞机;开展燃氢轮机发电技术示范;推进氢还原炼铁工艺技术开发;研发废弃塑料制备氢气技术;研发新型高性能低成本燃料电池技术;开展长距离远洋氢气运输示范,参与氢气输运技术国际标准制定;推进可再生能源制氢技术的规模化应用;开发电解制氢用的大型电解槽;开展高温热解制氢技术研发和示范。

2.3.2　日本氢能项目部署

日本近年来在氢能与燃料电池领域的部分项目研发及资助情况如下。

资助一　2018 年 7 月,日本新能源产业技术综合开发机构(NEDO)、东芝(Toshiba)能源系统、东北电力(Tohoku Electric Power)以及岩谷产业(Iwatani Corp)等多家科研机构和公司在福岛县工业园区试点建设可再生能源制氢示范项目——福岛氢能研究场(Fukushima Hydrogen Energy Research Field,FH2R)[23]。该项目占地 22 万平方米(其中光伏电场占地 18 万平方米),配备 20MW 光伏发电系统及 10MW 的电解槽装置,每小时产量高达 1200Nm^3。开始运行期间,年产 200t 氢气,生产过程中二氧化碳净排放为 0。该设施于 2020 年 3 月 7 日开始运行,进行清洁廉价制氢技术的生产试验,迄今为全球最大规模的电解水制氢系统,为东京奥运会所用氢能源车辆供应所需的氢气。

资助二　2020 年 9 月,日本东芝与美国组件制造商 First Solar 签订了建设 Yatsubo 项目的 EPC(工程、采购和施工)合同[24]。该研究项目以实现氢能系统更大功能为目标,进行提高各控制系统的研发工作,并通过增加太阳能发电的逆流功能,将氢能系统作为调节电力供需的一种资源;通过评估部件和设备随时间的老化率来优化膜更换频率,通过审查电解槽框架的结构和材料来降低水电解设备的成本,从而进一步提高水电解技术研究和开发。东芝 ESS 在北海道太平洋沿岸的 Shoro 水坝建造了一个 200kW 的水力发电厂,该项目为产气 $35\mathrm{Nm^3/h}$ 的氢气电解设施提供电力。

2.4　我国氢能发展现状分析

近年来我国逐渐加大对氢能核心技术的研制和推广应用,然而,我国氢能发展仍面临一系列严峻挑战。

2.4.1　政策层面

2019 年,国家发展和改革委员会发布《产业结构调整指导目录(2019 年本)》,鼓励发展高效制氢、运氢及高密度储氢技术开发应用与设备制造,以及新能源汽车关键零部件。

2019 年,广东、山西等 10 个省份将发展氢能写入政府工作报告,北京、上海、苏州、佛山、嘉兴等超过 17 个省份的 22 个城市出台了本地氢能产业发展规划或行动计划,从产值规划、加氢站建设、推广示范车辆数量、企业扶持等方面进行了相对详细的规划,通过人才、资金、示范运营等多种举措加速氢能及燃料电池产业布局。

2021 年,科学技术部发布国家重点研发计划"氢能技术"重点专项,以支持氢能绿色制取与规模转存体系、氢能安全存储与快速输配体系、氢能便捷改质与高效动力系统技术研发。

2.4.2　发展战略

我国氢能技术研发和应用存在缺乏统一规划、关键核心技术尚未突破、总成本过高、技术专利壁垒严重等问题,亟须通过打破相关技术壁垒来改善产品质量,解决技术先进性问题,从而提升我国氢能及相关应用链在国际上的战略优势。

与美国蓝氢、绿氢等氢能技术路线相比,我国亟待研判蓝氢(同时也包括煤制氢和天然气制氢的关系)与绿氢技术路线之间的关系,以及氢与电共同作为终端消费能源的互补性问题。

2.4.3 技术难题

与美国蓝氢、绿氢等氢能技术路线相比,我国蓝氢与绿氢的成本下降潜力差异很大。例如,我国规模意义下的"光伏 + 电解"技术制氢的全链能量转化效率仅 15% 左右,对应成本为 12 ~ 18 美元/kg,是天然气重整制氢成本的近 10 倍。

除氢气生产需要提高效率、降低成本以外,氢气储运也存在一些技术难题。氢气储存方式可以分为物理储氢(主要包括高压气态储氢、低温液氢技术、吸附储氢等)和化学储氢(即利用储氢介质与氢气反应生成稳定化合物,再通过改变条件实现放氢的技术,主要包括有机液体储氢、液氨储氢、配位氢化物储氢、无机物储氢和甲醇储氢等)。我国的物理储氢技术发展相对落后,以高压气态储氢为例,储罐关键材料仍依赖进口,储氢量低。相对于物理储氢,化学储氢具有能量密度高和相对安全的特点,未来有望替代物理储氢成为主流技术。但目前大部分化学储氢技术还处于研发阶段,成本相对较高。

2.4.4 技术层面

我国在氢能的基础研究方面有持续投入,但起步较晚,积累较少。近 20年来,在科学技术部和中国科学院等部门相关项目的资助下,我国在氢能领域取得了一些领先世界的重要成果。

中国科学院大连化学物理研究所专家团队研发了人工光合成太阳燃料技术,提出了利用太阳能等可再生能源生产"绿色"氢能并将二氧化碳加氢转化为甲醇等液体燃料的"液态阳光"合成的技术路线。2020 年 1 月,该技术的示范项目投料试车成功,预示着这一领先世界的研发技术在我国碳中和过程中可能起到重要作用。

在太阳能微藻制氢领域,中国科学院植物研究所黄芳研究员团队研发了面向"绿色藻氢"生产的太阳能光生物转化制氢创新技术。该技术利用自主研发的、产氢量居微藻光合产氢领域之首的微藻材料,建立了具有实验室规模、以微藻光合作用为基础的"绿色藻氢"种质创制-氢气生产-氢气收集储存-氢燃料电池应用这一完整的技术体系,为向国家碳中和目标迈近的相关研发奠定了重要基础。

2.5　本章小结

氢能作为一种清洁高效的二次能源,长期以来在燃料电池等领域得到密切关注。在碳中和目标下,氢能将在提高能源体系安全、改善大气环境质量、推进能源产业升级、建设脱碳社会等方面发挥重大积极作用,并将在氢冶金、化工、交通燃料、供热等更广泛的领域得到推广应用,受到全球瞩目。

本章对美国、欧洲、日本等国家和地区的氢能发展规划及战略开展详细调研,分析了主要国家的氢能战略及发展目标、方向、成效,重点剖析了最新氢能发展战略,并分析了我国的氢能发展现状。

具体来看,美国氢能战略已经从最初建立氢能技术储备和推动氢燃料电池在交通行业的应用,转变为在推进碳中和目标下加快氢能全链条低成本技术开发应用,尤其关注绿氢技术的研发和商业化等方向,制定了实现碳中和目标、建立和发展氢能经济、在全球氢能技术和市场中占主导地位等多元化目标;同时,美国在大规模电解水技术方面具有较为成熟的研发示范经验,未来将向兆瓦级规模和太阳能、核能等可再生能源清洁制氢等方向发展。

欧盟完成了对欧洲主要国家氢能研发和应用资源的整合,明确了规模化、低成本"可再生能源 + 电解水制氢 + 零碳交通（应用）"的技术链、产业链、供应链的氢能发展方向,期待氢能成为新的经济增长点;同时欧盟新的氢能战略更加注重氢能技术、市场、经济、金融、标准协同化国际化发展途径,这为欧盟氢能技术进入国际市场、提升国际竞争力进行超前部署。

与这些发达国家和地区的氢能战略相比,我国氢能发展存在研发创新不足、成果共享和资源整合不够、人才及交流合作匮乏、标准和知识产权保护欠缺等问题。建议从国际、国内需求和供给方面出发,系统地研究我国氢能发展规划,多角度、全方位提升我国氢能技术和产业的国际竞争力,避免氢能成为下一项"卡脖子"技术。基于以上研究和分析,具体提出三个方面建议。

(1)加强顶层设计,集中国家优势力量,开展氢能关键技术、新技术路线及其应用的创新攻关,在核心技术上突破市场封锁。氢能已被视为未来主要能源,氢气的制取是发展氢能产业的基础。如何高效、清洁制氢对氢能发展具有重要意义。因此,研究并获取高效、低成本、大规模的制氢方法是氢能产业发展的前提与基础。从国际经验来看,建议加大对绿氢尤其是可再生能源制氢技术及相关制氢、储氢、运氢材料的研发力度,加强对氢能储备与氢能应用技术、氢能应用成套设备的研究,从技术链、产业链和供应链等角度开展氢能应用技术的研究,尤其是要深入推进核心技术和关键技术攻关,开发具有自主产权的核心技术和关键技术。

(2)开展氢能技术链、产业链、供应链专利壁垒与竞争系统研究,提出知识产权保护策略,提升国际竞争力。解决氢能市场发展的技术专利壁垒和知识产权问题,需要密切跟踪国内外氢能技术专利的发展动态,详细开展国内外氢能技术专利的调研分析;建立有效促进氢能产业发展的氢能技术专利发展路径,为氢能技术专利壁垒研究和相关政策规划的出台提供参考建议,真正提升我国氢能产业国际竞争力。由于氢能产业技术复杂多样,产业交织融合,再加上专利保护工作缺少目标指引,因此,需要从全球视角,全面调研氢能产业技术链及发展情况,挖掘氢能领域的关键技术分布、重点技术研发趋势、最新技术发展动向,识别潜在应用技术和专利空白技术。

(3)重视国际合作,建立与国际组织及其他国家全链条多边合作关系,积极参与国际规则、国际标准的制定工作,为我国氢能技术进入国际市场做好前期准备。以"一带一路"倡议为抓手,与周边友好国家、"一带一路"沿线国家开展贯穿氢能全技术链的产、学、研、用等合作,不仅可以建立氢能同盟关系,而且可以摸清并开发氢能国际市场。同时,在国际标准化组织、国际电工委员会等相关国际机构内申请建立氢能标准工作下属部门或工作组,开展国际规则、国际标准的制定,争取国际话语权,为氢能相关技术和产品进入国际市场扫清障碍。

参考文献

[1] 中国氢能联盟.中国氢能源及燃料电池产业白皮书[R].北京:中国氢能联盟,2019.

[2] 黎喜坤.基于专利计量的氢能产业发展态势及国内产业园区定位分析[J].中国发明与专利,2020,17(12):77-82.

[3] 符冠云.氢能在我国能源转型中的地位和作用[J].中国煤炭,2019,45(10):15-21.

[4] Stangarone T. South Korean efforts to transition to a hydrogen economy[J]. Clean Technologies and Environmental Policy,2021,23(2):1-8.

[5] 吉力强,赵英朋,王凡,等.氢能技术现状及其在储能发电领域的应用[J].金属功能材料,2019,26(6):23-31.

[6] 吉力强.氢能产业背景下稀土系储氢材料的发展机遇[J].稀土信息,2021(2):29-31.

[7] 李娜,李志远,王楠,等.氢储能调峰站发展路径探索研究[J].中国能源,2021,43(1):55-59,67.

[8] 曹军文,郑云,张文强,等.能源互联网推动下的氢能发展[J].清华大学学报(自然科学版),2021,61(4):302-311.

[9] 赵旭,杨艳,高慧.世界主要国家和能源企业加快氢能产业布局[J].中国石化,2019(5):16-21.

[10] 魏凤,任小波,高林,等.碳中和目标下美国氢能战略转型及特征分析[J].中国科学院院刊,2021,36(9):1049-1057.

[11] 赵青,郑佳.全球主要国家2019年氢能发展政策概述[J].全球科技经济瞭望,

2020,35（4）:11-20.

[12]US Department of Energy. Energy Department Hydrogen Program Plan[EB/OL].
（2020-11-12）[2021-08-20]. https://www. hydrogen. energy. gov/pdfs/hydrogen-
program-plan-2020. pdf.

[13]Euripean Commission. Sixth Framework Programme（FP6）[EB/OL]. （2002-11-01）
[2021-08-10]. https://ec. europa. eu/defence-industry-space/eu-space-policy/space-
research-and-innovation/sixth-framework-programme-fp6_en.

[14]FCH-JU. European Union Fuel Cell and Hydrogen Energy Programs[EB/OL].
（2019-06-24）[2021-08-08]. https://www. fchea. org/in-transition/2019/6/24/eu-
ropean-union.

[15]Hydrogen Europe. Green Hydrogen for a European Green Deal:A 2x40 GW Initiative
[EB/OL]. （2020-04-01）[2021-08-10]. https://www. menaenergymeet. com/wp-
content/uploads/Green-Hydrogen-for-a-European-Green-Deal. pdf.

[16]European Commission. A Hydrogen Strategy for a Climate-Neutral Europe[EB/OL].
（2020-07-08）[2021-08-09]. https://ec. europa. eu/energy/sites/ener/files/hydro-
gen_strategy. pdf.

[17]Stratégie nationale pour le développement de l'hydrogène décarboné en France[EB/
OL]. （2021-05-08）[2021-09-15]. https://www. economie. gouv. fr/plan-de-rel-
ance/profils/collectivites/strategie-nationale-developpement-hydrogene.

[18]The Ten Point Plan for a Green Industrial Revolution[EB/OL]. （2020-11-18）[2021-
08-10]. https://assets. publishing. service. gov. uk/government/uploads/system/up-
loads/attachment_data/file/936567/10_POINT_PLAN_BOOKLET. pdf.

[19]2020 Call for Proposals Launched:93 Million Available for 24 Topics[EB/OL].
（2020-01-14）[2021-08-20]. https://www. fch. europa. eu/news/2020-call-propos-
als-launched-% E2% 82% AC93-million-available-24-topics.

[20]德国炼油厂将建30兆瓦氢气电解厂[EB/OL]. （2020-08-06）[2021-08-20]. ht-
tps://www. china5e. com/news/news-1096638-1. html.

[21]欧洲各国积极推进"绿色复苏"[EB/OL]. （2020-09-02）[2021-08-20]. http://
env. people. com. cn/n1/2020/0902/c1010-31845964. html.

[22]FCH-JU. Hydrogen Roadmap Europe:A Sustainable Pathway for the European Energy
Transition[EB/OL]. （2019-02-11）[2019-09-04]. https://www. fch. europa. eu/

publications/hydrogen-roadmap-europe-sustainable-pathway-european-energy-transi-
tion.

[23]再エネを利用した世界最大級の水素製造施設「FH2R」が完成［EB/OL］.
(2020-03-07)［2021-08-20］. https://www. nedo. go. jp/news/press/AA5_101293.
html.

[24]东芝着手在日本开发更多光伏与氢能项目［EB/OL］. (2020-09-19)［2021-08-
20］. http://www. escn. com. cn/news/show-1099891. html.

第3章 电解水制氢技术

当前,国际上主要研究的制氢途径包括水分解制氢、碳氢燃料制氢等。水分解制氢涉及电化学、热化学、光化学等方法;碳氢燃料制氢主要是热化学法。电解水技术是一种传统的电化学分解反应制氢技术。电解水制氢是指在一定电压下,选用合适的电催化剂,在充满电解液的电解槽中通入直流电,使水分子在电极上发生电化学反应,分解成氢气(H_2)和氧气(O_2)。这种制氢技术清洁无污染,引起了各国研究者的广泛兴趣。此外,电解水制氢通过化学反应方式将电能转化为可存储运输的氢能,是解决电能存储的一种重要并具有潜力的技术。

3.1 电解水制氢技术的原理及特点

电解水制氢的现象在1789年被发现,后来这一技术由 Nicholson 和 Carlisle 进一步发展,直到1902年,世界上已建成400多个电解槽,且总产氢量达到 $10000Nm^3/h$。1948年第一台增压式水电解槽建成[1],其基本原理是利用电解槽,将水电解为氢气和氧气。电解水制氢技术的总反应式如下:

$$2H_2O \longrightarrow 2H_2 + O_2$$

反应焓: $\quad\quad\quad\quad \Delta H(298K) = 289kJ/mol$

反应熵: $\quad\quad\quad\quad \Delta S(298K) = 203J/(mol \cdot K)$

自由焓: $\quad\quad\quad\quad \Delta G(289K) = 237kJ/mol$

电解水制氢具有多项优点:①制氢过程不使用化石燃料,因此不产生二

氧化碳及其他有害气体;②产出的氢气纯度高,杂质含量较少,纯度通常在
99.0%~99.9% 甚至更高;③技术成熟,流程及设备简单;④自动化水平高,
采用计算机控制制作过程可极大地提升操作的稳定性和可靠性。电解水制
氢的缺点是电能消耗较大。

随着可再生能源尤其是太阳能光伏和风能的成本下降,人们对电解水
制氢的兴趣越来越大。中国科学院院士李灿表示,电解水制氢技术是近、中
期内实现可再生能源向化学能产业化转化的一条最有效途径,可以适用于
太阳能光伏及风电、水电等各种可再生能源发电;未来的可再生能源规模化
电解水制氢生产将实现大规模、低能耗、高稳定性三者的统一[2]。

3.2　电解水制氢技术的主要类型

制氢有多种方法,电解水制氢技术已成为其中最受关注的方法。目前电
解水制氢所得的产量占氢气总产量的 5% ,所制备氢气的纯度可达 99.9% 。

根据电解槽中电解液的不同,电解水制氢技术可以分为碱性液体电解
(alkaline water electrolysis,ALK)、质子交换膜水电解(proton exchange mem-
brane water electrolysis,PEM)、固体氧化物水电解(solid oxide electrolysis cell,
SOEC)三种类型。

(1)碱性液体电解

碱性液体电解技术以碱性电解液为反应基础,阴阳电极分别浸入两个
电解槽,槽之间使用隔膜分隔开来。碱性液体电解池主要包括电极、隔膜、
电解液、电解池四个部分,电解液常采用碱性氢氧化钠溶液、氢氧化钾溶液
或氢氧化钙溶液。特定的隔膜将电解池分隔出阴极电解区域和阳极电解区
域,阴极区产生的氢气和阳极区产生的氧气彼此不混合,从而保障装置的安
全性。在外部电源作用下,碱性电解液中的 OH^- 吸附在阳极催化层,经催化
后 OH^- 失去电子而成为 O_2 和水,产生的自由电子经阴阳极间的外接电路到
达阴极。被吸附在阴极催化层的水分子获得电路供给的电子,生成 H_2 和

OH⁻。碱性电解液中部分 OH⁻ 和 H_2O 会通过隔膜,在两个电解槽之间发生迁移和扩散,保持槽内离子溶度的平衡,维持两极电解区域的电中性。碱性液体电解制氢原理如图 3.1 所示。

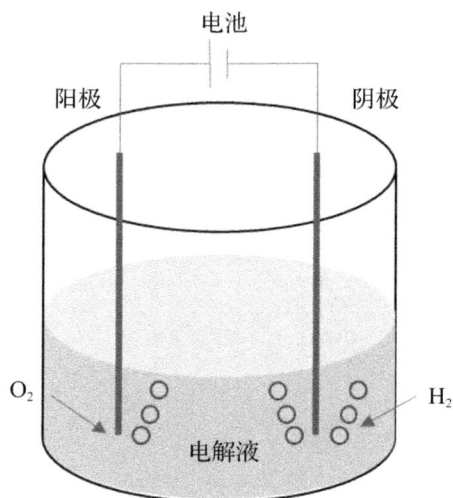

图 3.1 碱性液体电解制氢原理

碱性液体电解池中的反应如下:

阳极:
$$4OH^- \longrightarrow O_2 + 2H_2O + 4e^-$$

阴极:
$$2H_2O + 2e^- \longrightarrow 2OH^- + H_2$$

碱性液体电解质电解槽的工作电流密度通常约为 $0.25A/cm^2$,能源效率通常在 60% 左右。在液体电解质体系中,碱性电解液(如 KOH)会与空气中的 CO_2 反应,形成在碱性条件下不溶的碳酸盐(如 K_2CO_3)。一方面,这些不溶性碳酸盐会阻塞多孔催化层,阻碍产物和反应物传递,大大降低电解槽的性能。另一方面,碱性液体电解质电解槽难以快速关闭或启动,制氢速度也难以快速调节,因为必须时刻保持电解池阳极和阴极两侧压力均衡,防止氢氧气体穿过多孔的石棉膜混合,进而引起爆炸。如此,碱性液体电解质电解槽就难以与具有快速波动特性的可再生能源配合[3]。此外,该槽体结构简单,操作方便,价格便宜,但其中的石棉具有致癌性,同时,KOH 溶液渗漏及废液处理会造成环境污染并威胁人体健康。

（2）质子交换膜水电解

质子交换膜水电解技术因装置中使用的固体聚合物膜而得名,作为电解质使用的膜,一般选用全氟磺酸质子交换膜,它的主要作用是为电解过程中,阴阳极间的氢离子传输提供离子通道,并隔绝两极间反应的气体产物以避免发生渗透或混合。膜厚度范围一般在 $20 \sim 300 \mu m$,使电解池结构更加精简紧凑,在同体积情况下具有高效率、高输出的优点。

质子交换膜电解池主要由电解液、膜电极、扩散层、接触电极板等组成。膜电极是水分解生成氢气和氧气的主要场所,制备过程中使用工艺将电极与膜一体化,缩短两极间距,减小接触电阻及电极活化电阻,以有效降低电解的析氢过电位和析氧过电位。扩散层对质子交换膜表面的催化剂起到保护作用,并且扩散层可以导电,可促进气体排出。接触电极板为电解反应提供场所,也是电解过程中自由电子传导的良导体。电子转移在两极间完成,保证电子在阴阳极与外电路形成闭合回路。电极板在输送电解液的同时,促使反应产物与水顺利流出电解装置并排出。质子交换膜水电解制氢原理如图 3.2 所示。

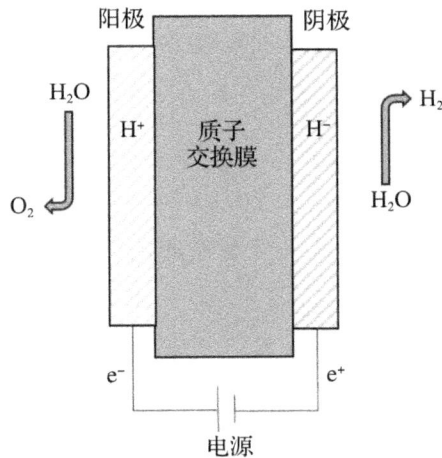

图 3.2　质子交换膜水电解制氢原理

质子交换膜电解池中的反应如下：

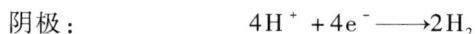

阳极：$\qquad\qquad 2H_2O \longrightarrow O_2 + 4H^+ + 4e^-$

阴极：$\qquad\qquad 4H^+ + 4e^- \longrightarrow 2H_2$

电解池中发生水分解反应时，电源提供的正过电势使水分子在阳极催化层上，失去电子生成 O_2 和 H^+，其中 O_2 随着水流排出，H^+ 逐步与固体聚合物膜内的 H_2O 结合生成 H_3O^+，在电场的作用下，迁移到阴极催化层上的 H^+，获得外电路的电子，发生还原，生成的 H_2 随水流排出装置。在无催化剂状态下，反应的电解电压过高致使电解难以进行。为降低电能损耗，一般会在膜两侧使用一定载量的阴阳极催化剂，达到降低反应过电势及电解池实际电解电压的效果，提高系统的电解制氢量。质子交换膜电解池的催化剂材料昂贵，且催化剂附着在膜表面。为保护催化层及保障产物顺利排出，电解池中加载阴阳极扩散层，位于膜两侧。扩散层材料一般具备导电性及提供汽水通道的特点，且能够在膜电极表面形成一层电解质薄膜，使得电解质与膜电极紧密接触，从而增大电解面积，例如疏水碳纸或钛网等。

质子交换膜水电解具有效率高、气体纯度高、绿色环保、能耗低、无碱液、体积小、安全可靠、可实现更高的产气压力等优点，被公认为是制氢领域极具发展前景的电解制氢技术之一。但由于催化剂与电解池材料的成本较高，现阶段质子交换膜水电解技术价格高于传统的碱性液体电解技术。降低成本的主要途径是提高电解池的效率，即提高催化剂、膜材料与扩散层材料的技术水平。

（3）固体氧化物水电解

在固体氧化物电解池内，水蒸气和循环氢气被输送到阴极。被吸附在阴极催化层上的水分子在电流作用下分解生成 H^+ 和 O^{2-}。其中 H^+ 得到外电路输送的自由电子，还原生成氢气；特定的固体氧化物电解质促使 O^{2-} 迁移到阳极催化层，O^{2-} 发生氧化转变为氧气，失去的自由电子进入外电源。固体氧化物电解池的工作原理即在高温状态下，利用电离技术，将高温饱和的水蒸气电离，产生氢气和氧气。就结构而言，电极材料需要具备多孔的特点,电极间的电解质层要求相对致密,且材料耐高温,因为工作温度环境在 700~1000℃。故此类电解池的工作实质就是利用电解技术,将电能和热能转化为氢能。固体氧化物水电解制氢原理如图 3.3 所示。该技术的优点包括:①实现氢气的高效、清洁、大规模制备;②能直接将温室气体转化为燃料[4]。

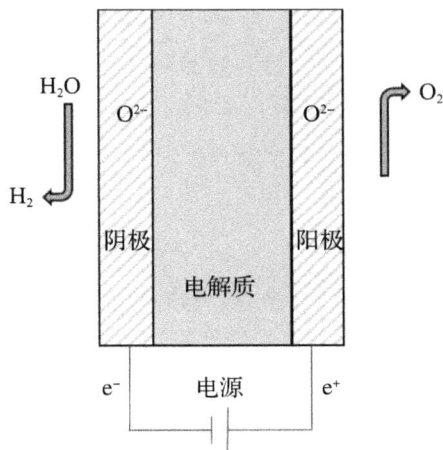

图 3.3 固体氧化物水电解制氢原理

固体氧化物电解池中的反应如下:

阳极: $4OH^- \longrightarrow O_2 + 2H_2O + 4e^-$

阴极: $2H_2O + 2e^- \longrightarrow 2OH^- + H_2$

图 3.3 中间为致密的电解质层,两边为多孔的氢电极和氧电极,电解质的主要作用是隔开氧气和燃料气体,并且传导氧离子或质子。

由于电极间的电解质层情况特殊,固体状态避免了其他电解池因使用液体电解质而产生的腐蚀及损耗问题,简化了装置及设备。同时固态电解质相对减少了电极材质选用限制,可减少贵金属电极的使用。但固体氧化物电解池在高温工作环境存在缺点,例如:阴极部分材料因高温出现逐渐烧结的状况;阳极材料随着电解过程中氧气的产生,发生团聚反应,使得电极气孔率改变,催化剂的催化活性降低;长时间的高温电解,使得固态电解质与阴极部分界面材料发生反应而形成高阻抗,增加能耗;同时高温工况造成的热能及水资源损失,提高了电解池选材要求,因此,高温固体氧化物电解池相关装置短期内无法形成大规模实际应用。

目前,固体氧化物水电解技术在国内外都处于实验室研发阶段,对材料要求比较苛刻。在电解的高温高湿条件下,常规材料的氧电极在电解模式下存在严重的阳极极化,易发生脱层,氧电极电压损失也远高于氢电极和电解质的损失,因此,需要开发新材料和新氧电极以降低极化损失。在电堆集成方面,需要解决在高温高湿条件下玻璃或玻璃-陶瓷密封材料寿命显著缩短的问题。若在这些问题上有重大突破,则固体氧化物水电解有望成为未来高效制氢的重要途径。

3.3　不同电解水制氢技术的比较

在上述三种电解水制氢技术中,碱性液体电解是目前最成熟的大规模制氢方法;质子交换膜水电解具有适宜于变工况运行与频繁启停操作、体积小、质量轻及模块化操作等特点,最具发展潜力;固体氧化物水电解在高温下电解水蒸气制氢,在热力学方面,较大程度地降低了电解过程的电能需求,在动力学方面,显著地降低了电极极化,减少了极化能量损失,电解效率高达90%以上。表3.1从工作温度、电解效率、电解槽成本等方面对三种电解水制氢技术进行了比较。

表3.1　三种电解水制氢技术的比较

参数	碱性液体电解	固体氧化物水电解	质子交换膜水电解
电解质	20%~30% KOH	Y_2O_3/ZrO_2	质子交换膜(常用 Nafion)
工作温度/℃	70~90	700~1000	70~80
电流密度/($A \cdot cm^{-2}$)	1~2	1~10	0.2~0.4
电解效率/%	60~75	85~100	70~90

续表

参数	碱性液体电解	固体氧化物水电解	质子交换膜水电解
能耗/$(kW \cdot h \cdot Nm^{-3})$	4.5～5.5	2.6～3.6	3.8～5.0
操作特征	启停较快	启停不便	启停快
动态响应能力	较强	—	强
电能质量需求	稳定电源	稳定电源	稳定或波动
系统运维	有腐蚀性液体，后期运维复杂，成本高	目前以技术研究为主，尚无运维需求	无腐蚀性液体，运维简单，成本低
电堆寿命	可达到120000h	—	已达到100000h
技术成熟度	商业化	实验室研发	国外已商业化，国内处于研发走向工业化前期阶段
有无污染	碱液污染，石棉致癌	无污染	清洁无污染
电解槽成本/$(美元 \cdot kW^{-1})$	400～600	1000～1500	约2000
特点	最为成熟，商业化程度最高，成本低	部分电能被热能取代，转化效率高，高温限制材料选择，尚未实现产业化	可再生能源适应性，无污染，成本高（质子交换膜和铂电极催化），产业化程度低
国外企业代表	法国 McPhy 公司、美国 Teledyne 公司、挪威 Nel 公司	—	Proton 公司、Hydrogenics 公司
国内代表企业	苏州竞立制氢、天津大陆制氢、中国船舶集团有限公司第718研究所	—	中国船舶集团有限公司第718研究所、中电丰业、中国科学院大连化学物理研究所、安思卓、山东赛克赛斯氢能、中国航天科技集团公司第507研究所

基于上述三种不同电解制氢技术的特点,其各自有着不同的应用领域。在风力发电领域,宜采用碱性液体电解技术;在太阳能光伏发电领域,宜采用质子交换膜水电解技术;在太阳能光热发电领域,宜采用固体氧化物水电解技术[5]。

3.4 本章小结

电解水制氢是一种高效、清洁的制氢技术,其制氢工艺简单,产品纯度高(一般可达99.9%),是极具潜力的大规模制氢技术,引起了各国研究者的广泛兴趣。特别是随着目前可再生能源发电量日益增长,氢气将成为电能存储的理想载体。利用电解水制氢技术,将可再生能源产生的电能转化为氢能进行储存,根据实际需要,还可通过后续化工过程将氢能转化为甲烷、甲醇及其他液态燃料等。

电解水制氢技术主要有碱性液体电解、质子交换膜水电解、固体氧化物水电解三种类型。这三种技术各有不同的特点和应用领域。其中,碱性液体电解是当今最成熟的制氢技术,目前,工业上大规模电解水制氢基本上都是采用该技术;质子交换膜水电解具有适宜于变工况运行与频繁启停操作、体积小、质量轻及模块化操作等特点,是最具前景的电解水制氢技术。

参考文献

[1]Hart D. Hydrogen Power:The Commercial Future of "the Ultimate Fuel"[M].London:Financial Times Energy Publishing,1997:35-36.

[2]"电氢体系"大势所趋全球氢能热呈持续上升趋势[EB/OL].(2020-08-19)[2021-08-20].https://www.china5e.com/news/news-1097751-1.html.

[3]俞红梅,衣宝廉.电解制氢与氢储能[J].中国工程科学,2018,20(3):58-65.

[4]Bidrawn F,Kim G,Corre G,et al. Efficient reduction of CO_2 in a solidoxide electrolyzer[J].Electrochemical and Solid-State Letters,2008,11(9):B167-B170.

[5]刘明义,郑建涛,徐海卫,等.电解水制氢技术在可再生能源发电领域的应用[C]//中国电机工程学会年会,2013.

第4章 热化学循环制氢技术

热化学循环制氢是指用加热化学反应方法制氢的工艺,是获得氢能的一种重要方式。

4.1 热分解水制氢技术的主要类型

热分解水制氢技术包括两种方法,分别是直接热分解水制氢和热化学循环水分解制氢。本节介绍热分解水制氢技术的分类,重点围绕热化学循环水分解制氢,梳理其特点、优势和发展态势。

4.1.1 直接热分解水制氢

从概念上来说,直接热分解水制氢是最简单的制氢方法。它的原理简单,先使水在高温下直接分解成氢气和氧气,然后将产生的氢气从平衡混合物中分离出来。在25℃和1标准大气压的条件下,水分解反应的热化学性质变化如下:

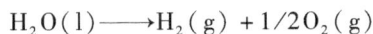

$$H_2O(l) \longrightarrow H_2(g) + 1/2O_2(g)$$

$$\Delta H = 285.84 \text{kJ/mol}$$

$$\Delta G = 237.19 \text{kJ/mol}$$

$$\Delta S = 0.163 \text{kJ/(mol·K)}$$

从状态函数变化可以看出,该过程是一个强吸热过程,熵变 ΔS 是吉布斯自由能（Gibbs free energy）ΔG 的温度导数的负值,且值很小。温度越高,水的分解效率越高。常压下,温度高于 2500K 时,水的分解才比较明显。理论上,温度达到约 2500K 时,4% 的水分解[1]。温度上升到约 4700K 时,反应的吉布斯自由能才能为零[2]。表 4.1 显示了温度在 2000K 和 4000K 之间时水热解代表性基本反应及其热力学和动力学参数[3]。每个基本反应的反应速率用阿伦尼乌斯方程（Arrhenius equation）$k = A\exp(-\Delta E_{act}/RT)$ 按工艺温度计算。其中,k 为速率常数,A 为指前因子,ΔE_{act} 为表观活化能,R 为摩尔气体常量,T 为热力学温度。

表 4.1　水热解的代表性基本反应及其热力学和动力学参数

反应	$\Delta H^0 /$ (kJ · mol^{-1})	$\Delta S^0 /$ (J · mol^{-1} · K^{-1})	$\Delta G^0 /$ (kJ · mol^{-1})	方向	$\Delta E_{act} /$ (kJ · mol^{-1})	$A/$ (m^3 · mol^{-1} · s^{-1})
2H$_2$O $\rightleftharpoons$ H + OH + H$_2$O	231.8	120.2	196	F	439.8	2.2×10^{10}
				B	$2RT\ln(T)$	1.4×10^{11}
H + H$_2$O $\rightleftharpoons$ H$_2$ + OH	−200.6	−51.5	−185.2	F	85.2	9.0×10^7
				B	21.5	2.2×10^7
H + OH $\rightleftharpoons$ H$_2$ + O	−202.9	−52.62	−187.2	F	29.1	8.3×10^3
				B	37.2	1.8×10^4
O + OH $\rightleftharpoons$ O$_2$ + H	198.5	104.5	167.3	F	0	2.0×10^7
				B	70	2.2×10^8

注:F(forward)和 B(backward)表示箭头方向。F 表示向前,即 →;B 表示向后,即 ←。

直接热分解水制氢虽然原理简单,但目前仍难以实现,主要受制于高温下反应器材料和氢气分离的问题。①高温下反应器的材料问题:高温极大地限制了反应装置材料的选择范围;氧化锆具有 3043K 的高熔点,是直接热分解水制氢反应广泛选用的材料。②高温下氢气和氧气的分离问题:由于水直接热分解所需温度超过 4000K,在高温条件下同时生产的氧气和氢气容易发生爆炸事故。

目前,研究人员已开展利用太阳能直接热化学法制氢的研究,关注高温材料、反应器设计等方面。Kogan[4]等开发出多孔陶瓷膜反应器。多孔陶瓷膜既作为高温分解水反应器,又作为氢气的分离装置。由于氢氧混合气体扩散特性的不同,富集氢气的气流扩散通过多孔陶瓷膜,而富集氧气的气流则绕过多孔陶瓷膜,从而实现氢气分离。氧化锆是该多孔陶瓷膜的主要原料,其烧结温度为 1973～2073K。氧化锆的烧结最终会导致多孔结构的破坏,如何抑制烧结是该技术发展的关键。此外,上海交通大学开发了太阳光直接分解水制氢的反应装置[5],但申请的专利并未得到授权。Bayara[1]指出,太阳能直接热化学法制氢效率还很低,需要在反应器设计、操作方案及材料等方面做改进。

4.1.2　热化学循环分解水制氢

热化学循环水分解制氢是通过若干个化学反应,利用热能最终将水分解成氢气和氧气。这样不仅可以降低反应温度,不消耗中间物,而且可以避免同时产生氢气和氧气导致爆炸事故发生。热化学循环水分解制氢的输入是水和热,输出氢气和氧气。热化学循环水分解制氢过程:$H_2O +$ 热——[循环化学反应]——$H_2 + O_2$。其他化学品和试剂(例如铜氯热化学循环涉及的 Cu 和 Cl 的化合物、碘硫热化学循环涉及的 I 和 S 的化合物)在封闭环境中循环使用。除纯热化学循环之外,还存在混合热电化学循环(或简称为"混合循环",包括热电、热光、热辐射等混合循环),除了使用热量外,还使用相对少量的电、光来驱动一些电化学反应。

热化学循环分解水制氢可以利用核能或太阳能进行大规模、无污染制氢,具有较好的应用前景。热化学循环水分解制氢可以利用先进的高温核反应堆作为能源(第四代核反应堆),通过核方式产生热量;也可以使用太阳能,该过程将更加环保。热化学水分解产生的氢不含一氧化碳[一氧化碳是燃料电池电极(PEMFC)中使用的催化剂的毒物],可直接用于燃料电池。

热化学循环水分解制氢与电解水制氢相比,具有效率优势。电解水制氢技术相对成熟,20 世纪初就在工业制氢中得到应用。目前,人们关注将电解水制氢技术用于工业以外的领域,但相关领域的技术应用仍相对较少,效率较低。大多数热化学循环水分解制氢研究的效率超过了电解路径的预期效率36%(80%×45%)。近年来,丹麦关注三种主要电解技术,即碱性电解(ALK)、质子交换膜(PEM)电解水、固体氧化物(SOEC)电解水,聚焦电解氢升级沼气,并将氢作为具有提供辅助服务潜力的终端燃料。

热化学循环水分解制氢与水蒸气甲烷重整相比,具有潜在的优势。目前,水蒸气甲烷重整是氢气生产中使用最广泛的技术,但是与热化学循环水分解制氢相比,该过程较为复杂,涉及多个催化步骤,需要额外能源和设备将二氧化碳从废气中分离,且难以实现100%的二氧化碳捕集率[6-7]。

热化学循环水分解制氢与直接热分解水制氢相比,工作温度较低。直接热分解水制氢所需温度超过4000℃,在高温条件下同时生产氧气和氢气容易发生爆炸事故,而热化学循环水分解制氢的温度远低于该温度。

图4.1展示了1964—2019年全球热化学循环分解水制氢的研究论文趋势。1964—1972年是热化学循环分解水制氢的萌芽阶段;1973年石油危机之后,人们开始努力从碳氢化合物转向氢能经济,相关研究保持了十多年的增长趋势;随着石油市场的稳定,1985—2002年,相关研究较少;2002年后,随着人们对气候变化日渐重视,热化学循环分解水制氢的研究呈现爆发式增长[8]。

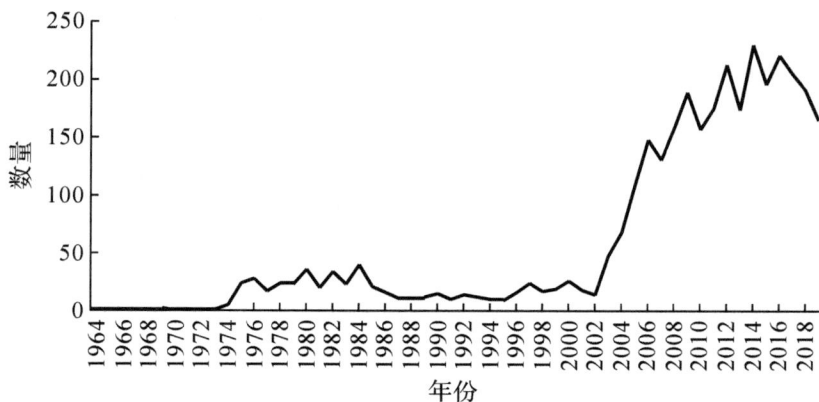

图4.1　全球热化学循环分解水制氢的研究论文趋势

热化学循环分解水的研究始于 20 世纪 60 年代，并随着中东石油危机在 20 世纪 70 年代蓬勃发展。Funk 和 Reinstrom 在 1964 年最早提出利用直接热化学过程代替水电解来分解水制氢[2,9-10]，通过引入新的中间反应物，将水分解反应分成几个不同的反应，各步反应的熵变、焓变和吉布斯自由能变化相加等于水直接分解反应的相应值，而每步反应有可能在相对较低的温度下进行。1969 年，在意大利伊斯普拉（Ispra）举行的首届热化学循环核氢生产（nuclear hydrogen production by thermochemical cycles）圆桌会议上，基于 Ca、Br 和 Hg 等化学元素的 Mark 1 工艺被认为是很有潜力的热化学循环，它需要约 1000K 的高温加热。1974 年，在美国举行的氢能经济迈阿密能源（The Hydrogen Economy Miami Energy，THEME）会议上，意大利国家环境保护研究所（Istituto Superiore per la Protezionee la Ricerca Ambientale，ISPRA）、德国亚琛工业大学 Jülich 中心、阿贡国家实验室（Argonne National Laboratory，ANL）、洛斯·阿拉莫斯国家实验室（Los Alamos Scientific Laboratory，LANL）、通用原子能公司（General Atomics）、通用电气公司（General Electric）和通用汽车公司艾里逊实验室（Allison Laboratory of General Motors）等 7 家机构提出约 30 个已建立的热化学水分解循环。欧盟委员会与德国亚琛工业大学共同在意大利伊斯普拉建立联合研究中心，于 1973—1983 年间开展了热化学循环制氢的研究项目，通过热力学计算和理论可行性论证来寻找合适的化学反应，用实验证实可行性，并对动力学过程进行评价，提出了 24 个循环[11]。

20 世纪 80 年代中期至 90 年代末期，受石油和天然气价格低迷的影响，热化学循环分解水的相关研究相比 70 年代出现大幅下降。大多数持续性工作都在日本开展[12]，可能是由于该国对外国能源依赖度较高。90 年代末，美国能源部启动名为"Nuclear Hydrogen Initiative"（核氢倡议）的核能制氢计划，选出了 100 个热化学循环进行评估[9]。

进入 21 世纪，热化学循环分解水相关研究持续升温，研究人员围绕热化学循环及太阳能热、核热和地热等热源开展深入研究，各种热化学循环百花齐放。法国国家科学研究中心（Centre National de la Recherche Scientifique，

CNRS)Abanades 教授在 2003 年总结出 280 种热化学循环(针对核能),在 2006 年筛选出 30 种可以与聚光太阳能结合的热化学循环[13]。加拿大安大略理工大学(University of Ontario Institute of Technology,UOIT)Rosen 教授在 2010 年对最有希望的热化学循环进行了综述,并对 Mark 11 和 Cu-Cl 循环进行了分析[14]。美国桑迪亚国家实验室(Sandia National Laboratories,SNL)Perret 教授在 2011 年关于太阳能热化学制氢的报告中,总结了 375 种热化学反应[15]。此外,日本新潟大学的 Kodama 教授[16]、瑞士苏黎世联邦理工学院(ETH)的 Steinfeld 教授[17]、加拿大安大略理工大学的 Naterer 教授[18]、德国航空航天中心(DLR)的 Sattler 教授[19]等分别对高温热化学反应进行了归纳总结。

4.2 热化学循环制氢的热力学原理

本节围绕直接热分解水制氢和热化学循环分解水制氢反应体系,调研热化学循环水分解制氢热力学原理,反应吉布斯自由能与反应焓、熵变关系,以及两种不同反应途径吉布斯自由能变化及影响因素。

4.2.1 直接热分解水的热力学原理

为了了解热化学循环分解水制氢过程的影响因素,首先分析水的直接热分解的过程及热力学原理[20-21]。在任意温度 $T(K)$ 下进行的可逆过程,必须提供相当于 ΔG_T 的功和相当于 $T\Delta S_T$ 的热量。在温度 $T_1(K)$ 和温度 $T_2(K)$ 下分解 1g 分子水所必须提供的理论功为

$$W_{T_1} = \Delta G_{T_1}^0 = \Delta H_{T_1}^0 - T_1\Delta S_{T_1}^0$$

$$W_{T_2} = \Delta G_{T_2}^0 = \Delta H_{T_2}^0 - T_2\Delta S_{T_2}^0$$

式中 $\Delta H_{T_1}^0$、$\Delta H_{T_2}^0$、$\Delta S_{T_1}^0$、$\Delta S_{T_2}^0$ 分别为温度 $T_1(K)$ 和温度 $T_2(K)$ 时水分解的焓变和熵变,ΔH^0 及 ΔS^0 都与温度无关(这种假设不会引起太大的误差),则 $\Delta H_{T_1}^0 = \Delta H_{T_2}^0 = \Delta H^0$,$\Delta S_{T_1}^0 = \Delta S_{T_2}^0 = \Delta S^0$。假设反应的全过程都在常压下进行,

则得到

$$W_{T_2} = \Delta H_{T_1}^0 - T_2 \Delta S_{T_1}^0$$

进一步可以得到

$$W_{T_2} = \Delta G_{T_1}^0 - (T_2 - T_1) \Delta S^0$$

同样,在温度 $T_1(\mathrm{K})$ 和温度 $T_2(\mathrm{K})$ 下分解水所需的最少热量为

$$Q_{T_1} = T_1 \Delta S_{T_1}^0$$

$$Q_{T_2} = T_2 \Delta S_{T_2}^0$$

两式相减,得到

$$Q_{T_2} = Q_{T_1} + (T_2 - T_1) \Delta S^0$$

式中 W_{T_2} 为在任意温度下水的直接分解(即一步分解)所必须提供的功,Q_{T_2} 为在任意温度下水的直接分解所必须提供的热量。可以看出,要想减少水分解过程中功的消耗,唯一的办法是提高反应温度,但这会受到材料、设备、成本、效率等诸多因素限制。进一步计算可知,水直接分解 1 标准大气压的 H_2 和 1 标准大气压的 O_2 的有用功消耗为 0,需要 4000K 以上的高温。但是要想产生或维持这样的高温,在技术上都是很困难的,也难以找到这样能够在高温下正常工作的装置材料和分离气体的膜材料,这是直接热分解水制氢的难点。

4.2.2　热化学循环水分解的热力学原理

水的直接热分解反应的熵变不大,但焓变很大,因此需要高温。如果分解水所需要的较大的自由能由几个化学反应来分担,控制各步反应温度,使熵变为正的反应在较高温度下进行,以便从热源吸取更多的热,使熵变为负的反应尽可能在较低温度下进行,以减少功的消耗。这样几个化学反应组成一个循环,净反应为水分解,其自由能变化之和等于水分解的自由能变化,可以提高过程效率。

假设水分解的热化学循环由 N 个反应所组成,要使任意一个反应 i 得以进行,必须由外界提供的理论功和热能可由下式表达:

$$W_{(i)T_2} = W_{(i)T_1} - (T_{(i)2} - T_1)\Delta S_{(i)}$$

$$Q_{(i)T_2} = Q_{(i)T_1} + (T_{(i)2} - T_1)\Delta S_{(i)}$$

则一个循环所需要的总外功和总热量为

$$W = \sum_{i=1}^{N} \left[\Delta G_{(i)T_1} - (T_{(i)2} - T_1)\Delta S_{(i)} \right]$$

$$Q = \sum_{i=1}^{N} \left[\Delta Q_{(i)T_1} + (T_{(i)2} - T_1)\Delta S_{(i)} \right]$$

由于一个循环的净反应是水的分解，其他物质没有变化，因此 $\sum\limits_{i=1}^{N} \Delta G_{(i)T_1} = \Delta G_{T_1}^0$，$\sum\limits_{i=1}^{N} \Delta Q_{(i)T_1} = \Delta S_{T_1}^0$，则有

$$W = \Delta G_{T_1} - \sum_{i=1}^{N} (T_{(i)2} - T_1)\Delta S_{(i)}$$

$$Q = \sum_{i=1}^{N} \Delta S_{(i)} T_{(i)2}$$

式中 W 和 Q 表示水分解的多步反应及直接分解所需的功和热量。两者的本质区别在于：在直接热分解水中，当温度被指定后，所需的功已经确定，要减少功的消耗，唯一的办法是提高温度，如果要使消耗的功为零，则需要很高的温度；而热化学循环让几个化学反应来分担分解水所需的较大的自由能变化，这样每步反应都可能比较容易进行，全循环导致水的分解也比直接热分解水较为容易。由上式可以看出，既可以通过改变温度降低功耗，也可以通过选择不同的反应以构成不同的化学反应簇列来降低功耗。因此，热化学循环分解水的 W 和 Q 的比率关系不再仅受热力学参数的控制。

热化学循环分解水涉及多步骤工艺，如两步法、三步法、四步法、五步法、六步法等，其中"步"是指化学反应步骤的数量（或有时为重要的物理过程，如干燥、萃取、结晶等，简称反应步数）。一般来说，反应步数越多，反应越容易进行。最简单的热化学循环是两步循环，三步循环可能比两步循环更容易进行，而四步循环又比三步循环更容易进行。但是，反应步数越多，工艺就越复杂，用于物质分离的能量就越多，热交换所引起的热损失也越多，故须全面衡量。

图 4.2 显示了热化学循环反应相关步数及对应所需温度范围,该图基于循环参数的文献筛选获得[22],并且与图 4.3 相对应。由图 4.3 可知,直接热解法需要的温度最高。温度水平随着循环所涉及的化学反应步数增加而降低。纯热化学循环和混合循环都涉及三步法、四步法,但温度水平低于1000℃的所有循环通常必须是混合循环。

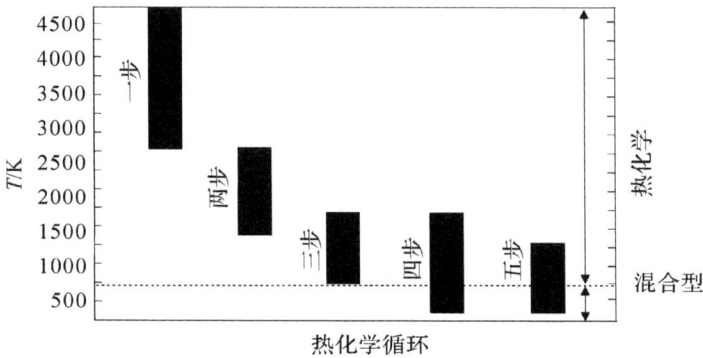

图 4.2　与热化学循环反应步数相关的所需温度范围

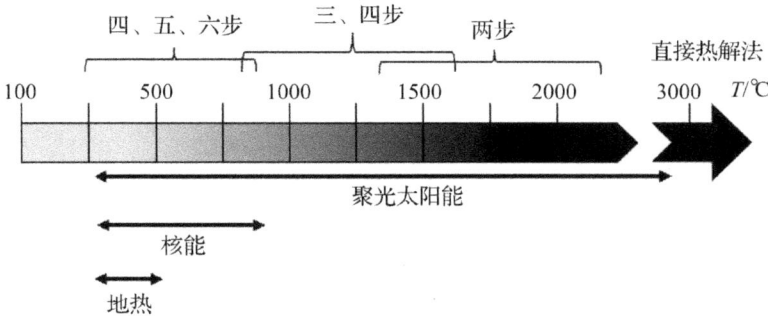

图 4.3　热化学循环反应步数取决于循环温度

图 4.4 展示了热化学循环的化学反应步数和能势、焓变的关系。直接热分解水制氢的能势为 0.93,是所有热分解水制氢方法中最高的;以金属氧化物热化学循环分解水制氢为代表的两步法,能势为 0.83;以碘硫循环分解水制氢为代表的三步法,能势为 0.73;以铜氯循环分解水制氢为代表的混合循环,能势为 0.61。

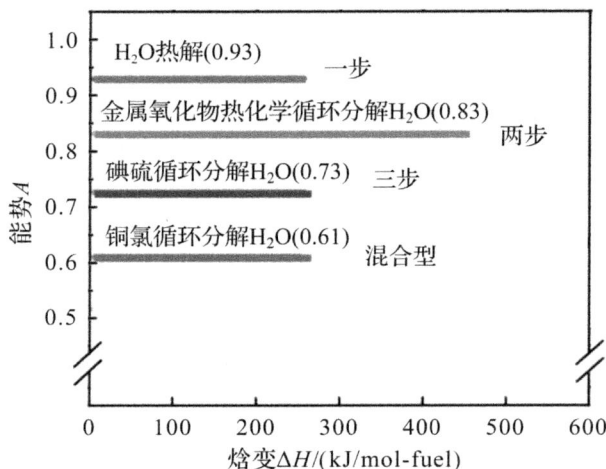

图 4.4　热化学循环焓变和能势

由上述分析可以看出,多步热化学循环比直接分解更有热力学优势,温度远低于4000K。同时,大多数热化学循环水分解制氢研究的效率超过电解路径的预期效率36%。

4.3　热化学循环反应体系

本节将围绕两步热化学循环反应体系、多步热化学循环反应体系、混合循环反应体系,重点介绍一元金属氧化物、复合金属氧化物、掺杂体系氧化物、氢化物、UT-3循环、碘硫循环(I-S循环或S-I循环,也称作硫碘循环)、铜氯循环(Cu-Cl循环)、热光化学循环、热辐射化学循环。

4.3.1　两步热化学循环反应体系

4.3.1.1　两步热化学循环反应体系概述

两步热化学循环分解水制氢具有工艺简单、能量利用效率高等优点,是目前国际上的研究热点之一。两步热化学循环的化学反应类型包括氧化物型、氢氧化物型、氧化物/硫酸盐型、复合金属氧化物型、氢化物型等,反应类型和化学反应式如图 4.5 所示[18]。1966 年,Funk 和 Reinstrom 首次提出两步热化学循环分解水,将其作为提高氢气生产整体能效的手段,并扩大了与其他热驱动技术相关的应用,即水热解和水电解(假设电解槽的电能来自高温热源)[10]。最初,Funk 和 Reinstrom 提出氧化物型和氢化物型两种类型的两步循环,随后研究人员提出多种类型的两步循环。如 Nakamura 提出氢氧化物类型的两步循环[23];Bilgen E 和 Bilgen C 提出氧化物/硫酸盐型的两步循环[24];McQuillan 等编制了两步热化学水分解循环的综合列表[25],提出复合金属氧化物型。

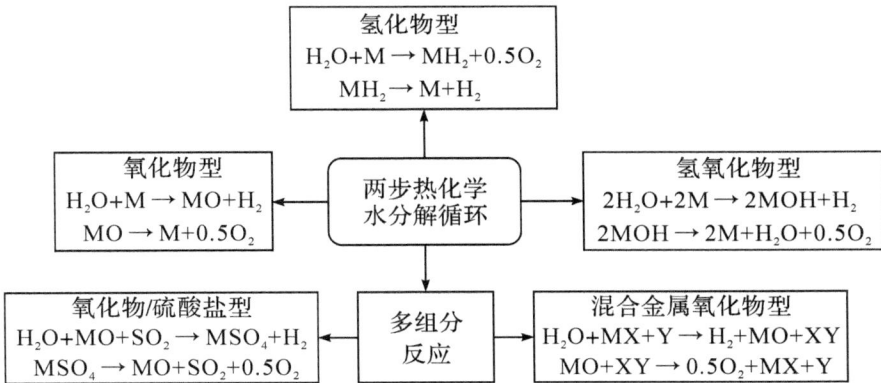

图 4.5 两步热化学水分解循环制氢的化学反应类型和化学反应式

对于直接热分解水制氢,两步热化学水分解循环具有以下优点:产物气体(氢气和氧气)在不同的化学反应器中产生化学分离,可降低氢燃烧的风险;反应的温度水平显著降低(低于 2500K),同时可以在较低温度下识别更大范围的可持续热源。

图 4.6 展示出了由两个反应步骤组成的过程,其中一个在温度 T_{H_2} 下放出氢气而另一个在温度 T_{O_2} 下放出氧气。根据热力学第一定律和第二定律,T_{H_2} 可以基于图 4.6 来制定两步热化学水分解的基本热力学分析。设定每个反应的温度,使得正向反应是自发的,因此 $\Delta G_{H_2} \le$(小于或约等于)0 和 ΔG_{O_2}

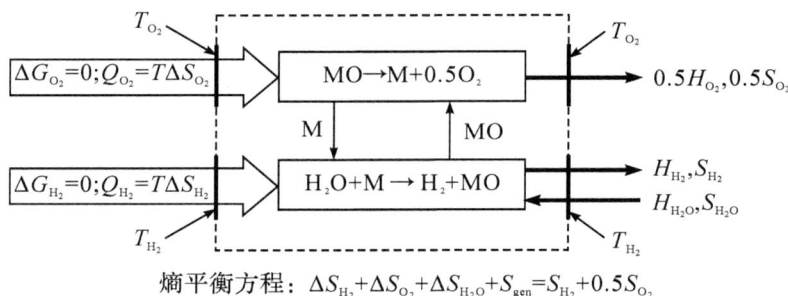

熵平衡方程：$\Delta S_{H_2} + \Delta S_{O_2} + \Delta S_{H_2O} + S_{gen} = S_{H_2} + 0.5S_{O_2}$

图 4.6　假设两个反应均衡,通用两步热化学水分解过程的能量流和熵平衡

$\leqslant 0$。为了达到尽可能低的反应温度,假设两个反应均衡运行,并假设水(水蒸气)、氢气和氧气处于反应温度。由于两个反应的 ΔG 均为零,因此该过程中的热输入由 T_{H_2} 处的 $Q_{H_2} = T_{H_2}\Delta S_{H_2}$ 和 T_{O_2} 处的 $Q_{O_2} = T_{O_2}\Delta S_{O_2}$ 给出。由热力学第一定律(能量平衡)可得

$$Q_{H_2} + Q_{O_2} + Q_{reheat} + H_{H_2O} = H_{H_2} + 1/2 H_{O_2}$$

式中 H 为摩尔焓,Q_{reheat} 为重新加热低温反应和高温反应之间循环的化学品所需的净热输入。对于初步分析,可以合理地假设 $Q_{reheat} \approx 0$,因为从高温冷却到低温水平的化学品排出的热量大约等于增加高温反应的反应物温度所需的热量。由热力学第二定律可得

$$\Delta S_{H_2} + \Delta S_{O_2} + S_{H_2O} + S_{gen} = S_{H_2} + 1/2 S_{O_2}$$

摩尔熵和焓在相应的反应温度下进行评估,ΔS_{H_2} 和 ΔS_{O_2} 分别为氢和氧放出反应的反应熵。结合上面的两式,并规定熵产生为正($S_{gen} \geqslant 0$),两步热化学水分解过程的化学反应需满足以下条件:

$$\Delta S_{H_2} + \Delta S_{O_2} \leqslant S_{H_2} + 1/2 S_{O_2} - S_{H_2O}$$

$$T_{H_2}\Delta S_{H_2} + T_L\Delta S_L = H_{H_2} + 1/2 H_{O_2} - H_{H_2O}$$

$$\Delta G_{H_2} \cong 0$$

$$\Delta G_{O_2} \cong 0$$

$$T_{H_2} < 3815\,\mathrm{K}$$

$$T_{O_2} < 3815\,\mathrm{K}$$

T_{H_2} 和 T_{O_2} 条件表明,反应温度必须小于 3815K,在该温度下反应 H_2O ——→$H_2 + 1/2O_2$ 的 $\Delta G = 0$。该公式为初步筛选两步热化学水分解循环的化学反应提供了一组有用的标准。在某些情况下,可以选择不符合 3815K 限制的反应。例如,WO_3 的还原在高于 3815K 的温度下显示 $\Delta G = 0$(对于 $1/3WO_3$ ——→$1/2O_2 + 1/3W$,温度为 4183K);然而,该反应可以在 2000K 左右的温度下以合理的效率运行。另一个例子是 MoO_2,其中 $1/2MoO_2$ ——→ $1/2O_2 + 1/2Mo$,在温度为 3896K 时达到平衡;反应在 2000K 时是可行的[24]。

表 4.2 展示了 24 个两步热化学水分解循环,根据反应类型可分为氧化物型、氧化物/硫酸盐型、复合金属氧化物型、氢化物型。这些循环被认为是最有潜力的热分解水制氢两步循环。

表 4.2　两步热化学水分解循环制氢[18,26]

类型	元素	反应式	T/K	$T_{\Delta G=0}$/K	η/%	ψ/%
氧化物型	1:Si	$H_2O + SiO$ ——→$H_2 + SiO_2$	2929	2929	39	35
		SiO_2 ——→$1/2O_2 + SiO$	3250	3250		
	2:Ce	$H_2O + Ce_2O_3$ ——→$H_2 + 2CeO_2$	700	700	30	28
		$2CeO_2$ ——→$1/2O_2 + Ce_2O_3$	2573	2273		
	3:Fe	$H_2O + 3FeO$ ——→$H_2 + Fe_3O_4$	450	700	42	39
		Fe_3O_4 ——→$1/2O_2 + 3FeO$	2475	2475		
	4:C	$H_2O + CO$ ——→$H_2 + CO_2$	423	($\Delta G < 0$)	37	35
		CO_2 ——→$1/2O_2 + CO$	2473	($\Delta G > 0$)		
	5:Zn	$H_2O + Zn$ ——→$H_2 + ZnO$	1489	1489	53	50
		ZnO ——→$Zn + 1/2O_2$	2337	2337		
	6:Mo	$H_2O + 1/2Mo$ ——→$H_2 + 1/2MoO_2$	1816	1816	35	34
		$1/2MoO_2$ ——→$1/2O_2 + 1/2Mo$	2000	3896		
	7:W	$H_2O + 1/3W$ ——→$H_2 + 1/3WO_3$	1157	1157	55	53
		$1/3WO_3$ ——→$1/2O_2 + 1/3W$	2000	4183		

续表

类型	元素	反应式	T/K	$T_{\Delta G=0}/\mathrm{K}$	$\eta/\%$	$\psi/\%$
	8：In	$H_2O + 2/3In \longrightarrow H_2 + 1/3In_2O_3$	1116	1116	35	34
		$1/3In_2O_3 \longrightarrow 1/2O_2 + 2/3In$	2000	2814		
	9：Sn	$H_2O + 1/2Sn \longrightarrow H_2 + 1/2SnO_2$	873	873	59	57
		$1/2SnO_2 \longrightarrow 1/2O_2 + 1/2Sn$	2000	3094		
	10：Fe，Mn，Ni	$H_2O + 1/2NiMnFe_4O_6 \longrightarrow H_2 + 1/2NiMnFe_4O_8$	873	—	48	55
		$1/2NiMnFe_4O_8 \longrightarrow 1/2O_2 + 1/2NiMnFe_4O_6$	1093	1650		
氧化物/硫酸盐型	11：Sr，S	$H_2O + SrO + SO_2 \longrightarrow H_2 + SrSO_4$	1360	2597	60	58
		$SrSO_4 \longrightarrow 1/2O_2 + SrO + SO_2$	2038	2711		
	12：Ca，S	$H_2O + CaO + SO_2 \longrightarrow H_2 + CaSO_4$	1150	2633	60	59
		$CaSO_4 \longrightarrow 1/2O_2 + CaO + SO_2$	1880	2735		
	13：Fe，S	$H_2O + FeO + SO_2 \longrightarrow H_2 + FeSO_4$	522	1647	17	18
		$FeSO_4 \longrightarrow 1/2O_2 + FeO + SO_2$	1373	1926		
	14：Co，S	$H_2O + CoO + SO_2 \longrightarrow H_2 + CoSO_4$	473	—	35	37
		$CoSO_4 \longrightarrow 1/2O_2 + CoO + SO_2$	1373			
	15：Mn，S	$H_2O + MnO + SO_2 \longrightarrow H_2 + MnSO_4$	563	—	42	44
		$MnSO_4 \longrightarrow 1/2O_2 + MnO + SO_2$	1373			
	16：Cd，S	$H_2O + CdO + SO_2 \longrightarrow H_2 + CdSO_4$	473	—	55	59
		$CdSO_4 \longrightarrow 1/2O_2 + CdO + SO_2$	1273			
复合金属氧化物型	17：Fe，Zn	$H_2O + 2FeO + ZnO \longrightarrow H_2 + Fe_2ZnO_4$	694	—	43	41
		$Fe_2ZnO_4 \longrightarrow 1/2O_2 + 2FeO + ZnO$	2358			
	18：C，Na，Fe	$H_2O + 2Na_2FeO_2 + CO_2 \longrightarrow H_2 + Na_2CO_3 + 2NaFeO_2$	1073	—	48	46
		$Na_2CO_3 + 2NaFeO_2 \longrightarrow 1/2O_2 + 2Na_2FeO_2 + CO_2Na_2CO_3 + 2$	2273			

续表

类型	元素	反应式	T/K	$T_{\Delta G=0}/K$	$\eta/\%$	$\psi/\%$
复合金属氧化物型	19：Cl，Fe	$4H_2O + 3FeCl_2 \longrightarrow H_2 + Fe_3O_4 + 6HCl$	973	1235	48	48
		$Fe_3O_4 + 6HCl \longrightarrow 1/2O_2 + 3FeCl_2 + 3H_2O$	1773	$(\Delta G < 0)$		
	20：Fe，Zn	$H_2O + 1/2Fe_3O_4 + 3/4Zn \longrightarrow H_2 + 3/4Fe_2ZnO_4$	873	—	23	23
		$3/4Fe_2ZnO_4 \longrightarrow 1/2O_2 + 1/2Fe_3O_4 + 3/4Zn$	1573			
	21：Fe，Mn，Zn	$H_2O + MnFe_2O_4 + 3ZnO \longrightarrow H_2 + Zn_3MnFe_2O_8$	1273	—	52	54
		$Zn_3MnFe_2O_8 \longrightarrow 1/2O_2 + MnFe_2O_4 + 3ZnO$	1473			
氢化物型	22：B	$H_2O + HB \longrightarrow 1/2O_2 + H_3B$	1335	1335	—	—
		$H_3B \longrightarrow H_2 + HB$	2500	2503		
	24：Cl	$H_2O + Cl_2 \longrightarrow 1/2O_2 + 2HCl$	873	751	—	—
		$2HCl \longrightarrow H_2 + Cl_2$	1073	$(\Delta G > 0)$		

　　Bulfin 等[27]对两步金属氧化物热化学氧化还原循环进行了回顾,讨论了热化学氧化还原材料的基本认识及其对氧化还原热力学的影响和局限性,然后使用氧化还原材料的基本原理来深入探讨其对许多应用施加的理论限制,包括太阳能热化学燃料生产、热化学空气分离、氧气泵送和热化学热泵。分析表明,在还原过程中经过化学计量相变的氧化物(例如 ZnO 或 Co_3O_4)具有比经过部分还原的材料(例如 CeO_2 和钙钛矿)大得多的比能量。部分还原材料通常具有更快的动力学特性和更好的低温活性,并且应用材料选择通常是综合考虑高比能与快速动力学特性、低温操作的重要性。两步金属氧化物热化学氧化还原循环的反应焓与反应熵的关系如图 4.7 所示。黑线表示水蒸气的还原焓,合适的材料应在黑线上面。值得注意的是,在高温下,由于产物中的相变,材料的熵和焓会显著增加,例如 Zn 变成气体。

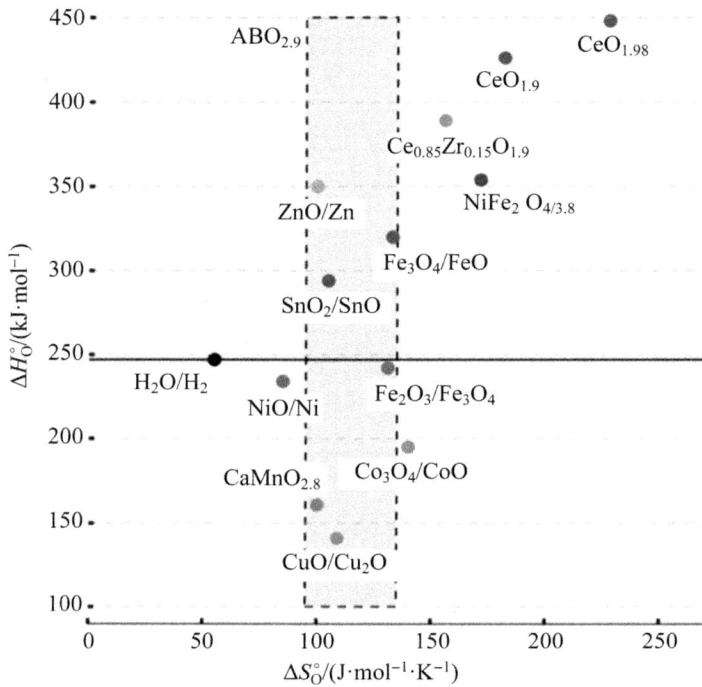

图 4.7　两步金属氧化物热化学氧化还原循环的反应焓与反应熵的关系

4.3.1.2　一元金属氧化物体系

一元金属氧化物是氧化物体系中的一种,含单个金属元素,其化学循环过程简单,无气体分离的问题,是一种极具前景的制氢体系。它利用较活泼的金属与其氧化物之间的互相转换或者不同价态的金属氧化物之间进行氧化还原反应的两步循环实现水的分解。它包括两步循环:①高价氧化物在高温下分解成低价氧化物,放出氧气;②低价氧化物被水蒸气氧化成高价氧化物并放出氢气。这两步反应的焓变相反。常见的一元金属氧化物体系包括 Fe_3O_4/FeO 循环、Zn/ZnO 循环、SnO/SnO_2 循环、CeO_2/Ce_2O_3 循环等。

（1）Fe₃O₄/FeO 循环

Nakamura[23]最早提出基于 Fe_3O_4/FeO 的两步热化学循环，其循环反应如下：

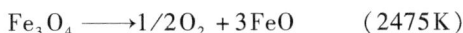

$$Fe_3O_4 \longrightarrow 1/2O_2 + 3FeO \qquad (2475K)$$

$$H_2O + 3FeO \longrightarrow H_2 + Fe_3O_4 \qquad (700K)$$

第一个反应为强吸热反应，第二个反应为弱放热反应。Nakamura 在小焦点的太阳能集热反应器中验证了此体系，发现 Fe_3O_4 在空气中的转化率达到 40%，在氩气中的转化率几乎达到 100%。

在用氧化亚铁操作的热化学水分解的氧化物型两步循环中，水蒸气与氧化亚铁（FeO）反应并在较低温度（700K）下产生氢气，同时形成四氧化三铁（Fe_3O_4）。在较高温度（2475K）下，Fe_3O_4 的直接热分解随着氧的释放而发生。虽然氢气的理论产量很高，但是 2475K 已经超过了 Fe_3O_4 的沸点，容易出现 Fe_3O_4 气化的现象，使 Fe_3O_4 在循环过程中逐渐变少，影响循环效率[28]。

（2）Zn/ZnO 循环

Zn/ZnO 循环系统由 Weidenkaff 等[29]首先提出，该循环受到了以瑞士保罗谢勒研究所（PSI）为代表的各国学者的深入研究[30-31]。其反应过程如下：

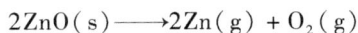

$$2ZnO(s) \longrightarrow 2Zn(g) + O_2(g)$$

$$Zn(s) + H_2O(g) \longrightarrow ZnO(s) + H_2(g)$$

该系统由两步反应组成，其中第一步 ZnO 的分解反应为高温吸热反应，需要利用太阳能提供 2000~2300K 的高温热源，所得 Zn 蒸气经冷却处理后参与第二步 H_2O 的分解反应。基于 Zn/ZnO 氧化还原反应的两步化学循环第二定律分析模型流程如图 4.8 所示[32]。

Weidenkaff 等[33]通过热重研究发现，ZnO 的分解率与温度和惰性载气质量流量成正比，而与载气中的氧分压成反比，表面化学杂质会在一定程度上影响化学反应速率。当熔化的锌与水蒸气反应时，会形成一层 ZnO(cr)浮在熔融物上，阻止反应进一步发生。

Loutzenhiser 等[32]对该循环进行了热力学计算，利用太阳能为热源，在

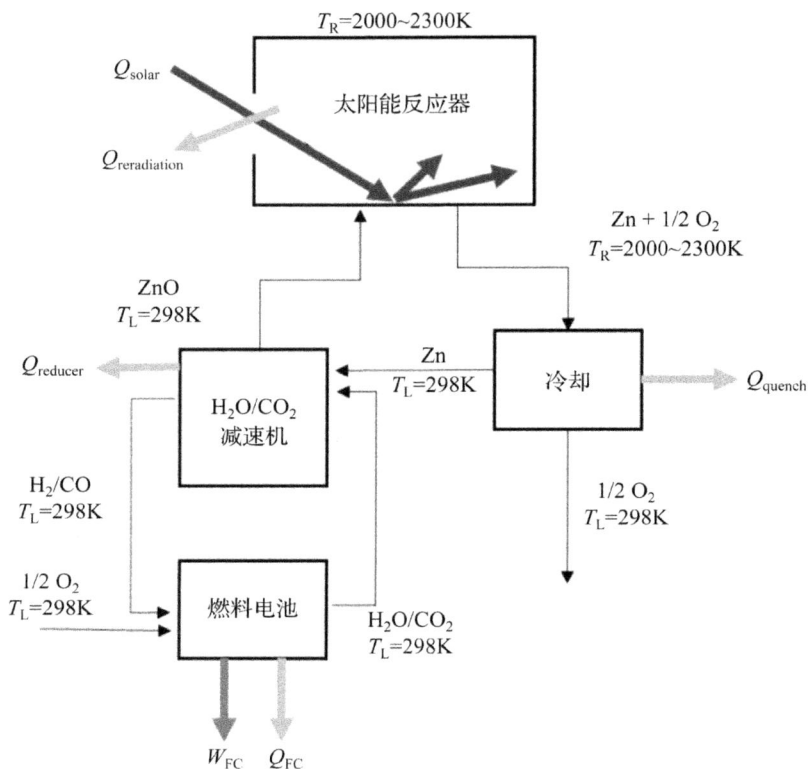

图 4.8　基于 Zn/ZnO 氧化还原反应的两步化学循环第二定律分析模型流程

标称反应器温度 $T_R = 1727℃$，$C = 5000 sun$[①]，$I = 1 kW/m^2$ 时，H_2O 分解的能量转换效率分别达到 35% 和 39%，且主要的能量损失来自太阳能反应器的高温辐射损失。该反应的困难在于 Zn 的沸点很低，气态的 Zn 和 O_2 很容易重新结合生成 ZnO，降低反应效率。为了将 ZnO 颗粒分解成 Zn 和 O_2，Loutzenhiser 等设计了特殊的反应器，该反应器以太阳能为热源，主要由太阳光辐射窗户、旋转式腔体和淬火区组成，生成的 Zn 蒸气与 O_2 气体产物通过水冷壁和氩气流进行淬火，该装置大大提高了 Zn 产率。

　　[①]太阳能浓度通常以单位"sun"来测量，一个 sun 表示入射在垂直于太阳的单位面积上的能量，大约为 $1000 W/m^2$。

Charvin 等[34]通过质量与能量平衡的方法计算体系能量利用效率并进行初步的经济评价。ZnO/Zn 制氢体系中能量利用效率的提高仍受到限制，这是因为在热分解 ZnO 过程中，氧气与金属 Zn 蒸气会重新结合生成 ZnO，大大降低 ZnO 热分解效率。如果要进一步提高该循环体系的能量利用效率，只有加强对第一步强吸热反应冷却过程中的热量回收。他们采用相同规模比例的太阳能加热系统，对 ZnO/Zn 和 Fe_3O_4/FeO 两个体系的整体太阳能-氢能转换效率进行了计算，结果分别是 20.8% 与 17.4%。根据体系整体不同程度的优化，氢气的生产成本能达到 7.98 ~ 14.75 美元/kg。

Villasmil 等[35]在 PSI 建立了中试规模的 100kW 的太阳能反应器，该装置的聚光度为 4477sun，最大输入功率为 140kW，在氧化铝砖上测到的温度为 1936K，得到 Zn 和 ZnO 的混合物，Zn 的含量为 12% ~ 49%，Zn 的产量在很大程度上取决于 Ar 稀释气体产物。得到的 Zn 颗粒具有很高的微孔率，有利于水解制氢反应的进行。2014 年，PSI 的太阳能反应器和法国 Odeillo 的 1MW 太阳能炉的两次长期实验活动，获得了 100kW ZnO 试验的预期实验结果，反应器在高达 2064K 的温度下操作超过 97h，以高达 28g/min 的反应速率离解超过 28kg 的 ZnO[36]。

Bhosale 等[31]分析了太阳能热化学两步法氧化锌-硫酸锌（ZnO-$ZnSO_4$）水分解循环，通过 HSC 模拟识别与热还原和水分解步骤相关的平衡组成，还研究了 Ar 对降低所需的热还原温度的影响。研究结果表明，$ZnSO_4$ 的热还原在 1270K 以上是可行的（在没有 Ar 的情况下），而通过水分解反应在 395K 以下生成 H_2 是有可能的。研究估算了总的太阳能输入和 ZnO-$ZnSO_4$ 水分解循环的再辐射损失，还确定了由不同冷却器和水分解反应器释放的热能量。热力学计算表明，在没有热量回收的情况下，ZnO-$ZnSO_4$ 水分解循环效率（η_{cycle}）和太阳能-燃料能量转换效率（$\eta_{solar\text{-}to\text{-}fuel}$）分别为 40.6% 和 48.9%。这些效率值高于先前研究的热化学水分解循环，并且可以通过热回收（heat recuperation，HR）进一步提高。不同热回收条件下的 ZnO-$ZnSO_4$ 循环相关效率如表 4.3 所示。

表 4.3　同热回收条件下的 $ZnO-ZnSO_4$ 循环相关效率

HR/%	$Q_{recup-HR}$/kW	$Q_{solar-cycle-HR}$/kW	$\eta_{cycle-HR}$/%	$\eta_{solar-to-fuel-HR}$/%
5	12.6	571.7	41.5	50
10	25.4	559	42.4	51.1
15	38.1	546.3	43.4	52.3
20	50.7	533.6	44.4	53.6
25	63.4	520.9	45.5	54.9
30	76.1	508.2	46.7	56.2
35	88.8	495.6	47.9	57.7
40	101.5	482.8	49.1	59.2
45	114.2	470.2	50.4	60.8
50	126.8	457.5	51.8	62.5

注：$Q_{recup-HR}$—循环中回收的热能百分比；$Q_{solar-cycle-HR}$—循环所需的总太阳能(有热回收)；$\eta_{cycle-HR}$—循环效率(有热回收)；$\eta_{solar-to-fuel-HR}$—太阳能-燃料能量转换效率(无热回收)。

Lindemer 等[37]在实验室规模的管式反应器中,对制氢的 Zn/ZnO 热化学循环的水解步骤进行了实验研究。研究采用了一种新的温度梯度方法,气态 Zn 与水蒸气的非均相氧化在负轴向温度梯度下进行,以通过降低所用水蒸气和惰性载气的比例来提高循环效率。结果表明,在大于 5.0 的水蒸气-Zn 化学计量中,Zn 可以完全转化为 ZnO。由于水蒸气与 Zn 的化学计量在减少的惰性气体馏分中接近一致,因此 Zn 在反应器壁上的冷凝变得更可能。此外,在 800K 以下的温度下观察到的气相平衡偏向增加 ZnO 的产生,这与早期的理论预测一致。虽然未实现低惰性气体和水蒸气使用的完全转化,但考虑到每单位氢气产生的水蒸气和惰性气体的总量,该方法比以前的基于气溶胶的方法有了很大改进。

(3)SnO/SnO₂ 循环

Abanades 等[38]首先提出了基于 SnO/SnO₂ 的两步热化学分解水,反应如下：

$$SnO_2(s) \longrightarrow SnO(g) + 1/2O_2(g)$$

$$SnO(s) + H_2O(g) \longrightarrow SnO_2(s) + H_2(g)$$

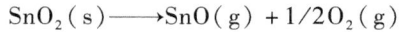

该反应的第一步在 1600℃ 即可发生，且在 500～600℃ 进行第二步反应时，氢气产率超过 90%，在该温度下，理论效率达到 42%。Abanades 等通过热力学分析和实验研究表明该体系完全可行。常压 1600℃ 下 SnO_2 热分解得到 SnO 蒸气，此时 SnO 产率在 80% 以上，经淬火后 SnO 形成的纳米晶在 100nm 左右。如果降低反应体系的压力，其热分解温度还会进一步下降。生成的 SnO 纳米晶在 500～600℃ 就能快速分解水制氢，而且具有良好的反应动力学条件，氢气产率超过 90%。

对比其他金属氧化物，SnO/SnO_2 体系优势十分明显。首先，其温度（1600℃）较其他体系明显降低，如果降低反应体系的压力，其热分解温度还会进一步下降；其次，水解反应的产率非常高（超过 90%），不直接依赖于淬火速度，主要得益于反应温度与 SnO 沸点温度梯度很小；最后，无论是第一步 SnO_2 的分解反应，还是第二步 SnO 的水解反应，反应速率都很快，固体内部气体扩散不再是反应动力学限制性环节，反应主要受气-固外部传质扩散控制。但是该体系也面临着与 Zn/ZnO 体系同样的难题，即 SnO 的沸点很低，高温下生成的 SnO 为气态，无法分离，容易与 O_2 重新结合，降低循环效率。目前，相关研究还较少。

（4）CeO_2/Ce_2O_3 循环

CeO_2 及其复合氧化物以优越的氧化还原性能，被认为是很好的储氧材料，已广泛应用于催化领域[39]。目前，铈基氧化物是热化学领域的热点研究领域。Abanades 等[40]最早提出 CeO_2/Ce_2O_3 氧化还原循环分解水，反应如下：

$$2CeO_2 \longrightarrow Ce_2O_3 + 1/2O_2$$

$$Ce_2O_3 + H_2O \longrightarrow 2CeO_2 + H_2$$

在 10～20kPa 条件下，第一步 CeO_2 的分解反应能够在 2000℃ 左右发生；第二步 Ce_2O_3 的水解产氢反应能在 400～600℃ 快速发生。CeO_2/Ce_2O_3

系统的水解反应速度很快,但由于 CeO_2 的分解温度在 2000℃ 以上,会引起 CeO_2 部分挥发,从而造成循环过程中物料流失,影响循环产率。

由于在氧气不足的环境中 CeO_2 在 1400℃ 就开始分解,因此 Chueh 等[41]提出了 $CeO_{2-\delta}/CeO_2$ 循环。与 CeO_2/Ce_2O_3 循环相比,该循环不需要太高的温度。他们设计了一个太阳能反应器,用 $CeO_{2-\delta}/CeO_2$ 系统分解 H_2O,运行了超过 500 个循环,H_2O 分解的最大效率值达到 0.7%。根据热力学计算发现,CeO_2 循环系统的理论效率为 16%[42]。

Chueh 和 Haile[43]提出了氧化铈(CeO_2)适用于热化学燃料生产的综合热力学和动力学分析,在理论上和实验上检验氧化铈循环的两个部分:在惰性气氛下,在 1773K 和 1873K 时从氧化物释放氧气,在 1073K 水解时释放氢气。尽管氧化还原循环具有非对称性,其中只有部分铈原子改变了它们的氧化状态,但每克铈的燃料生产率为 8.5~11.8mL H_2,与目前正在研究的其他固态热化学循环具有竞争力。每克铈的燃料生产率达到每分钟 4.6~6.2mL H_2,也极具吸引力。

Lu 等[44]针对铈基氧化物热化学循环最新进展,详细讨论了反应原理、材料改性、反应动力学以及最后开发和操作的太阳能反应器,以全面了解特定材料的性质及影响系统效率的因素。其总结的基于氧化铈的热化学循环系统的太阳能-燃料能量转换效率如表 4.4 所示。

表 4.4　基于氧化铈的热化学循环系统的太阳能-燃料能量转换效率

材料	还原温度 /K	温度波动 /K	除氧	$H_2O/$ CO_2 需求	气相热回收	固相热回收	效率
氧化铈	1573~2073	440~940	省略	n_{H_2O}/n_{H_2} =2	无	无	1%~22%
氧化铈	1400~2100	0~200	N_2 去除	热力学平衡	0~95.5%	0	0~35%
氧化铈	1773~2173	0	省略	热力学平衡	0~99%	0~90%	3%~58%

续表

材料	还原温度/K	温度波动/K	除氧	H_2O/CO_2 需求	气相热回收	固相热回收	效率
氧化铈	1773	0	N_2 去除	实验性优化	0 ~ 95%		0.5% ~ 6.9%
氧化铈	1773	0 ~ 500	真空减压	热力学平衡	60% ~ 80%	0 ~ 75%	0 ~ 40%
氧化铈	1673 ~ 1873	0 ~ 900	N_2 去除或真空	热力学平衡	75%	0 ~ 60%	0 ~ 13.6%
氧化铈	1400 ~ 2200	1073	N_2 去除	完全转换	0 ~ 100%	0 ~ 100%	0 ~ 30%
氧化铈	1400 ~ 2000	100 ~ 500					10% ~ 77%
氧化铈	1400 ~ 2100	0 ~ 300	N_2 去除或真空	热力学平衡	0 ~ 95.5%	0	1% ~ 31%
氧化铈	1773	350	真空泵				25% ~ 28%
氧化铈	1773	0 ~ 700	N_2 去除	热力学平衡	80%	0 ~ 75%	0 ~ 58%
Zr 掺杂的氧化铈	1773	200 ~ 900	N_2 去除或真空	热力学平衡	85%	90%	0 ~ 9.5%
Zr 掺杂的氧化铈	1400 ~ 1900	0 ~ 1473	N_2 去除	热力学平衡	90%	80%	0 ~ 16%

纯 CeO_2 的最大缺点是当 CeO_2 分解反应温度低于 1500℃ 时,形成的氧空位十分少,因而产生的氢气量十分有限。Kaneko 等[45]用燃烧法制备过渡金属掺杂的固溶体 CeO_2-MO_x(M = Mn, Fe, Ni, Cu)。第一步反应在 1300 ~ 1500℃ 进行,第二步反应在 1000℃ 进行。结果表明,温度越高,氧气释放量越大。除了 Cu 之外的其他固溶体产氢量均高于纯 CeO_2,且 CeO_2-MnO 和 CeO_2-NiO 系统的产氢量比 CeO_2-Fe_2O_3 和 CeO_2-CuO 系统高。

Le Gal 等[46] 通过软化学方法制备了铈锆固溶体 $Ce_{1-\delta}Zr_{\delta}O_2$（其中 δ 为 $0 \sim 0.5$）。热重研究的实验结果表明，在 1400℃ 条件下，Zr 含量越高，还原率越高。然而，并不是 Zr 含量越高，产氢量越大。事实上，25% 的 Zr 掺杂产生了最大量的 H_2。另外，虽然 Zr 的掺杂提高了 H_2 产量，但是降低了水分解反应的反应速率。值得一提的是，当 1% 的 Gd 金属掺入铈锆固溶体时，产氢量显著提高[47]。

（5）其他一元金属氧化物体系

近年来，钐循环（Sm_2O_3/Sm）和铒循环（Er_2O_3/Er）得到了学者的关注。钐循环反应如下：

$$Sm_2O_3 \longrightarrow 2Sm + 3/2O_2$$

$$2Sm + 3H_2O \longrightarrow Sm_2O_3 + 3H_2$$

Bhosale 等[48] 使用 HSC 化学软件和数据库，开展了基于氧化钐的两步太阳能热化学水分解循环的计算热力学分析，确定与热还原和水分解步骤相关的平衡热力学组成。他们研究了惰性冲洗气体中的氧分压对热还原温度（T_H）的影响，基于热力学第二定律进行分析，以确定在有热回收和没有热回收的情况下可获得的循环效率（η_{cycle}）和太阳能-燃料能量转换效率（$\eta_{solar-to-fuel}$）。结果表明，由于惰性冲洗气体中氧分压的降低，η_{cycle} 和 $\eta_{solar-to-fuel}$ 都随着 T_H 减小而增加。此外，用于循环操作的热量回收显著提高了太阳能反应器的效率。例如，在 $T_H = 2280K$ 的前提下，当没有热量回收时，$\eta_{cycle} = 24.4\%$，$\eta_{solar-to-fuel} = 29.5\%$；当热量回收 40% 时，$\eta_{cycle} = 31.3\%$，$\eta_{solar-to-fuel} = 37.8\%$。通过 Sm 热化学循环生产 H_2 的工艺配置如图 4.9 所示。

铒循环反应如下：

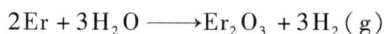

$$Er_2O_3 \longrightarrow 2Er + 3/2O_2(g)$$

$$2Er + 3H_2O \longrightarrow Er_2O_3 + 3H_2(g)$$

Bhosale 等[49] 使用 HSC 化学软件和数据库，对基于氧化铒的水分解（Eb-WS）循环进行热力学研究，通过 HSC 模拟确定与热还原和水分解步骤相关的平衡组成。他们研究了惰性吹扫气体中氧分压（P_{O_2}）对热还原温度（T_H）

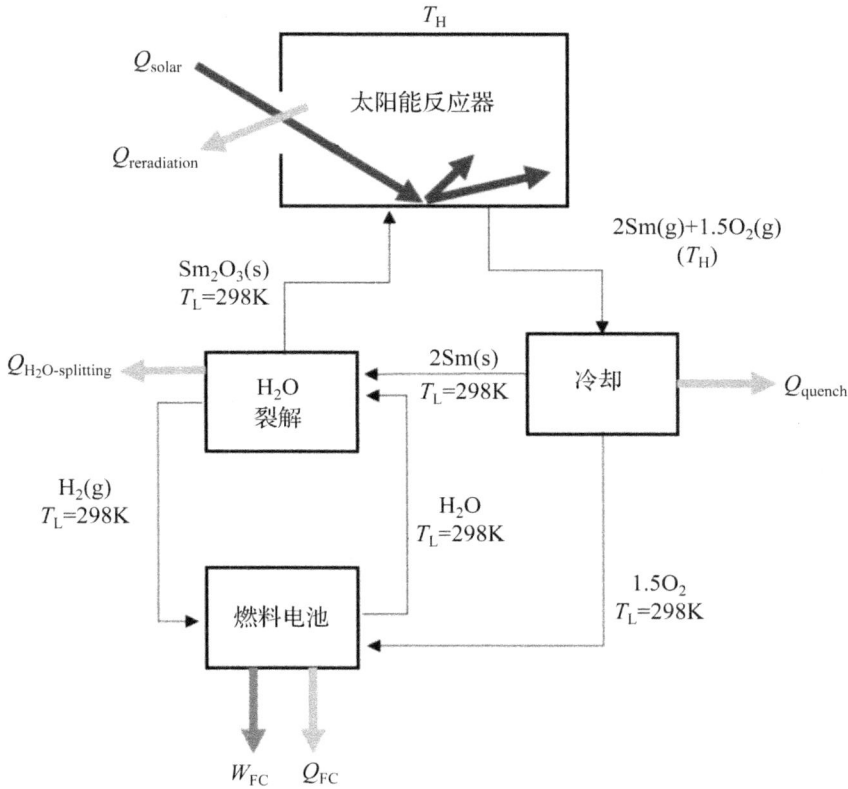

图 4.9 通过 Sm 热化学循环生产 H_2 的工艺配置

的影响,以及与 Er_2O_3 太阳热解离相关的平衡组成。此外,对 Eb-WS 循环进行能量和火用分析,以估计循环效率(η_{cycle})和太阳能-燃料转换效率($\eta_{solar-to-fuel}$)。仿真结果表明,Eb-WS 循环的 η_{cycle} 和 $\eta_{solar-to-fuel}$ 随着 T_H 减小而增加。而且,通过水分解反应器和骤冷单元释放的热量的回收,可以进一步提高 η_{cycle} 和 $\eta_{solar-to-fuel}$。研究观察到 Eb-WS 循环的 $\eta_{solar-to-fuel}$ 与铈循环的 $\eta_{solar-to-fuel}$ 相当。

Bhosale 等[50]对钐循环和铒循环的太阳能热化学水分解进行了热力学比较。他们详细研究了水分解温度对各种热力学参数的影响,这些参数对于设计通过使用氧化钐和氧化铒的水分解反应生产 H_2 的太阳能反应器系统是必要的。结果表明,较高的水分解温度有利于提高效率。在热还原温度 $T_H = 2280K$ 恒定时,通过采用 50% 的热回收,观察到钐循环的太阳能-燃料能量转换效率(30.98%)高于铒循环(28.19%)。随着热回收(HR)的增加,运行钐循环和铒循环所需的太阳能量显著减少。例如,随着 HR 从 0 增加到 30%,运行钐循环和铒循环所需的太阳能分别减少了 515.46kW 和 588.20kW;随着 HR 从 0 增加到 50%,钐循环和铒循环的循环效率分别增加了 6.11% 和 5.75%。由于类似的热回收,两个循环的太阳能-燃料能量转换效率增加了 1.32 倍。不同热回收条件下的钐循环和铒循环相关效率如表 4.5 所示。

表 4.5   不同热回收条件下的钐循环和铒循环相关效率

HR /%	铒循环				钐循环			
	$Q_{recup-HR-Er}$ /kW	$Q_{solar-HR-Er}$ /kW	$\eta_{cycle-HR-Er}$ /%	$\eta_{solar-to-fuel-HR-Er}$ /%	$Q_{recup-HR-Sm}$ /kW	$Q_{solar-HR-Sm}$ /kW	$\eta_{cycle-HR-Sm}$ /%	$\eta_{solar-to-fuel-HR-Sm}$ /%
0	0	4026.46	17.67	21.27	0	3623.55	19.63	23.64
10	199.95	3838.15	18.54	22.32	171.82	3451.73	20.61	24.81
20	399.89	3638.21	19.56	23.54	343.64	3279.91	21.70	26.11
30	599.84	3438.26	20.69	24.91	515.46	3108.09	22.89	27.56
40	799.79	3238.31	21.97	26.45	687.28	2936.27	24.23	29.17
50	999.73	3038.37	23.42	28.19	859.10	2764.45	25.74	30.98

注:$Q_{recup-HR-Er}$——根据铒循环的热回收率,回收的能量数量;$Q_{solar-HR-Er}$——铒循环运行所需的总太阳能(有热回收);$\eta_{cycle-HR-Er}$——铒循环效率(有热回收);$\eta_{solar-to-fuel-HR-Er}$——铒循环的太阳能-燃料能量转换效率(无热回收);$Q_{recup-HR-Sm}$——根据钐循环的热量回收率,回收的能量数量;$Q_{solar-HR-Sm}$——钐循环运行所需的太阳能总量(有热回收);$\eta_{cycle-HR-Sm}$——钐循环效率(有热回收);$\eta_{solar-to-fuel-HR-Sm}$——钐循环的太阳能-燃料能量转换效率(无热回收)。

4.3.1.3   复合金属氧化物体系

复合金属氧化物大多是非化学计量化合物,在氧化还原反应中具有优异的氧传递能力。目前,复合金属氧化物体系大多使用铁基及其复合氧化物,显示出较好的两步热化学循环制氢性能,其产氢量较一元金属氧化物也有所提高,具有较低分解温度,可避免使用淬火装置。多孔介质材料的应用能提高储氧材料反应效率、产氢量以及整个系统的能量利用效率。

尖晶石结构的铁酸盐 MFe_2O_4(M = Mg,Cu,Mn,Ni,Co,Zn)是当前复合金属氧化物体系研究的热点,它能够在高温下脱去结构中氧原子,从而形成氧缺位,这种氧缺位铁酸盐 $MFe_2O_{4-\delta}$($\delta < 1$)具有很强的还原性,不仅能分解水制氢,而且能夺取 CO_2 中的氧,将其还原为 $C^{[51]}$,具有良好的应用前景。尖晶石结构晶格中含有氧缺位,在不改变其结构情况下,Fe^{3+} 可以被还原为 Fe^{2+},并且扩散至晶格空位,生成氧缺位 $MFe_2O_{4-\delta}$($\delta < 1$)。这种亚稳态铁酸盐可以将水蒸气中的氧原子转化为晶格氧 O^{2-} 后使之可结合在 MFe_2O_4 晶格上,自身恢复成为 MFe_2O_4,同时生成氢气。该方法为低温热化学循环分解水制氢提供了一种途径,但若要大规模应用铁酸盐制氢,必须进一步提高其氢产量。

(1)铁锰复合金属氧化物体系

一元氧化物体系 Fe_3O_4/FeO 中的 FeO 易与水反应,但 Fe_3O_4 分解温度很高;一元氧化物体系 Mn_3O_4/MnO 中的 Mn_3O_4 易分解,但 MnO 很难和水反应产生氢气。Ehrensberger 等[52]将 Fe_3O_4/FeO 和 Mn_3O_4/MnO 两种体系结合起来,提出混合氧化物体系分解水的热循环过程。研究表明,相对于铁氧化物,Mn 的加入的确使金属氧化物($Fe_{1-x}Mn_x$)$_3O_4$ 可以在更温和的温度下分解,而且相同摩尔数氧化物产生的氢气总量并没有减少,但是其还原态分解水的反应速率却随着混合氧化物中 Mn 含量的增加而降低。

进一步研究发现,在混合氧化物($Fe_{1-x}Mn_x$)$_{1-y}O$ 中,Fe^{2+} 和 Mn^{2+} 均存在不同程度的扩散现象。由于 Fe^{2+} 与氧气的结合能力大于 Mn^{2+},Fe^{2+} 的扩散控制着反应速率,而混合氧化物中缺陷的数目又决定着 Fe^{2+} 的扩散,Mn 的加入减少了缺陷的数目,且分解水的反应中只有 Fe^{2+} 能被氧化成三价离子,因此,反应中 Fe^{2+} 具有更好的反应选择性,而 Mn^{2+} 并没有参加氧化过程。因此,随着 Mn 含量增加,反应速率降低。在中等温度下,反应转化率较高,水分解反应速率随着水分压的增加而增加,这证明在高温下该反应是由化学热力学控制的。

(2)铁锌复合金属氧化物体系

Fe_3O_4/FeO 和 ZnO/Zn 体系热化学循环制氢是可行的,但是单独的 Fe_3O_4/FeO 或 ZnO/Zn 体系仍存在反应温度过高导致物质气化等局限性[33]。为了突破这些局限性,Tamaura 等[53]提出了 Zn/Fe_3O_4 制氢体系:

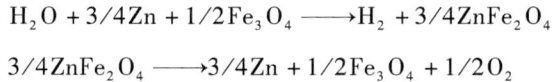

$$H_2O + 3/4Zn + 1/2Fe_3O_4 \longrightarrow H_2 + 3/4ZnFe_2O_4$$

$$3/4ZnFe_2O_4 \longrightarrow 3/4Zn + 1/2Fe_3O_4 + 1/2O_2$$

在该体系中,反应温度高于金属 Zn 的沸点,Zn 蒸气挥发并且沉积在固体 Fe_3O_4 表面上形成一层薄膜,这层薄膜足以使水蒸气与 Zn 及 Fe_3O_4 充分接触并发生反应。结果显示,在 873K 条件下,水蒸气与 Zn、Fe_3O_4 混合物反应产氢率为理论值的 93.4%。通过对反应的固体产物进行物相分析,确定的反应机理如上式所示。为了抑制金属 Zn 从体系中挥发出去,加大 Fe_3O_4 的加入量,以捕集蒸发的 Zn 蒸气[54-55],结果显示,产氢量有所提高并达到 99.5%。但这只是整个热化学循环中的一步,如需循环制氢,那么反应所生成的 $ZnFe_2O_4$ 要能通过高温热分解得到理想的 Zn/Fe_3O_4 混合体系。

Kaneko 等[56-57]对 $ZnFe_2O_4$ 释放氧过程进行了研究。由于缺少必要的淬火装置,在 $ZnFe_2O_4$ 的热分解过程中主要得到 ZnO 与 Fe_3O_4,因此氧释放过程可以表示为

$$3ZnFe_2O_4 \longrightarrow 3ZnO + 2Fe_3O_4 + 1/2O_2$$

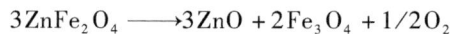

既然在氧释放过程几乎得不到金属 Zn,那么产氢量将由 Fe^{3+} 向 Fe^{2+} 的迁移量来决定[58],于是分解水制氢反应式可以表示为

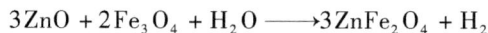

$$3ZnO + 2Fe_3O_4 + H_2O \longrightarrow 3ZnFe_2O_4 + H_2$$

实验表明,即使在空气气氛下,$ZnFe_2O_4$ 在 1800K 时氧气释放量接近 100%,在 1023K 时释放氧后产物的产氢率也接近 100%[59-60]。在不依赖任何淬火装置的前提下,有 40% 的 $ZnFe_2O_4$ 按照反应式分解成 ZnO 与 Fe_3O_4[56]。通过进一步研究,研究人员认为,在氧释放步骤中存在反应 ZnO

——→$Zn(g) + 1/2O_2$,生成的 Zn 蒸气沉积于表面,与气相氧发生重新氧化反应并在其表面上生成 ZnO,未反应完、沉积于 Fe_3O_4 表面的金属 Zn 能够将 Fe^{3+} 还原为 Fe^{2+},自身被氧化为 Zn^{2+}。在尖晶石结构表面发生的 Zn ——→ Zn^{2+} 与 Fe^{2+}——→Fe^{3+} 氧化过程中,电子很容易迁移至 Fe_3O_4 内部铁离子中,使 Fe^{3+} 转变为 Fe^{2+},从而增加了产物中的 Fe^{2+} 含量,该过程大大提高了后续制氢步骤的产氢率[55]。

与 ZnO/Zn 体系相比,$ZnFe_2O_4/(ZnO/Fe_3O_4)$ 体系降低了氧释放温度,避免了淬火装置的使用,太阳能-化学能转化率相对较高,但单位摩尔反应物产氢量有所下降。

(3)镍铁锰复合金属氧化物体系

镍铁锰氧化物 $Ni_{0.5}Mn_{0.5}Fe_2O_4$ 循环的温度要求为 1093K,该温度与下一代极高温核反应堆极限温度兼容。同时,该循环涉及更简单的反应产物的固-气分离,并且可以改善热回收,十分具有吸引力。

基于标准吉布斯自由能变化,Kojima 和 Tamaura 等学者[61-62]对 (Ni, Mn) Fe_2O_4 两步热化学循环体系进行了热力学分析,计算了不同氧分压下铁酸盐阳离子饱和度、铁酸盐释放氧反应和分解水反应的焓变。研究发现,$(Ni, Mn)Fe_2O_4$ 比 $NiFe_2O_4$ 或 $MnFe_2O_4$ 更适合于分解水制氢,$Mn_{0.5}Ni_{0.5}$ Fe_2O_4 较 $NiFe_2O_4$ 或 $MnFe_2O_4$ 能获得更大的氧缺位值,且再次活化速度也较快,这是因为 $Ni_{0.5}Mn_{0.5}Fe_2O_4$ 中的 Ni^{2+} 能更自由地在尖晶石构型中扩散,但 $Ni_{0.5}Mn_{0.5}Fe_2O_4$ 形成的氧缺位值较小,产氢量仍比较有限。两步镍锰铁氧化物循环过程如图 4.10 所示。

(4)钙钛矿金属氧化物体系

钙钛矿金属氧化物也是水分解的重要体系,近年来许多研究学者对其开展了相关研究[63]。Evdou 等[64]利用 $La_{1-x}Sr_xMO_3$($M = Fe, Mn$)材料重整甲烷制氢,首先用甲烷还原 $La_{1-x}Sr_xMO_3$,然后用还原后的含有氧空位的 $La_{1-x}Sr_xMO_3$ 分解水制氢。

非化学计量的钙钛矿充当固态氧载体,有助于水还原成氢气。Azcondo

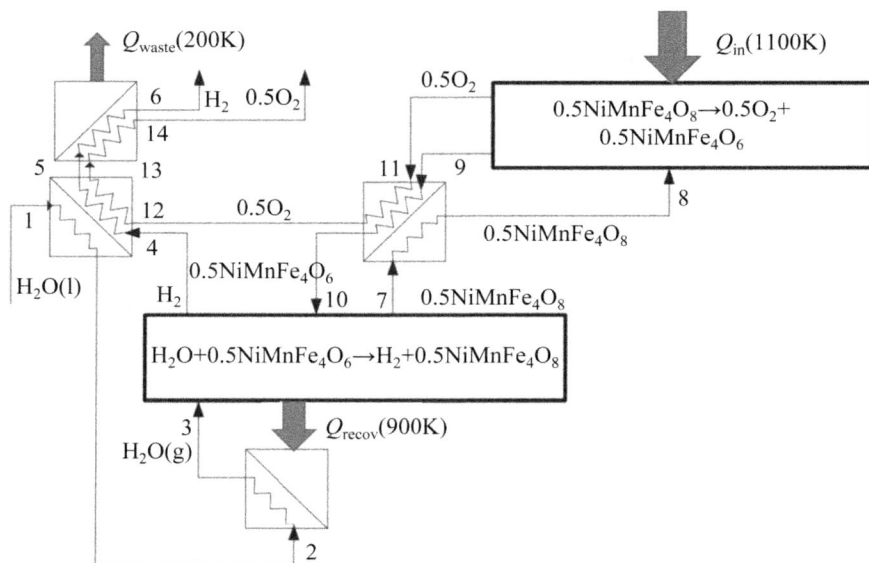

图 4.10 两步镍锰铁氧化物循环过程

等[65]通过 X 射线衍射(XRD)和中子粉末衍射(NPD)测定,在空气中制备组合物 $Sr_2CoNb_{1-x}Ti_xO_{6-\delta}$ ($x = 0.70, 1.00; \delta = 氧空位数$)样品,其具有简单的立方钙钛矿结构。根据热重分析和 NPD 数据,这些材料中的 N_2 或 Ar 的还原和空气中的氧化是高度可逆的。在低至 700℃ 的温度下分解水,产生氢气(当 $x = 1.00$ 时氢气产量为 $492\mu mol_{H_2} \cdot g_{perovskite}^{-1}$,当 $x = 0.70$ 时氢气产量为 $450\mu mol_{H_2} \cdot g_{perovskite}^{-1}$)。$Sr_2CoNb_{1-x}Ti_xO_{6-\delta}$ 产生的氢气在循环时保持恒定,从而保持其优异的性能,但随着循环过程的进行,产率连续衰减,在 8 个热化学循环后观察到约下降 50%。在 700℃ 下进行 8 次热化学循环后,氢气产量为 $410\mu mol_{H_2} \cdot g_{perovskite}^{-1}$,这是有史以来报道的最高值,使这种钙钛矿成为热化学循环制氢的有希望的候选者。

王路路等[66-67]使用 Pechini 法合成了一系列钙铝掺杂的镧锰钙钛矿,并系统地考察了其在两步法热化学分解水中的产氢表现。研究人员对镧锰钙钛矿 A,B 位上钙和铝的掺杂量(0.2 ~ 0.8)进行了详细考察。通过调整掺杂比例,得到了一种极其高效的钙钛矿催化剂 $La_{0.6}Ca_{0.4}Mn_{0.6}Al_{0.4}O_3$。当两步法热化学分解水在 1400℃ 和 1000℃ 之间时,$La_{0.6}Ca_{0.4}Mn_{0.6}Al_{0.4}O_3$ 取得了 429μmol/g 的出色产氢表现,比同等条件下基准催化剂氧化铈产氢高出 8 倍。与此同时,钙铝掺杂镧锰钙钛矿在两步法热化学循环测试中展现出极其稳定的催化活性。

（5）其他复合金属氧化物体系

大量研究表明,ZrO_2 的掺杂可以提高储氧材料储氧能力与稳定性[68]。Gokon 等[69]通过空气氧化法合成了铁酸盐 $NiFe_2O_4/m\text{-}ZrO_2$,基于太阳能的转化设计了一个窗口式热化学分解水反应器。反应器内是一个颗粒状 $NiFe_2O_4/m\text{-}ZrO_2$ 循环流化床,太阳光可以通过窗口向反应体系供热,循环流化床能确保颗粒状 $NiFe_2O_4/m\text{-}ZrO_2$ 不会被烧结或团聚,以达到更好的反应效果。在该反应温度下,气体产物只有氧气和氢气,不需要任何淬火装置。实验结果表明:在流化床上 1400℃ 条件下,有 45% 的 $NiFe_2O_4$ 转化为还原相,还原相在 1000℃ 下几乎能全部转化为 $NiFe_2O_4$ 分解水制取氢气。

一元金属氧化物 CeO_2/Ce_2O_3 体系作为一种新体系,仍存在诸多问题。鉴于此原因,Kaneko 等[45]通过燃烧法将 MO_x（M = Mn,Fe,Ni,Cu）掺杂到 CeO_2 中,制备了一系列 $CeO_2\text{-}MO_x$ 萤石结构固溶体复合氧化物。在 1573 ~ 1773K 条件下,$CeO_2\text{-}MO_x$ 完成释放氧过程,在 1173K 条件下,还原相 $CeO_2\text{-}MO_x$ 热化学分解水制氢,除 $CeO_2\text{-}CuO$ 外,其他复合氧化物产氢量都比纯 CeO_2 高,$CeO_2\text{-}MnO$ 和 $CeO_2\text{-}NiO$ 的产氢量较 $CeO_2\text{-}Fe_2O_3$、$CeO_2\text{-}CuO$ 和 CeO_2 高。Kaneko 等使用共沉淀法在 1473K 焙烧制备了 Al-Cu 铁酸盐（Al∶Cu∶Fe = 0.43∶0.43∶2.14）。Al-Cu 铁酸盐在 1673K、氩气流量为 $100cm^3/min$ 的条件下活化 15min 后形成氧缺位,然后氧缺位 Al-Cu 铁酸盐在 1273 ~ 1673K 下分解水制氢,产氢率为 0.37%。与 $ZnFe_2O_4$ 或 $NiFe_2O_4$ 的释放氧反应温度相比,Al-Cu 铁酸盐释放氧反应温度降低了 100K,不过其产氢量还有待进一步提高。

活性铁铝酸盐（铁尖晶石,hercynite）完全由高度丰富且价格低廉的元素

(Fe、Al 和 O)组成,使其成为太阳能热化学制氢过程中极具吸引力的材料。Hoskins 等[70]使用双流化床反应器和铁尖晶石颗粒,利用太阳能制氢。两个流化床被放置在一个单腔的太阳能接收器中,该接收器用 10kW 高通量太阳能炉加热。在 8h 的日照测试中,使用优化的氧化还原循环时间的间歇过程,产生了 5.3L 的 H_2,平均生产率为 597μmolH_2/g。氧化还原循环是以等温方式连续进行的,在两个循环中的氧化和还原时间相等,两个循环产生 547μmolH_2/g。这些结果与在一个 800 倍比例缩小的电加热实验室滞流反应器中测得的 H_2 产量非常一致,并且超过了目前基准材料的日间 H_2 产量。铁尖晶石活性材料颗粒在多日的日晒氧化还原测试中性质稳定,这对于太阳能热化学活性材料的商业可行性是至关重要的。Ruan 等[71]研究了新型 CeO_2-$xSnO_2$/$Ce_2Sn_2O_7$ 烧绿石化学计量氧化还原循环,发现其具有优异的 H_2 生产能力,并证实了两步太阳能热化学水分解(STWS)。在第一个热还原步骤(1400℃)期间,所有的 CeO_2-$xSnO_2$($x = 0.05 \sim 0.20$)固体化合物都发生了 CeO_2 和 SnO_2 之间的反应,形成热力学稳定的 $Ce_2Sn_2O_7$ 烧绿石,而不是亚稳态 $CeO_{2-\delta}$。因此,Ce(Ⅳ)还原为 Ce(Ⅲ),实现了明显更高的还原程度。此外,在随后用 H_2O(800℃)再氧化时,与当前基准材料二氧化铈相比,当 $x = 0.15$ 时,H_2 生产能力增加了 3.8 倍,CeO_2 和 SnO_2 的再生以及 Ce(Ⅲ)同时再氧化 Ce(Ⅳ)。CeO_2-0.15SnO_2 的 H_2O 分裂性能在 7 个连续的氧化还原循环中是可重复的,表明材料也是稳健的。Orfila 等[72]研究了 Mn 和 Co 尖晶石($Mn_{3-x}Co_xO_4$),通过涉及氢氧化钠(NaOH)的三步热化学循环,从水分解中成功地产生氢气。Mn 和 Co 尖晶石料克服了 Mn_2O_3/MnO 氧化还原循环的主要限制,将所需温度从 1300 ~ 1400℃ 降低到 850 ~ 1050℃。另外,还原过程通过单步反应进行,避免形成中间物质,使 Mn_2O_3 氧化还原循环的化学过程变得更加复杂。随后与 NaOH 的反应可以产生 52.5cm³ STP/($g_{material}$·cycle)氢气(即单个循环每克材料产生标准状况 52.5cm³ 的氢气),这与在相似温度下其他尖晶石氧化物循环获得的氢气相当。研究人员还在高温管式炉中评估了在几个循环操作之后用这些材料制氢的循环性和稳定性。由于所需温度的降低,以及稳定性和制氢速率的提高,这些材料的使用可能将开启热化学循环的新应用前景。

4.3.1.4　掺杂体系

氧缺位铁酸盐虽然具有很强的还原性,但是在铁酸盐体系中,氢气的产量和铁酸盐中含量较少的二价阳离子有关,因此氢气的产量仍然很少,每摩尔铁酸盐只能制得 0.02mol 氢气[61],而且铁酸盐再生需要的温度也仍然很高[73]。为了克服这两个困难,研究人员在铁酸盐中掺杂了一些其他物质,如 C、CaO、Na_2CO_3 等[56,74]。掺杂体系的产氢量明显提高,反应温度相对降低,循环性能也得到改善,与此同时,整个过程涉及的物质增加,反应过程更加复杂,气体分离的难度增大。

目前研究较多的是 $MnFe_2O_4/Na_2CO_3$ 体系[75-77],它是唯一具有较好发展前景的掺杂制氢体系。其他掺杂制氢体系在最新研究中都已淡出人们的视野。例如,C 的掺杂导致氢气中含有大量的 CO 与 CO_2,严重影响氢气的质量[78];CaO 的掺杂有利于 Mn^{2+} 向 Mn^{3+} 转变,但掺杂后材料的循环制氢性能大打折扣。

$MnFe_2O_4/Na_2CO_3$ 体系的反应过程可以表示为

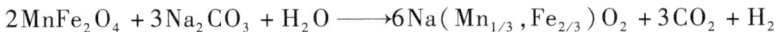

$$6Na(Mn_{1/3},Fe_{2/3})O_2 + 3CO_2 \longrightarrow 2MnFe_2O_4 + 3Na_2CO_3 + 1/2O_2$$

$$2MnFe_2O_4 + 3Na_2CO_3 + H_2O \longrightarrow 6Na(Mn_{1/3},Fe_{2/3})O_2 + 3CO_2 + H_2$$

Tamaura 等研究发现,Na^+ 的加入可以更好地让 Mn^{2+} 转变为 Mn^{3+},从而增加产氢量,但是在该体系中生成的 $Na(Mn_{1/3},Fe_{2/3})O_2$ 较稳定,不能很好地与 CO_2 反应生成 $MnFe_2O_4$ 和 Na_2CO_3。为此,他们进一步研究了同时加入 Fe_2O_3 的情况,Fe_2O_3 的加入使 Na^+ 从 $Na(Mn_{1/3},Fe_{2/3})O_2$ 中转移到 $NaFeO_2$,从而加强氧气的释放能力,同时生成 $MnFe_2O_4$,反应过程变得更加复杂。

Seralessandri 等[76-77]通过高能球磨法制备的纳米结构 $MnFe_2O_4$-Na_2CO_3 晶体在 1023K 下分解水的产氢量较纯 $MnFe_2O_4$ 提高了 5 倍。为完善该循环过程,他们还对氧释放过程进行了更深入的研究,给出了温度、CO_2 分压对 $MnFe_2O_4$-Na_2CO_3 氧释放能力的影响机制及化学平衡组成在氧释放过程中所起的作用。结果证实,在温度为 973 ~ 1073 K、CO_2 分压为 1 标准大气压的情况下,100% 的 $MnFe_2O_4$-Na_2CO_3 可以完全按照上述反应式循环热化学分解水制氢。

在对复合氧化物体系掺杂后,体系的产氢量明显提高,过程的最高温度相对降低,体系的循环性能也得以改善;同时,这也使过程所涉及的元素增加,反应过程趋于复杂,增加了气体分离的难度。

4.3.1.5 氢化物体系

Funk 和 Reinstrom[10] 在 1966 年最早提出可能具有实际吸引力的氢化物型循环的实例,即基于硼氢化物(HB)和硼烷(H_3B)的循环体系,两者均在高温下的气相中反应。氢化硼与 1335 K 的水蒸气反应,通过平衡化学反应产生氧和硼烷。直接硼烷热解在 2503 K 下进行,产生氢和氢化硼。该循环可描述为

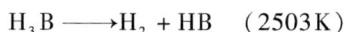

$$H_2O + HB \longrightarrow 1/2O_2 + H_3B \quad (1335 K)$$

$$H_3B \longrightarrow H_2 + HB \quad (2503 K)$$

使用 EES 软件计算的两步氢化硼热化学循环所涉及的化学反应的吉布斯自由能与温度的关系[18]表明,氧气放出的吉布斯自由能相对于温度具有正斜率。该反应在低温下是自发进行的。在平衡时,它显示出负反应熵,这表明反应是放热的。析氢反应在较高温度下达到平衡,但仍远低于直接水热解的平衡温度(2503 ~ 3815 K)。其吉布斯自由能的斜率相对于温度具有负斜率,因此反应可能在较高温度下变为自发的。反应熵为正且高,这表明反应是吸热的。通过两步水分解循环产生的熵为正($14.72 J \cdot mol^{-1} \cdot K^{-1}$),这意味着该过程根据热力学第二定律是可行的。

Chao[79] 提出了类似 HB 的 Cl_2 方法,这包括根据反向迪肯(Deacon)反应的氯水解的第一反应,即 $H_2O + Cl_2 \longrightarrow 1/2O_2 + 2HCl$。该反应可在 873 K 下进行。这是在多个多步热化学水分解循环中遇到的反应。析氢反应即 $2HCl \longrightarrow H_2 + Cl_2$,其可以在 973 K 下进行。由于须在高温下分离氢和氯,该方法非常困难。目前有学者尝试开展用于氢提取的膜反应器的研究。

4.3.2 多步热化学循环反应体系

4.3.2.1 多步热化学循环反应体系概述

尽管两步热化学循环反应体系具有仅两个化学反应器、氢-氧分离特征简单等优点,但其工作温度仍然太高。因此,有必要增加反应步数,降低最高温度要求。目前有许多三步及以上的多步热化学循环水分解制氢体系,能够在1200K以下工作。Abraham 和 Schreiner[80]使用热力学分析,指出多步热化学循环涉及的最低反应温度介于298K 到1000K 之间。大多数多步循环的开发目标是使用高温气冷反应堆(HTGR)即核热作为其热能源。出于安全原因,来自HTGR 的核热最高温度被限制在约1200K,因此需要更多地考虑反应温度在该极限以下的热化学循环。

自20世纪70年代以来,主要国家在热化学水分解领域开发的多步热化学循环体系如表4.6所示[18]。

表4.6 多步热化学循环体系

国家	机构	循环体系	涉及元素
法国	法国天然气公司(Gas de France, GDF)	K-process	K
		Souriau process	Sn
德国	亚琛工业大学(Rheinisch-Westfae-lische Technische Hochschule Aachen)	Jülich Fe-S	Fe,S
意大利	伊斯普拉联合研究中心(Joint Research Centre,Ispra)	Mark series (e.g.,#16)	I,S
日本	日本原子能研究所(Japan Atomic Energy Research Institute,JAERI)	NiIS-Process	I,Ni,S
	三菱重工(Mitsubishi Heavy Industry, MHI)	Fe-Cu-Cl	Cl,Cu,Fe
	大阪大学(University of Osaka,UO)	Osaka-75	Ba,C,I,N
	东京大学(University of Tokyo,UT)	UT-3	Br,Ca,Fe

续表

国家	机构	循环体系	涉及元素
美国	阿贡国家实验室（Argonne National Laboratory，ANL）	Ag-process	Ag，Br，Na
	通用原子能公司（General Atomic Company，GA）	GA（Mark 16）	I，S
		Agnes process	Cl，Fe，Mg
	通用电力（General Electric，GE）	Catherine process	I，K，Li，Ni
	煤气工艺研究院（Institute of Gas Technology，IGT）	A-2	Cl，Fe
	加利福尼亚大学劳伦斯利弗莫尔实验室（Lawrence Livermore Laboratory，University of California，LLLC）	$MgSeO_4$-Process	Mg，Se
	洛斯阿拉莫斯科学实验室（Los Alamos Scientific Laboratory，LASL）	Li-Mn-process	Li，Mn
	橡树岭国家实验室（Oak Ridge National Laboratory，ORNL）	Fe-process	Ba，Cr
	肯塔基大学（University of Kentucky，UoK）	UoK-8	Ba，Fe，S
	通用汽车公司艾里逊实验室（Allison Laboratory of General Motors）	Funk，Ta-process	Cl，Ta
		Funk，V-process	Cl，V

具体来看，常见的三步、四步、五步、六步热化学循环水分解制氢[18]分别如表 4.7 至表 4.10 所示。

表 4.7　三步热化学循环水分解制氢

反应循环	T_{max}/K	反应式	η/%
GDF，Sourinau process：Sn	1973	$H_2O + 1/2Sn \longrightarrow H_2 + 1/2SnO_2$，673K	37
		$SnO_2 \longrightarrow 1/2O_2 + SnO$，1973K	
		$SnO \longrightarrow 1/2SnO_2 + 1/2Sn$，973K	

续表

反应循环	T_{max}/K	反应式	η/%
GA：Fe，Na	1743	$3H_2O + 3Na_2O \cdot Fe_2O_3 \longrightarrow 6NaOH + 3Fe_2O_3 , 803K$ $6NaOH + 2Fe_3O_4 \longrightarrow H_2 + 3Na_2O \cdot Fe_2O_3 + 2H_2O , 1413K$ $3Fe_2O_3 \longrightarrow 1/2O_2 + 2Fe_3O_4 , 1743K$	27
Euratom： C，Fe	1573	$H_2O + C \longrightarrow H_2 + CO , 973K$ $3Fe_2O_3 \longrightarrow 1/2O_2 + 2Fe_3O_4 , 1573K$ $CO + 2Fe_3O_4 \longrightarrow C + 3Fe_2O_3 , 523K$	44
ORNL：Fe， （M＝K， Li，Na）	1573	$3H_2O + 6MFeO_2 \longrightarrow 6MOH + 3Fe_2O_3 , 373K$ $6MOH + 2Fe_3O_4 \longrightarrow H_2 + 6MFeO_2 + 2H_2O , 773K$ $3Fe_2O_3 \longrightarrow 1/2O_2 + 2Fe_3O_4 , 1573K$	40
CNRS， UNLV-133： Fe，S	1373	$H_2O + 3FeO \longrightarrow H_2 + Fe_3O_4 , 823K$ $Fe_3O_4 + 3SO_3 \longrightarrow 1/2O_2 + 3FeSO_4 , 1073K$ $3FeSO_4 \longrightarrow 3FeO + 3SO_3 , 1373K$	52
GM（Funk）： Cl，Ta	1366	$H_2O + Cl_2 \longrightarrow 1/2O_2 + 2HCl , 1000K$ $2HCl + 2TaCl_2 \longrightarrow H_2 + 2TaCl_3 , 298K$ $2TaCl_3 \longrightarrow 2TaCl_2 + Cl_2 , 1366K$	20
LASL：Li， Mn	1273	$3H_2O + 3Li_2O \cdot Mn_2O_3 \longrightarrow 6LiOH + 3Mn_2O_3 , 355K$ $6LiOH + 2Mn_3O_4 \longrightarrow H_2 + 3Li_2O \cdot Mn_2O_3 + 2H_2O , 973K$ $3Mn_2O_3 \longrightarrow 1/2O_2 + 2Mn_3O_4 , 1273K$	56
Miura：Sb， I	1273	$H_2O + I_2 + 1/2Sb_2O_3 \longrightarrow 1/2Sb_2O_5 + 2HI , 278K$ $2HI \longrightarrow H_2 + I_2 , 823K$ $1/2Sb_2O_5 \longrightarrow 1/2O_2 + 1/2Sb_2O_3 , 1273K$	37
IGT-C7： Fe，S	1273	$H_2O + Fe_2O_3 + 2SO_2 \longrightarrow H_2 + 2FeSO_4 , 400K$ $SO_3 \longrightarrow 1/2O_2 + SO_2 , 1273K$ $2FeSO_4 \longrightarrow Fe_2SO_3 + SO_2 + SO_3 , 973K$	51

续表

反应循环	T_{max}/K	反应式	$\eta/\%$
GA：Cl，Cs	1273	$H_2O + Cl_2 \longrightarrow 1/2O_2 + 2HCl, 1273K$ $2CeCl_3 + 4H_2O \longrightarrow H_2 + 2CeO_2 + 6HCl, 1073K$ $2CeO_2 + 8HCl \longrightarrow 2CeCl_3 + 4H_2O + Cl_2, 523K$	21
Jülich：C，S	1223	$H_2O + CO \longrightarrow H_2 + CO_2, 773K$ $H_2SO_4 \longrightarrow 1/2O_2 + SO_2 + H_2O, 1223K$ $CO_2 + SO_2 + H_2O \longrightarrow CO + H_2SO_4, 623K$	56
IGT：Ce，Cl	1200	$H_2O + Cl_2 \longrightarrow 1/2O_2 + HCl, 1123K$ $4H_2O + 2CeCl_3 \longrightarrow H_2 + 6HCl + 2CeO_2, 1200K$ $2CeO_2 + 8HCl \longrightarrow 2CeCl_3 + Cl_2 + 4H_2O, 383K$	21
GIRIO：Br，Fe	1123	$H_2O + Br_2 \longrightarrow 1/2O_2 + 2HBr, 923K$ $4H_2O + 3FeBr_2 \longrightarrow H_2 + 6HBr + Fe_3O_4, 1123K$ $8HBr + Fe_3O_4 \longrightarrow 3FeBr_2 + 4H_2O + Br_2, 523K$	32
Williams，US-chlorine：Cl	1123	$H_2O + Cl_2 \longrightarrow 1/2O_2 + 2HCl, 1123K$ $2HCl + 2CuCl \longrightarrow H_2 + 2CuCl_2, 473K$ $2CuCl_2 \longrightarrow 2CuCl + Cl_2, 773K$	49
GDF，K-process：K	1100	$H_2O + K_2O_2 \longrightarrow 1/2O_2 + 2KOH, 400K$ $2KOH + 2K \longrightarrow H_2 + 2K_2O, 1000K$ $2K_2O \longrightarrow K_2O_2 + 2K, 1100K$	27
KIER-1：Cl，Cu	1100	$2H_2O + 2Cl_2 \longrightarrow 1/2O_2 + 4HCl + 1/2O_2, 873K$ $Cu_2O + 4HCl \longrightarrow H_2 + 2CuCl_2 + H_2O, 500K$ $2CuCl_2 + 1/2O_2 \longrightarrow 2Cl_2 + Cu_2O, 1100K$	—
KIER-2：Cl，Cu	1100	$H_2O + CuCl_2 \longrightarrow 2HCl + CuO, 1100K$ $2HCl + 4CuCl_2 \longrightarrow H_2 + 4CuCl + 3Cl_2, 1100K$ $4CuCl + 3Cl_2 + CuO \longrightarrow 1/2O_2 + 5CuCl_2, 873K$	—

反应循环	$T_{\max}/K$	反应式	$\eta/\%$
KIER-A： Cl，Cu	1100	$H_2O + 2CuCl_2 \longrightarrow 1/2O_2 + 2CuCl + 2HCl, 900K$ $4CuCl_2 + 2HCl \longrightarrow H_2 + 4CuCl + 3Cl_2, 1100K$ $6CuCl + 3Cl_2 \longrightarrow 6CuCl_2, 873K$	—
KIER-3： Cu，S	1100	$H_2O + CuSO_4 \longrightarrow CuO + H_2SO_4, 1100K$ $CuO + SO_2 + H_2O \longrightarrow H_2 + CuSO_4, 473K$ $H_2SO_4 \longrightarrow 1/2O_2 + SO_2 + H_2O, 1100K$	—
UNLV-159： C，S	1023	$2H_2O + SO_2 + C_2H_4 \longrightarrow C_2H_6 + H_2SO_4, 623K$ $C_2H_6 \longrightarrow H_2 + C_2H_4, 1073K$ $H_2SO_4 \longrightarrow 1/2O_2 + SO_2 + H_2O, 1123K$	58
Theme-S3： I，S	1073	$2H_2O + I_2 + SO_2 \longrightarrow 2HI + H_2SO_4, 373K$ $2HI \longrightarrow H_2 + I_2, 573K$ $SO_3 \longrightarrow 1/2O_2 + SO_2, 1073K$	36
Euratom： Cl，Fe	973	$H_2O + Cl_2 \longrightarrow 1/2O_2 + 2HCl, 973K$ $2HCl + 2FeCl_2 \longrightarrow H_2 + 2FeCl_3, 873K$ $2FeCl_3 \longrightarrow 2FeCl_2 + Cl_2, 723K$	30
Hitachi： C，N，Na，I	973	$H_2O + 2NaI + 2NH_3 + CO_2 \longrightarrow Na_2CO_3 + 2NH_4I, 298K$ $2NH_4I \longrightarrow H_2 + I_2 + 2NH_3, 773K$ $Na_2CO_3 + I_2 \longrightarrow O_2 + CO + 2NaI, 973K$	29
Yokohama Mark-3： Fe，I，S	973	$2H_2O + I_2 + 2FeSO_4 \longrightarrow 2HI + 2Fe(OH)SO_4, 973K$ $2HI \longrightarrow H_2 + I_2, 573K$ $2Fe(OH)SO_4 \longrightarrow 1/2O_2 + 2FeSO_4 + H_2O, 523K$	42
GIRIO： Cu，I，N	973	$H_2O + 1/2O_2 + 2CuI + 2NH_3 \longrightarrow 2CuO + 2NH_4I, 298K$ $2NH_4I \longrightarrow H_2 + I_2 + 2NH_3, 773K$ $2CuO + I_2 \longrightarrow 1/2O_2 + 2CuI + 1/2O_2, 973K$	46

续表

反应循环	T_{max}/K	反应式	$\eta/\%$
KIER-B：Cl, Cu	873	$H_2O + 2CuCl_2 \longrightarrow 1/2O_2 + 2CuCl + 2HCl, 873K$	—
		$2HCl + 6CuCl + 2Cl_2 \longrightarrow H_2 + 6CuCl_2, 500K$	
		$4CuCl_2 \longrightarrow 4CuCl + 2Cl_2, 773K$	
Shell：Cu, S	773	$H_2O + 2Cu \longrightarrow H_2 + Cu_2O, 773K$	26
		$1/3Cu_2O + 4/3CuSO_4 \longrightarrow 1/2O_2 + 2Cu + 4/3SO_2 + O_2, 773K$	
		$2/3Cu_2O + 4/3SO_2 + O_2 \longrightarrow 4/3CuSO_4, 573K$	

表4.8 四步热化学循环水分解制氢

反应循环	T_{max}/K	反应式	$\eta/\%$
Aerojet General：Cs	1473	$2H_2O + 2Cs \longrightarrow H_2 + 2CsOH, 373K$	48
		$Cs_2O \longrightarrow 1/2O_2 + 2Cs, 1473K$	
		$2CsOH + 3/2O_2 \longrightarrow 2CsO_2 + H_2O, 773K$	
		$2CsO_2 \longrightarrow Cs_2O + 3/2O_2, 973K$	
UNLV-92：Mg, S, W	1400	$H_2O + WO_2 \longrightarrow H_2 + WO_3, 400K$	37
		$MgSO_4 \longrightarrow 1/2O_2 + MgO + SO_2, 1400K$	
		$MgO + SO_2 \longrightarrow MgSO_3, 610K$	
		$WO_3 + MgSO_3 \longrightarrow WO_2 + MgSO_4, 800K$	
UNLV-96：Mg, Na, S	1400	$H_2O + Na_2SO_3 \longrightarrow H_2 + Na_2SO_4, 500K$	38
		$MgSO_4 \longrightarrow 1/2O_2 + MgO + SO_2, 1400K$	
		$MgO + SO_2 \longrightarrow MgSO_3, 610K$	
		$MgSO_3 + Na_2SO_4 \longrightarrow MgSO_4 + Na_2SO_3, 298K$	
UNLV-115：I, Mg, S	1400	$H_2O + MgI_2 \longrightarrow 2HI + MgO, 673K$	28
		$2HI \longrightarrow H_2 + I_2, 573K$	
		$MgSO_4 \longrightarrow 1/2O_2 + MgO + SO_2, 1400K$	
		$2MgO + SO_2 + I_2 \longrightarrow MgSO_4 + MgI_2, 373K$	

续表

反应循环	T_{max}/K	反应式	$\eta/\%$
UNLV-99： Ag，Cr，K	1300	$2/3(H_2O + Ag_2O + K_2CrO_4) \longrightarrow 2/3(Ag_2CrO_4 + 2KOH)$，298K $1/3(H_2O + Cr_2O_3 + 4KOH) \longrightarrow H_2 + 2/3K_2CrO_4$，1300K $8/3Ag_2CrO_4 \longrightarrow 1/2O_2 + 16/3Ag + 1/3Cr_2O_3 + 1/3O_2$，980K $4/3Ag + 1/3O_2 \longrightarrow 2/3Ag_2O$，410K	45
UNVL-140： Cl，Fe	1300	$H_2O + 3FeO \longrightarrow H_2 + Fe_3O_4$，673K $H_2O + Cl_2 \longrightarrow 1/2O_2 + 2HCl$，1300K $Fe_3O_4 + 8HCl \longrightarrow 3FeCl_2 + Cl_2 + 4H_2O$，653K $3FeCl_2 + 3H_2O \longrightarrow 3FeO + 6HCl$，963K	42
UNVL-144： Ba，Fe，S	1293	$H_2O + 1/4BaS \longrightarrow H_2 + 1/4BaSO_4$，1143K $2FeSO_4 \longrightarrow 1/2O_2 + Fe_2O_3 + 2SO_2$，1200K $Fe_2O_3 + 5/2SO_2 \longrightarrow 2FeSO_4 + 1/2S$，700K $1/4BaSO_4 + 1/2S \longrightarrow 1/4BaS + 1/2SO_2$，1293K	48
NCLI：Ca，I	1273	$H_2O + CaI_2 \longrightarrow 2HI + CaO$，1273K $2HI \longrightarrow H_2 + I_2$，573K $1/5Ca(IO_3)_2 \longrightarrow 1/2O_2 + 1/5I_2 + 1/5CaO$，973K $6/5CaO + 6/5I_2 \longrightarrow CaI_2 + 1/5Ca(IO_3)_2$，300K	31
UNLV-150： Co，Ge	1273	$H_2O + Ge \longrightarrow H_2 + GeO$，1173K $Co_3O_4 \longrightarrow 1/2O_2 + 3CoO$，1273K $GeO + SO_2 \longrightarrow Ge + SO_3$，1073K $3CoO + SO_3 \longrightarrow Co_3O_4 + SO_2$，673K	41
UNVL-30： Fe，S	1173	$H_2O + 1/2Fe_3O_4 + 3/2SO_2 \longrightarrow H_2 + 3/2FeSO_4$，298K $SO_3 \longrightarrow 1/2O_2 + SO_2$，1073K $3/4Fe_2O_3 + 1/4SO_2 \longrightarrow 1/2Fe_3O_4 + 3/4SO_3$，298K $3/2FeSO_4 \longrightarrow 3/4Fe_2O_3 + 3/4SO_2 + 3/4SO_3$，1173K	49

续表

反应循环	T_{max}/K	反应式	$\eta/\%$
UNLV-81: Cu, I Mg	1173	$2H_2O + MgI_2 \longrightarrow 2HI + Mg(OH)_2$, 500K	27
		$2HI \longrightarrow H_2 + I_2$, 573K	
		$2CuO \longrightarrow 1/2O_2 + Cu_2O$, 1173K	
		$Cu_2O + I_2 + Mg(OH)_2 \longrightarrow 2CuO + MgI_2 + H_2O$, 298K	
UNLV-88: Co, I, Sc	1160	$H_2O + 2/3ScI_3 \longrightarrow 2HI + 1/3Sc_2O_3$, 500K	28
		$2HI \longrightarrow H_2 + I_2$, 573K	
		$Co_3O_4 \longrightarrow 1/2O_2 + 3CoO$, 1160K	
		$3CoO + I_2 + 1/3Sc_2O_3 \longrightarrow Co_3O_4 + 2/3ScI_3$, 300K	
UNVL-127: Cl, V	1123	$H_2O + Cl_2 \longrightarrow 1/2O_2 + 2HCl$, 1123K	48
		$2HCl + 2VOCl \longrightarrow H_2 + 2VOCl_2$, 443K	
		$4VOCl_2 \longrightarrow 2VOCl + 2VOCl_3$, 873K	
		$2VOCl_3 \longrightarrow Cl_2 + 2VOCl_2$, 473K	
UNVL-142: C, S	1123	$H_2O + CH_4 \longrightarrow 3H_2 + CO$, 1100K	52
		$H_2SO_4 \longrightarrow 1/2O_2 + SO_2 + H_2O$, 1123K	
		$CO + 2H_2 \longrightarrow CH_3OH$, 500K	
		$CH_3OH + SO_2 + H_2O \longrightarrow CH_4 + H_2SO_4$, 473K	
GA-23: S	1123	$H_2O + 3/2SO_2 \longrightarrow H_2SO_4 + 1/2S$, 298K	42
		$H_2S \longrightarrow H_2 + S$, 1073K	
		$H_2SO_4 \longrightarrow 1/2O_2 + SO_2 + H_2O$, 1123K	
		$3/2S + H_2O \longrightarrow H_2S + 1/2SO_2$, 973K	
UNLV-85: As, I, Mg	1100	$2H_2O + MgI_2 \longrightarrow 2HI + Mg(OH)_2$, 500K	28
		$2HI \longrightarrow H_2 + I_2$, 573K	
		$1/2As_2O_5 \longrightarrow 1/2O_2 + 1/4As_4O_6$, 1100K	
		$1/4As_4O_6 + I_2 + Mg(OH)_2 \longrightarrow 1/2As_2O_5 + MgI_2 + H_2O$, 300K	

续表

反应循环	T_{max}/K	反应式	$\eta/\%$
UNLV-95：Ce，S，W	1100	$H_2O + WO_2 \longrightarrow H_2 + WO_3$，400K $3/2Ce(SO_4)_2 \longrightarrow 1/2O_2 + 3/2CeO_2 + 3SO_2 + O_2$，1100K $2CeO_2 + 3SO_2 + O_2 \longrightarrow Ce_2(SO_4)_3$，825K $Ce_2(SO_4)_3 + WO_3 \longrightarrow 1/2CeO_2 + 3/2Ce(SO_4)_2 + WO_2$，680K	35
UT-3：Br，Ca，Fe	1023	$H_2O + CaBr_2 \longrightarrow CaO + 2HBr$，1023K $3FeBr_2 + 4H_2O \longrightarrow H_2 + Fe_3O_4 + 6HBr$，873K $CaO + Br_2 \longrightarrow 1/2O_2 + CaBr_2$，873K $Fe_3O_4 + 8HBr \longrightarrow 3FeBr_2 + Br_2 + 4H_2O$，573K	45
UNLV-3：Br，Ca，Hg	1023	$H_2O + CaBr_2 \longrightarrow CaO + 2HBr$，1023K $2HBr + Hg \longrightarrow H_2 + HgBr_2$，473K $2HgO \longrightarrow O_2 + 2Hg$，773K $CaO + HgBr_2 \longrightarrow CaBr_2 + HgO$，298K	26
UNVL-164：C，S，Zn	1000	$H_2O + CH_4 \longrightarrow 3H_2 + CO$，973K $ZnSO_4 \longrightarrow 1/2O_2 + SO_2 + ZnO$，1000K $CO + 2H_2 \longrightarrow CH_3OH$，500K $CH_3OH + SO_2 + ZnO \longrightarrow CH_4 + ZnSO_4$，600K	42
ANL：Ag，Br，C，N，Na	1000	$2(H_2O + NH_3 + CO_2 + NaBr) \longrightarrow 2(NaHCO_3 + NH_4Br)$，298K $2NH_4Br + 2Ag \longrightarrow H_2 + 2NH_3 + 2AgBr$，750K $2AgBr + Na_2CO_3 \longrightarrow 1/2O_2 + 2Ag + 2NaBr + CO_2$，1000K $2NaHCO_3 \longrightarrow Na_2CO_3 + H_2O$，400K	25
NCLI：I，Mg	973	$H_2O + MgI_2 \longrightarrow 2HI + MgO$，673K $2HI \longrightarrow H_2 + I_2$，573K $1/5Mg(IO_3)_2 \longrightarrow 1/2O_2 + 1/5I_2 + 1/5MgO$，973K $6/5I_2 + 6/5MgO \longrightarrow MgI_2 + 1/5Mg(IO_3)_2$，423K	37

续表

反应循环	T_{max}/K	反应式	$\eta/\%$
GM（Funk）： Cl，V	973	$H_2O + Cl_2 \longrightarrow 1/2O_2 + 2HCl$，883K	30
		$2HCl + 2VCl_2 \longrightarrow H_2 + 2VCl_3$，298K	
		$2VCl_3 \longrightarrow VCl_4 + VCl_2$，973K	
		$2VCl_4 \longrightarrow Cl_2 + 2VCl_3$，298K	
UNLV-43： Ag，Br，N，Na	900	$2H_2O + 2CO_2 + 2NH_3 + 2NaBr \longrightarrow 2NaHCO_3 + 2NH_4Br$，298K	25
		$2Ag + 2NH_4Br \longrightarrow H_2 + 2AgBr + 2NH_3$，700K	
		$2AgBr + Na_2CO_3 \longrightarrow 1/2O_2 + 2Ag + CO_2 + 2NaBr$，900K	
		$2NaHCO_3 \longrightarrow CO_2 + Na_2CO_3 + H_2O$，400K	
LASL： Ce，Cl	883	$2H_2O + 2CeClO \longrightarrow H_2 + 2CeO_2 + 2HCl$，723K	21
		$H_2O + Cl_2 \longrightarrow 1/2O_2 + 2HCl$，883K	
		$2CeO_2 + 8HCl \longrightarrow 2CeCl_3 + Cl_2 + 4H_2O$，298K	
		$2CeCl_3 + 2H_2O \longrightarrow 2CeClO + 4HCl$，700K	
LLL-UoC： Cs，Hg	873	$2H_2O + Cs_2Hg \longrightarrow H_2 + Hg + 2CsOH$，873K	34
		$HgO \longrightarrow 1/2O_2 + Hg$，773K	
		$2CsOH \longrightarrow Cs_2O + H_2O$，683K	
		$Cs_2O + 2Hg \longrightarrow Cs_2Hg + HgO$，573K	
UNLV-162： C，U	873	$H_2O + CO \longrightarrow H_2 + CO_2$，573K	39
		$3UO_3 \longrightarrow 1/2O_2 + U_3O_8$，873K	
		$4CO_2 + U_3O_8 \longrightarrow CO + 3UO_2CO_3$，423K	
		$3UO_2CO_3 \longrightarrow 3CO_2 + 3UO_3$，873K	
UNLV-82： I，Mg，Mn	710	$2H_2O + MgI_2 \longrightarrow 2HI + Mg(OH)_2$，500K	38
		$2HI \longrightarrow H_2 + I_2$，573K	10
		$2MnO_2 \longrightarrow 1/2O_2 + Mn_2O_3$，710K	
		$Mg(OH)_2 + I_2 + Mn_2O_3 \longrightarrow MgI_2 + 2MnO_2 + H_2O$，300K	

续表

反应循环	T_{max}/K	反应式	$\eta/\%$
ANL： Br，Eu，U	573	$2H_2O + Br_2 + UO_3 \cdot H_2O \longrightarrow 1/2O_2 + UO_2 \cdot 3H_2O, 298K$	—
		$2EuBr_2 + 2HBr \longrightarrow H_2 + 2EuBr_3, 298K$	
		$2EuBr_3 \longrightarrow 2EuBr_2 + Br_2, 573K$	
		$UO_2 \cdot 3H_2O \longrightarrow 2UO_3 \cdot H_2O + 2HBr + H_2O, 573K$	

表 4.9　五步热化学循环水分解制氢

反应循环	T_{max}/K	反应式	$\eta/\%$
NCLI： I，Mg，S	1400	$H_2O + MgI_2 \longrightarrow 2HI + MgO, 673K$	26
		$2HI \longrightarrow H_2 + I_2, 573K$	
		$MgSO_4 \longrightarrow 1/2O_2 + MgO + SO_2, 1400K$	
		$I_2 + SO_2 + 2H_2O \longrightarrow 2HI + H_2SO_4, 373K$	
		$2HI + H_2SO_4 + 2MgO \longrightarrow MgI_2 + MgSO_4 + 2H_2O, 350K$	
LLL-UoC： Mg，Se	1373	$1/2H_2O + 1/4MgSe \longrightarrow 1/4H_2Se + 1/4Mg(OH)_2, 373K$	31
		$1/2H_2O + 1/8MgSe \longrightarrow 1/2H_2 + 1/8MgSeO_4, 673K$	
		$1/2H_2Se \longrightarrow 1/2H_2 + 1/2Se, 473K$	
		$1/4MgSeO_4 \longrightarrow 1/2O_2 + 1/4MgSe, 1373K$	
		$1/4Mg(OH)_2 + 1/2Se \longrightarrow 1/4H_2Se + 1/8MgSe +$ $1/8MgSeO_4, 773K$	
IGT，A-2： Cl，Fe	1273	$4H_2O + 3Fe \longrightarrow H_2 + Fe_3O_4 + 3H_2, 773K$	29
		$Fe_3O_4 + 9/2Cl_2 \longrightarrow 1/2O_2 + 3FeCl_3 + 3/2O_2, 1273K$	
		$3FeCl_3 \longrightarrow 3FeCl_2 + 3/2Cl_2, 623K$	
		$3FeCl_2 + 3H_2 \longrightarrow 3Fe + 6HCl, 1273K$	
		$6HCl + 3/2O_2 \longrightarrow 3Cl_2 + 3H_2O, 773K$	

续表

反应循环	T_{max}/K	反应式	$\eta/\%$
LLL-UoC： Cl, S, Se, Zn	1200	$H_2O + ZnCl_2 \longrightarrow 2HCl + ZnO$，883K $H_2Se \longrightarrow H_2 + Se$，473K $ZnSO_4 \longrightarrow 1/2O_2 + SO_2 + ZnO$，1200K $2HCl + ZnSe \longrightarrow H_2Se + ZnCl_2$，350K $Se + SO_2 + 2ZnO \longrightarrow ZnSe + ZnSO_4$，883K	28
JAERI： I, Ni, S	1123	$2H_2O + I_2 + SO_2 \longrightarrow 2HI + H_2SO_4$，298K $2Ni + 2HI + H_2SO_4 \longrightarrow 2H_2 + NiI_2 + NiSO_4$，600K $NiSO_4 \longrightarrow 1/2O_2 + NiO + SO_2$，1123K $NiO + H_2 \longrightarrow Ni + H_2O$，673K $NiI_2 \longrightarrow Ni + I_2$，873K	26
MHI：Cl, Cu, Fe	1073	$4H_2O + 3FeCl_2 \longrightarrow H_2 + Fe_3O_4 + 6HCl$，873K $H_2O + Cl_2 \longrightarrow 1/2O_2 + 2HCl$，1073K $Fe_3O_4 + 8HCl \longrightarrow FeCl_2 + 2FeCl_3 + 4H_2O$，373K $2FeCl_3 + 2CuCl \longrightarrow 2FeCl_2 + 2CuCl_2$，373K $2CuCl_2 \longrightarrow 2CuCl + Cl_2$，773K	27
Hitachi：C, I, N, Na, Ni	1073	$2H_2O + 2NaI + 2NH_3 + 2CO_2 \longrightarrow 2NaHCO_3 + 2NH_4I$，733K $2NH_4I + Ni \longrightarrow H_2 + NiI_2 + 2NH_3$，773K $Na_2CO_3 + I_2 \longrightarrow 1/2O_2 + 2NaI + CO_2$，973K $2NaHCO_3 \longrightarrow Na_2CO_3 + CO_2 + H_2O$，573K $NiI_2 \longrightarrow Ni + I_2$，1073K	38
GE-Agnes process： Cl, Fe, Mg	1023	$4H_2O + 3FeCl_2 \longrightarrow H_2 + Fe_3O_4 + 6HCl$，1023K $Mg(OH)_2 + Cl_2 \longrightarrow 1/2O_2 + MgCl_2 + H_2O$，363K $MgCl_2 + 2H_2O \longrightarrow Mg(OH)_2 + 2HCl$，623K $Fe_3O_4 + 8HCl \longrightarrow FeCl_2 + 2FeCl_3 + 4H_2O$，383K $2FeCl_3 \longrightarrow 2FeCl_2 + Cl_2$，573K	25

续表

反应循环	T_{max}/K	反应式	$\eta/\%$
ANL： I，K，N	973	$H_2O + 2NO_2 + 1/2O_2 \longrightarrow 2HNO_3$，298K $2NH_4I \longrightarrow H_2 + 2NH_3 + I_2$，773K $I_2 + 2KNO_3 \longrightarrow 1/2O_2 + 2KI + 2NO_2 + 1/2O_2$，973K $2KI + 2NH_4NO_3 \longrightarrow 2KNO_3 + 2NH_4I$，298K $2HNO_3 + 2NH_3 \longrightarrow 2NH_4NO_3$，298K	22
LLL-UoC： K，Se，V	973	$2H_2O + K_2Se \longrightarrow 2KOH + H_2Se$，373K $H_2Se \longrightarrow H_2 + Se$，473K $V_2O_5 \longrightarrow 1/2O_2 + V_2O_4$，773K $V_2O_4 + 1/2SeO_2 \longrightarrow Ve_2O_5 + 1/2Se$，500K $3/2Se + 2KOH \longrightarrow K_2Se + 1/2SeO_2 + H_2O$，973K	26
LLL-UoC： As，C	973	$H_2O + CH_4 \longrightarrow 3H_2 + CO$，973K $1/2As_2O_5 \longrightarrow 1/2O_2 + 1/2As_2O_3$，973K $CO + 2H_2 \longrightarrow CH_3OH$，500K $CH_3OH + As_2O_4 \longrightarrow CH_4 + AS_2O_5$，500K $1/2As_2O_3 + 1/2As_2O_5 \longrightarrow As_2O_4$，298K	31
GE：Cl， Cu，Mg	773	$2H_2O + MgCl_2 \longrightarrow 2HCl + Mg(OH)_2$，723K $2HCl + 2Cu \longrightarrow H_2 + 2CuCl$，373K $Mg(OH)_2 + Cl_2 \longrightarrow 1/2O_2 + MgCl_2 + H_2O$，298K $4CuCl \longrightarrow 2Cu + 2CuCl_2$，373K $2CuCl_2 \longrightarrow 2CuCl + Cl_2$，773K	13

表 4.10　六步热化学循环水分解制氢

反应循环	T_{max}/K	反应式	$\eta/\%$
Hitachi： Cl，Cu， N，S	1223	$H_2O + 2NH_3 + 2CuCl \longrightarrow Cu_2O + 2NH_4Cl$，353K $2NH_4Cl + 2Cu \longrightarrow H_2 + 2CuCl + 2NH_3$，873K $2CuO \longrightarrow 1/2O_2 + Cu_2O$，1223K	41

续表

反应循环	T_{max}/K	反应式	$\eta/\%$
Hitachi：Cl，Cu，N，S	1223	$2Cu_2O + 2H_2SO_4 \longrightarrow 2Cu + 2CuSO_4 + 2H_2O$，373K	41
		$2CuSO_4 \longrightarrow 2CuO + 2SO_3$，1123K	
		$2SO_3 + 2H_2O \longrightarrow 2H_2SO_4$，573K	
UNLV-116：C，I，S	1123	$H_2O + CH_4 \longrightarrow H_2 + CO + 2H_2$，973K	45
		$H_2SO_4 \longrightarrow 1/2O_2 + SO_2 + H_2O$，1123K	
		$CH_3I + HI \longrightarrow CH_4 + I_2$，298K	
		$CH_3OH + HI \longrightarrow CH_3I + H_2O$，298K	
		$CO + 2H_2 \longrightarrow CH_3OH$，500K	
		$I_2 + SO_2 + 2H_2O \longrightarrow 2HI + H_2SO_4$，373K	
GE，Catherine process：I，K，Li，N	973	$2H_2O + 2LiI \longrightarrow 2HI + 2LiOH$，873K	22
		$2HI + Ni \longrightarrow H_2 + NiI_2$，423K	
		$1/3KIO_3 \longrightarrow 1/2O_2 + 1/3KI$，923K	
		$I_2 + 2LiOH \longrightarrow 5/3LiI + 1/3LiIO_3 + H_2O$，463K	
		$1/3 LiO_3 + 1/3KI \longrightarrow 1/3KIO_3 + 1/3LiI$，298K	
		$NiI_2 \longrightarrow Ni + I_2$，973K	

近年来，研究学者提出了一些新型的多步热化学循环。Olmos 等[81]提出碳酸钠的三步水分解热化学循环，总体效率为 63%。该循环包括碳酸钠分解、钠-水蒸气反应、氢氧化钠和二氧化碳反应。碳酸钠分解 $P = 1.0 \times 10^{-4}$ bar，$T = 1250K$，转化率为 86.85%；钠-水蒸气反应 $P = 1.0 \times 10^{-4}$ bar，$T = 850K$，转化率为 99.09%；氢氧化钠和二氧化碳反应 $P = 6.62 \times 10^{-5}$ bar，$T = 1150K$，转化率为 99.62%。循环的最高温度为 1250K，最低温度为 850K，可以使用当前的聚光太阳能（CSP）技术产生循环的最高温度。

4.3.2.2　UT-3 循环

UT-3 循环是著名的金属-卤化物体系的热化学制氢循环，由日本东京大学提出[82]。UT-3 循环金属选用 Ca,卤素选用 Br,分别用 $CaBr_2$ 和 $FeBr_2$ 制氢。该循环是四步热化学循环,为气-固反应,产物容易分离;整个过程没有用到贵金属,成本较低;最高温度为 1033K,可以与高温气冷反应堆相耦合。但该循环反应步骤较多,能效较低。UT-3 循环与核能耦合总能效在 15% 左右,与太阳能耦合能效只有 8%[83]。其化学反应式如下:

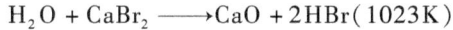

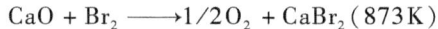

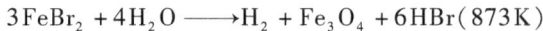

$$H_2O + CaBr_2 \longrightarrow CaO + 2HBr(1023K)$$

$$CaO + Br_2 \longrightarrow 1/2O_2 + CaBr_2(873K)$$

$$Fe_3O_4 + 8HBr \longrightarrow 3FeBr_2 + Br_2 + 4H_2O(573K)$$

$$3FeBr_2 + 4H_2O \longrightarrow H_2 + Fe_3O_4 + 6HBr(873K)$$

UT-3 循环过程包括以下四个化学反应步骤。

(1) $CaBr_2$ 与水分解生成 HBr: $H_2O + CaBr_2 \longrightarrow CaO + 2HBr$

该反应为固-气反应,在约 1023K 条件下进行,反应吉布斯自由能 $\Delta G_T = 210.42kJ/mol$。在室温条件下,$CaBr_2$ 易潮解,吸水量最多可达 6mol,所需温度是整个过程中最高的,略低于 $CaBr_2$ 熔点。Sakurai 等[84]发现 $CaBr_2$ 水解是本过程中速度最慢的反应。醇盐法制备的 CaO 发生了均匀的凝聚,减小了反应界面。在制备 CaO 的前驱体中加入发泡剂月桂酸,使 CaO 聚集物分散,可以显著增大反应表面积,改善水解反应的活性。

(2) CaO 与 Br_2 反应生成 O_2: $CaO + Br_2 \longrightarrow 1/2O_2 + CaBr_2$

该反应为固-气反应,在约 823K 条件下进行,反应吉布斯自由能 $\Delta G_T = -77.58kJ/mol$。CaO 和 $CaBr_2$ 具有不同的晶体结构,前者为立方结构,后者为正交结构(斜方晶系)。823 ~ 1023K 时,结构微小的变化可能会导致烧结发生,使得 $CaO/CaBr_2$ 的过程不可逆,因此需要将 Ca 很好地分散在合适的支撑体上。

(3) 产生 Br_2: $Fe_3O_4 + 8HBr \longrightarrow 3FeBr_2 + Br_2 + 4H_2O$

该反应为固-气反应,在回收 HBr 后,在约 573K 下使 Br_2 再生,$\Delta G_T = 123.18kJ/mol$。

（4）$FeBr_2$ 与水反应生成 H_2:$3FeBr_2 + 4H_2O \longrightarrow H_2 + Fe_3O_4 + 6HBr$

该反应在约 873K 条件下进行，由 $FeBr_2$ 与水反应生成氢气，$\Delta G_T = 134.51\,kJ/mol$。

UT-3 循环中所需的材料要在 750℃ 下抗 HBr 腐蚀。Lemort 等[85-86]进行了 UT-3 循环的物理化学和热力学研究，认为固体和气体反应物的物理化学性质会使工业过程的操作变得非常困难，溴化物在 H_2O 存在的情况下具有腐蚀性，并且工业大规模应用需要具有成本效益的耐腐蚀材料。Önay 和 Saito[87]研究了该反应的材料，发现 Fe-20Cr 合金具有很强的耐腐蚀效果，Smudde 等[88]研究了镍基合金 C-22，发现其具有优良的抗腐蚀性能。

美国阿贡国家实验室也对该过程进行了研究和发展，并称之为 Calcium-Bromine 或 Ca-Br 循环，以此与最初的 UT-3 循环相区别[83]。其主要特点是用电解法或"冷"等离子体法使 HBr 直接分解生成 H_2 和单质 Br_2，使循环变为三步。

4.3.2.3　碘硫循环

碘硫循环是目前最有发展前景的制氢方法之一，由美国通用原子能公司提出，选用 SO_2 和 I_2，用 HI 制氢。碘硫循环是三步热化学循环，主要由以下反应组成：

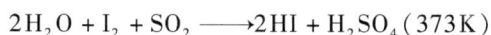

$$2H_2O + I_2 + SO_2 \longrightarrow 2HI + H_2SO_4 \,(373K)$$

$$2HI \longrightarrow H_2 + I_2 \,(573K)$$

$$H_2SO_4 \longrightarrow 1/2O_2 + SO_2 + H_2O \,(1073K)$$

碘硫循环基于本生（Bunsen）反应、HI 分解反应和 H_2SO_4 分解反应这三步相关联的热化学反应进行，中间物质 SO_2 和 I_2 循环利用，实现了较低温度条件下的水分解，热效率较高，可匹配太阳能或核能等新能源，实现大规模制氢[89-91]。碘硫循环制氢由于具有诸多优点而备受重视，美、德、法、中、日、韩等国的科研机构均在积极研发，并将其作为今后与可再生能源相结合的首选流程[19]。碘硫循环的研究涉及三步基础反应与系统流程，具体包括 Bunsen 反应动力学过程、液相分层特性、副反应发生，H_2SO_4 和 HI 分解的催化剂开发与利用，碘硫循环系统的流程设计与优化等。

Bunsen 反应作为碘硫循环核心反应，其反应条件、转化率和生成物的分离与提取对整个碘硫循环均有重要的影响。针对生成物的分离与提取，美国通用原子能公司提出加入过量碘使两种酸自发分层的方法，在加入过量碘后，碘与氢碘酸络合，增加了 HI 溶液密度，促使两种酸溶液分离。在此基础上，许多学者对 Bunsen 反应进行了研究[92-93]。但此传统方法要使用过量碘和水，过量水稀释了酸溶液，增加了后续浓缩和分离过程的能耗[94-95]；且 H_2SO_4 相和 HI_x 相中均含有少量杂质，因此，需要后续的纯化、浓缩、分离及精馏等工序[96]，进一步增加整个循环系统的操作工序和能耗，降低碘硫循环系统的热效率。因此，许多学者开发了其他的 Bunsen 反应方法来提高循环系统效率，包括筛选适用于 Bunsen 反应的溶剂、在电化学电池中进行 Bunsen 反应等。

分子溶剂是适用于 Bunsen 反应的溶剂。De Beni 等[97]最早提出使用分子溶剂 TBP（tributylphosphate，磷酸三丁酯）作为反应溶剂，代替过量水，该改进措施可大量减少水和碘的使用，增加碘硫循环的热效率并抑制碘腐蚀。Giaconia 等[98]的实验表明，反应完成后，TBP 相基本澄清。经分析，其中含有残留的 SO_2 和碘化合物，并且得到的 HI 与 H_2O 摩尔比约为 1∶3，而硫酸因较重而处于 TBP 相的下方。Taylor 等[99]发现了 DBBP（dibutyl butylphos-phonate，丁基膦酸二丁酯）和 Cyanex ® 923（三己基和三辛基氧化膦的混合物）两种溶剂，他们分别使用两种溶剂对 HI 溶液提取三次，证明这两种溶剂均有在 Bunsen 反应中使用的潜力。

芳香烃溶剂也可代替水，用于 Bunsen 反应。Barbarossa 等[100]研究了 PSDVB（polystyrene-divinyl-benzene，聚苯乙烯-二乙烯基苯）溶剂，以及通过磺化反应吸收 H_2SO_4 生成 S-PSDVB（sulfonic-polystyrene-divinyl-benzene，磺基聚苯乙烯-二乙烯基苯）的过程。该溶剂不同于 TBP，属于芳香烃溶剂，其与水不相溶，因此可以分离 H_2SO_4 和 HI。研究表明，升温使磺化程度增加，也就增加了硫酸的吸收率。在不含聚合物和含有聚合物的 Bunsen 溶液中碘化物与硫酸盐的量的对比中发现,在反应溶液中加入聚合物后,可以有效减少其中的硫酸量(56%)。这表明 PSDVB 对 Bunsen 反应生成物的分离有一定的作用,但这种方法未能彻底地分离硫酸和氢碘酸,需要多次才能从反应液中吸收完硫酸。在随后的脱磺化反应中,对聚合物的回收和重复利用并不理想,这可能与聚合物的芳香族部分对试剂较不易接近的结构特征有关。

在电化学电池中进行 Bunsen 反应可以简化反应工序。Nomura 等[101]考虑在电化学电池中进行 Bunsen 反应,直接对生成物进行分离。通电后,在阳极中 SO_2 被氧化失去电子,与水生成硫酸溶液,多余的氢离子通过质子交换膜进入阴极,而阴极液中的 I_2 被还原生成 I^-,与多余的氢离子组成 Bunsen 反应产物 HI。Nomura 等[102]针对工况参数,对反应的影响和电流-电压特性等做了研究,之后还探讨了 Bunsen 反应中参数优化的问题[103]。应芝等[104]通过自主搭建实验系统,研究 Nafion 115 膜在电池中的传输特性、两极酸溶液浓缩规律以及膜两侧的溶液交叉污染,探讨电化学 Bunsen 反应特性。结果表明,若提高电流密度,膜的质子传递数和水渗透系数均减小,H_2SO_4 和 HI 浓度增加;若温度升高,质子传递数快速降低,而水渗透系数增加,即膜的传输特性变差,HI 浓度明显降低,H_2SO_4 浓度则升高;若增加 I_2/HI 物质的量之比,水渗透系数和 H_2SO_4 浓度持续升高,而 HI 浓度降低;若提高电流密度、温度或 I_2/HI,均可促进杂质的迁移,即加重交叉污染。可见,适当控制电流密度、降低温度和 I_2/HI 物质的量之比,有利于实现最佳的电化学 Bunsen 反应。

碘化氢分解,$2HI \longrightarrow H_2 + I_2$(573K),是碘硫循环的重要部分,其可以在不释放二氧化碳气体的情况下产生大量氢。即使在 500℃ 的高温下,HI 分解反应也非常缓慢。在该反应中使用催化剂可提高反应速率,长期以来,开发 HI 分解反应的催化剂是一项重要挑战。Singhania 和 Bhaskarwar[105]讨论了催化剂合成、活性和稳定性的最新发展及趋势,总结了不同支撑材料及不同一元金属与二元金属催化剂的活性、稳定性和动力学研究,还讨论了催化剂制备方法对其活性和稳定性的影响,并指出 HI 反应催化剂的高活性与纳米尺寸颗粒、金属分散、高比表面积、氧空位(缺陷)和两种金属之间的合金形成有关。

HI 分解具有最慢的反应速率和最低的热力学平衡转化率(在 500℃ 下约 23%),为使 HI 以可行的反应速率分解,必须在反应体系中应用催化剂。研究人员将 Mo、Ni、Ir、Rh、Pd、Pt 等过渡金属作为 HI 分解催化剂开展研究,以提高转化率和降低温度[105-108]。Pt 族金属是该反应的最佳候选催化剂,在所有测试的催化剂中具有最高的 HI 转化率,但由于在高温下发生 Pt 纳米颗粒烧结,因此它们的催化活性在 HI 分解反应中不稳定[109]。双金属催化剂比单金属催化剂更具活性和稳定性。向负载的 Pt 催化剂中添加另一种金属原子(Ir、Pd 和 Ni),可以实现 Pt 纳米颗粒的高耐烧蚀[110]。开发替代 Pt、Pd 等贵金属的非贵重催化剂十分有意义,可以节省大量成本。此外,纳米结构催化剂和复合型催化剂是未来发展趋势。纳米结构催化剂具有高比表面积等独特性质,可以为催化过程提供更快的动力学特性和更多的活性位点。复合型催化剂由两种或多种不同材料组成,具有协同效应,可以防止颗粒聚集和活性金属化学或机械降解,从而保证高催化活性和 HI 分解反应的稳定性。清华大学核能与新能源技术研究院 Xu 等[111]研究了影响催化剂 HI 分解的主要因素,研发了 HI 分解单金属和双金属催化剂;研究了不同载体、过渡金属、双金属组分、反应时间对 HI 分解催化性能的影响,提出了优化催化剂,用于在 IS-100 设备的闭环运行中催化 HI 分解,H_2 生产率为 100NL/h。HI 转化率(21%)和 H_2 生产率(60NL/h)均达到核氢项目的技术目标。

催化剂的活性依赖于载体,许多研究者还关注不同催化剂所采用的支撑材料,包括二氧化铈、氧化锆、醋酸纤维(acetate,AC)、碳纳米管(CNT)、γ-氧化铝(Al_2O_3)、碳分子筛(CMS)、碳纳米片(CNS)、沸石和石墨(GR)等[109,112]。AC 因其广泛的来源和先进的制备方法而备受关注,它的 HI 分解反应性能显著。AC 具有良好的多孔结构/高表面积和可变的表面组成,这些结构直接影响反应位点的数量[113-114]。AC 的纳米晶体结构由无序的石墨样层组成,具有非常弱的层间相关性或随机堆积[115]。AC 负载的 Pt 催化剂在不同负载的 Pt 催化剂的 HI 分解中显示出优异的催化活性[106]。

开展 Bunsen 反应的动力学研究,有助于优化和提高碘硫循环的效率。Zhou 等[116]使用初始速率法研究了在 SO_2 压降中表示的气-液-固 Bunsen 反应的反应动力学及主要因素的影响,包括初始 SO_2 压力、I_2 与 H_2O 的摩尔比、温度和搅拌速度。此外,提出了模拟非均相反应的动力学模型,并通过在三相 Bunsen 反应条件下获得的实验数据进行了验证。研究指出,搅拌在降低传质阻力方面发挥了至关重要的作用,这种作用远大于同质 Bunsen 反应;初始压力对反应速率有明显的正面影响,碘含量越低,用水量越高,反应速度越快;反应温度对反应速率的影响不明显,这与 Bunsen 反应的低活化能一致。此外,基于均相 Bunsen 反应提出了动力学模型,并通过实验数据验证了其生存能力。

催化膜反应器可显著增加 HI 转化率,具有实际应用的潜力。Myagmar-jav 等[117]使用催化膜反应器,在中温(400℃)下,实现在碘硫过程中分解碘化氢。研究人员在 400℃下评价基于己基三甲氧基硅烷衍生的二氧化硅膜的催化膜反应器的性能,H_2 渗透率为 9.4×10^{-7} mol/(Pa·m²·s),H_2/N_2 选择性超过 80.0。通过反扩散化学气相沉积法在 γ-氧化铝涂覆的 α-氧化铝管上制备二氧化硅膜,使用二氧化硅膜在 400℃下从膜反应器中成功提取氢,使 HI 转化率显著增加。在 HI 流速 2.6mL/min 的条件下,转化率约为 0.60,大于 HI 分解中的平衡转化率。为了实现超过 0.50 的转化率,要求 HI 流速低于 6.9mL/min。基于 Membrane Ⅱ 开发的膜反应器在 480min 以上的时间里表现出了氢气生产的平衡转变,展示了实际应用的潜力。

4.3.3 混合循环反应体系

混合循环反应体系通常可以定义为闭环过程,其使用热能和化学能及另一种形式的能量来分解水。目前,混合循环反应体系主要有热电化学循环、热光电化学循环、热辐射化学循环三种类型。热电化学循环,除热化学反应外,还包括至少一种电化学反应;热光电化学循环,除热化学反应外,还包括至少一种光化学反应和一种电化学反应;热辐射化学循环,除了热化学反应外,还包括辐射化学过程。在所有类型的混合循环中,热电化学循环研究较多,通常被称为"混合循环"。

4.3.3.1　热电化学循环

一些热化学反应即使在高温下也具有正的吉布斯自由能。例如,气相中卤化物的热分解显示吉布斯自由能对温度的正斜率。Chao[79]分析了 HCl 在 1073K(800℃)时的热化学分解,平衡产率约为 0.01%;HBr 也具有类似的平衡产率,在 1073K 时约为 1%;而 HI 的热化学分解即使在较低温度下也能提供优异的平衡产率,例如在 500K 时约为 38%,在 1073K 时约为 67%。在许多热化学循环中,HI 的热化学分解在 773K 下进行。然而,HCl 和 HBr 分解更多发生在溶液中,以接近环境条件的温度进行电化学分解。这种方法需要电能,从而使得 HCl 和 HBr 分解在较低温度下可行。

在电化学过程中,吉布斯自由能以电的形式提供给反应。从技术和经济角度来看,电化学反应具有三个主要优点:相对于纯热化学过程,反应温度可能降低;纯热化学不可行的反应,当进行电化学处理时,可以进行热化学转化;反应产物本质上是分开的。

常见的混合热电化学循环中的混合闭合反应如表 4.11 所示。从表中可知,混合热电化学循环与纯热化学循环相比,可以降低反应温度[18]。例如,两步盐酸循环可以热化学或电热化学方式进行[118]。在 Chao 提出的热化学形式中[79],该循环包括在 873K 下进行反向 Deacon 反应,随后在 1073K 下进行盐酸的热解。该方法需要复杂的分离,涉及气相的氯气和氢气。当在溶液中用电化学盐酸分解代替热解时,反应温度从 1073K 降低到 363K。盐酸循环的电化学形式由空气化工产品有限公司(Air Products and Chemicals)提出,它被称为 Hallett 循环。

表 4.11　常见的混合热电化学循环中的混合闭合反应

序号	首个热化学步骤	循环闭合反应	
		纯热化学	混合热电化学
1	$H_2O + Cl_2 \longrightarrow 1/2O_2 + 2HCl$, 873K	*Cycle*：氢化物型 Cl $2HCl \longrightarrow H_2 + Cl_2$, 1073K *Cycle*：GM（Funk） $2HCl + 2TaCl_2 \longrightarrow H_2 + 2TaCl_3$, 298K $2TaCl_3 \longrightarrow 2TaCl_2 + Cl_2$, 1366K	*Cycle*：APC/UNLV-53 E：$2HCl \longrightarrow H_2 + Cl_2$, 363K, 0.99V
2	$1/2Sb_2O_5 \longrightarrow 1/2O_2 + 1/2Sb_2O_3$, 1273K	*Cycle*：Miura $2HI \longrightarrow H_2 + I_2$, 823K	*Cycle*：KU E：$2HI \longrightarrow H_2 + I_2$, 373K, 0.5V
3	$H_2SO_4 \longrightarrow 1/2O_2 + SO_2 + H_2O$, 1173K	*Cycle*：Mark 16/GA $2H_2O + SO_2 + I_2 \longrightarrow H_2SO_4 + 2HI$, 373K $2HI \longrightarrow H_2 + I_2$, 773K	*Cycle*：Mark 11/Westinghouse E：$2H_2O + SO_2 \longrightarrow H_2 + H_2SO_4$, 310K, 22bar, 0.48V *Cycle*：NCLI E：$2H_2O + SO_2 + I_2 \longrightarrow H_2SO_4 + 2HI$, 353K T：$2HI \longrightarrow H_2 + I_2$, 773K *Cycle*：Mark 13/LASL E：$2HBr \longrightarrow H_2 + Br_2$, 298K, 0.58 V T：$2H_2O + Br_2 + SO_2 \longrightarrow H_2SO_4 + 2HBr$, 373K
4	$H_2O + CaBr_2 \longrightarrow CaO + 2HBr$, 1023K $CaO + Br_2 \longrightarrow 1/2O_2 + CaBr_2$, 873K	*Cycle*：UT-3 $3FeBr_2 + 4H_2O \longrightarrow H_2 + Fe_3O_4 + 6HBr$, 873K $Fe_3O_4 + 8HBr \longrightarrow 3FeBr_2 + Br_2 + 4H_2O$, 573K	*Cycle*：ANL E：$2HBr \longrightarrow H_2 + Br_2$, 323K, 0.58V

序号	首个热化学步骤	循环闭合反应	
		纯热化学	混合热电化学
5	$CuCl_2 \longrightarrow 2CuCl + Cl_2$，773K $H_2O + Cl_2 \longrightarrow 1/2O_2 + HCl$，1073K	$Cycle$：MHI $4H_2O + 3FeCl_2 \longrightarrow H_2 + Fe_3O_4 + 6HCl$，873K $Fe_3O_4 + 8HCl \longrightarrow FeCl_2 + 2FeCl_3 + 4H_2O$，373K $2FeCl_3 + 2CuCl \longrightarrow 2FeCl_2 + 2CuCl_2$，373K	$Cycle$：UNLV-56 E：$2CuCl + 2HCl \longrightarrow H_2 + 2CuCl_2$，473K

注：E 为电化学反应，T 为热化学反应。

常见的混合热电化学循环如表 4.12 所示。该表列出了 25 个混合循环，包括 4 个两步循环、13 个三步循环、7 个四步循环、1 个五步循环[18]。在混合热电化学循环中，Cl 和 Cu 的出现率最高，分别达到 40% 和 32%，其次，S 的出现率达到 28%，Br 和 I 的出现率分别为 16% 和 12%。在纯热化学循环中，Fe 是较常使用的元素，而在混合热电化学循环中，Fe 的使用率较低（仅 4%）。

表 4.12　常见的混合热电化学循环

步骤数	循环名称	元素	T_{max}/K	反应	η%
2	Mark 11，Westing-house	S	1173	E：$2H_2O + SO_2 \longrightarrow H_2 + H_2SO_4$，310K，22bar，0.48V $\quad$ T：$H_2SO_4 \longrightarrow 1/2O_2 + SO_2 + H_2O$，1173K	51
	APC，UNLV-53	Cl	873	E：$2HCl \longrightarrow H_2 + Cl_2$，363K $\quad$ T：$H_2O + Cl_2 \longrightarrow 1/2O_2 + 2HCl$，873K	49
	NCLI，CuCl-C	Cl，Cu	823	E：$2CuCl + 2HCl \longrightarrow H_2 + 2CuCl_2$，473K $\quad$ T：$H_2O + 2CuCl_2 \longrightarrow 1/2O_2 + 2HCl + 2CuCl$，823K	46

续表

步骤数	循环名称	元素	T_{max}/K	反应	$\eta\%$
	ANL	Bi, K	850	E：$KOH + 1/3Bi \longrightarrow 1/2H_2 + 1/2O_2 + 1/3K_3Bi$，850K T：$H_2O + 1/3K_3Bi \longrightarrow 1/2H_2 + KOH + 1/3Bi$，850 K	46
3	IGT, UNLV-5	Cd	1473	E：$2H_2O + Cd \longrightarrow H_2 + Cd(OH)_2$，298K，0.02V T：$CdO \longrightarrow 1/2O_2 + Cd$，1473K T：$Cd(OH)_2 \longrightarrow CdO + H_2O$，650K	53
	UNLV-184	Br, Sb	1273	E：$2HBr \longrightarrow H_2 + Br_2$，373K，1/28V T：$H_2O + 1/2Sb_2O_3 + Br_2 \longrightarrow 2HBr + 1/2Sb_2O_5$，353K T：$1/2Sb_2O_5 \longrightarrow 1/2O_2 + 1/2Sb_2O_3$，1273K	36
	KU	I, Sb	1273	E：$2HI \longrightarrow H_2 + I_2$，373K，0.5V T：$H_2O + 1/2Sb_2O_3 + I_2 \longrightarrow 2HI + 1/2Sb_2O_5$，298K T：$1/2Sb_2O_5 \longrightarrow 1/2O_2 + 1/2Sb_2O_3$，1273K	36
	NCLI	I, S	1173	E：$2H_2O + I_2 + SO_2 \longrightarrow 2HI + H_2SO_4$，353K $2HI \longrightarrow H_2 + I_2$，773K T：$H_2SO_4 \longrightarrow 1/2O_2 + SO_2 + H_2O$，1173K	
	Mark 13, LASL	Br, S	1123	E：$2HBr \longrightarrow H_2 + Br_2$，298K，0.58V T：$2H_2O + Br_2 + SO_2 \longrightarrow H_2SO_4 + 2HBr$，373K T：$H_2SO_4 \longrightarrow 1/2O_2 + SO_2 + H_2O$，1123K	39
	NCLI, CuCl-D, UNLV-56	Cl, Cu	1073	E：$2CuCl + 2HCl \longrightarrow H_2 + 2CuCl_2$，473K T：$H_2O + Cl_2 \longrightarrow 1/2O_2 + 2HCl$，1073K T：$2CuCl_2 \longrightarrow 2CuCl + Cl_2$，773K	31
	ANL	Br, Ca	1043	E：$2HBr \longrightarrow H_2 + Br_2$，323K，0.58V T：$H_2O + CaBr_2 \longrightarrow CaO + 2HBr$，1043K T：$CaO + Br_2 \longrightarrow 1/2O_2 + CaBr_2$，853K	30

续表

步骤数	循环名称	元素	T_{max}/K	反应	$\eta\%$
3	UNLV-4	Cl, Fe	923	E：$3/2Cl_2 + Fe_3O_4 + 6HCl \longrightarrow 1/2O_2 + 3FeCl_2 + 3H_2O$，423K	44
				T：$3FeCl_2 + 4H_2O \longrightarrow H_2 + Fe_3O_4 + 6HCl$，823K	
				T：$3FeCl_3 \longrightarrow 3/2Cl_2 + 3FeCl_2$，693K	
	CuCl, UNLV-191	Cl, Cu	823	E：$4CuCl \longrightarrow 2Cu + 2CuCl_2$，353K	49
				T：$H_2O + 2CuCl_2 \longrightarrow 1/2O_2 + 2CuCl + 2HCl$，823K	
				T：$2Cu + 2HCl \longrightarrow H_2 + 2CuCl$，700K	
	ANL, CuCl-B	Cl, Cu	800	E：$2CuCl + 2HCl \longrightarrow H_2 + 2CuCl_2$，373K，24bar	45
				T：$H_2O + 2CuCl_2 \longrightarrow Cu_2OCl_2 + 2HCl$，700K	
				T：$Cu_2OCl_2 \longrightarrow 1/2O_2 + 2CuCl$，800K	
	JAEA-HHLT	S	773	E：$2H_2O + SO_2 \longrightarrow H_2 + H_2SO_4$，350K	44
				E：$SO_3 \longrightarrow 1/2O_2 + SO_2$，773K	
				T：$H_2SO_4 \longrightarrow SO_3 + H_2O$，673K	
	ANL, INL	Cl, Mg	773	E：$2HCl \longrightarrow H_2 + Cl_2$，363K	50
				T：$H_2O + MgCl_2 \longrightarrow 2HCl + MgO$，723K	
				T：$MgO + Cl_2 \longrightarrow 1/2O_2 + MgCl_2$，773K	
	ANL, UNLV-24	Li, N	750	E：$H_2O + I_2 + LiNO_2 \longrightarrow LiNO_3 + 2HI$，300K，1.2V	38
				T：$2HI \longrightarrow H_2 + I_2$，573K	
				T：$LiNO_3 \longrightarrow 1/2O_2 + LiNO_2$，700K	
4	LASL	Bi, S	1173	E：$2H_2O + SO_2 \longrightarrow H_2 + H_2SO_4$，350K，0.17V	24
				T：$SO_3 \longrightarrow 1/2O_2 + SO_2$，1073K	
				T：$H_2SO_4 + Bi_2O_3 \longrightarrow Bi_2O_3SO_3 + H_2O$，350K	
				T：$Bi_2O_3SO_3 \longrightarrow Bi_2O + SO_3$，1173K	

续表

步骤数	循环名称	元素	T_{max}/K	反应	η%
4	UNLV-185	Br, Co	1123	E：$2HBr \longrightarrow H_2 + Br_2$，298K，0.58V T：$H_2O + CoBr_2 \longrightarrow CoO + 2HBr$，1023K T：$Co_3O_4 \longrightarrow 1/2O_2 + 3CoO$，1023K T：$Br_2 + 4CoO \longrightarrow CoBr_2 + Co_3O_4$，773K	26
	IGT	Cu, S	1100	E：$2H_2O + SO_2 \longrightarrow H_2 + H_2SO_4$，298K，0.17V T：$CuSO_4 \longrightarrow 1/2O_2 + CuO + SO_2$，1100K T：$H_2SO_4 + CuO + 3H_2O \longrightarrow CuSO_4 \cdot 4H_2O$，298K T：$CuSO_4 \cdot 4H_2O \longrightarrow CuSO_4 + 4H_2O$，800K	55
	ISPRA	S	1073	E：$H_2O + H_2SO_3 \longrightarrow H_2 + H_2SO_4$，300K T：$SO_3 \longrightarrow 1/2O_2 + SO_2$，1073K T：$H_2SO_4 \longrightarrow SO_3 + H_2O$，1073K T：$SO_2 + H_2O \longrightarrow H_2SO_3$，298K	
	IUU, UNLV-114	I, K, N	973	E：$2HNO_3 + 2KI \longrightarrow H_2 + I_2 + 2KNO_3$，298K T：$H_2O + 3NO_2 \longrightarrow 2HNO_3 + NO$，373K T：$I_2 + 2KNO_3 \longrightarrow 1/2O_2 + 2KI + 2NO + 3/2O_2$，973K T：$3NO + 3/2O_2 \longrightarrow 3NO_2$，373K	33
	IGT, CuCl-A	Cl, Cu	800	E：$4CuCl \longrightarrow 2Cu + 2CuCl_2$，353K T：$H_2O + 2CuCl_2 \longrightarrow Cu_2OCl_2 + 2HCl$，700K T：$2Cu + 2HCl \longrightarrow H_2 + 2CuCl$，700K T：$Cu_2OCl_2 \longrightarrow 1/2O_2 + 2CuCl$，800K	50
	UOIT, CuCl	Cl, Cu	800	E：$2CuCl + 2HCl \longrightarrow H_2 + 2CuCl_2(aq)$，353K，1bar T：$H_2O + 2CuCl_2(s) \longrightarrow Cu_2OCl_2 + 2HCl$，700K T：$Cu_2OCl_2 \longrightarrow 1/2O_2 + 2CuCl$，800K T：$CuCl_2(aq) \longrightarrow CuCl_2(s)$，400K	63

步骤数	循环名称	元素	T_{max}/K	反应	$\eta\%$
5	UOIT，CuCl-5	Cl，Cu	773	E：$4CuCl（aq）\longrightarrow 2Cu（s）+2CuCl_2$（aq），353K	63
				T：$H_2O+2CuCl_2（s）\longrightarrow CuO \cdot CuCl_2+2HCl$，648K	
				T：$2Cu+2HCl\longrightarrow H_2+2CuCl$，723K	
				T：$CuO \cdot CuCl_2\longrightarrow 1/2O_2+2CuCl（l）$，773K	
				T：$2CuCl_2（aq）\longrightarrow 2CuCl_2（s）$，373K	

注：E 为电化学反应，T 为热化学反应。

Mark 11，Westinghouse 混合循环是由 ISPRA（Mark 11）发明并在 Westinghouse 开发的众所周知的硫酸工艺。Westinghouse 循环与碘硫循环相同的步骤是硫酸的高温分解。不同于碘硫循环的高温分解，Westinghouse 循环采用电化学分解。该反应可以在电解电压 0.6V、电流密度 200mA/cm² 的条件下进行。过程的制氢效率与硫酸浓度成线性关系，过程效率可达 40%，如果采用多级电解，可达 46%。

APC/UNLV-53 是美国空气化工产品公司开发的 Hallett 混合循环。Lewis 和 Masin[119]等评估了这个循环，证明其具有进一步发展的技术前景。

NCLI，CuCl-C 循环由 Dokyia 和 Kotera[120]在 NCLI 提出，是铜氯（Cu-Cl）循环的两步版本。它使用的电化学步骤类似于 UOIT 领导的国际财团正在开发的电化学步骤：电化学反应与较高温度下的热化学反应相结合，即 $CuCl_2$ 在 823K 下的水解[121]。NCLI，CuCl-D，UNLV-56 为 Cu-Cl 循环的三步版本，该过程的整体效率为 31%。此外，著名的 Cu-Cl 循环还包括 UNLV-191，CuCl-B，CuCl-A，CuCl-5 等。

四步 Cu-Cl 循环具有最高的能量效率和㶲效率。Ishaq 和 Dincer 比较评估了用于制氢的三种不同 Cu-Cl 循环，即热力学上的三步、四步和五步 Cu-Cl

循环[122]。研究使用 Aspen Plus 软件工具用于模拟循环,考虑了热量、工作要求、操作条件和㶲破坏等多种因素。㶲分析结果表明,三步 Cu-Cl 循环中最高的㶲破坏率(186kW)发生在氢气生产步骤中,四步 Cu-Cl 循环最高㶲破坏率为 112.2kW,五步 Cu-Cl 循环最高㶲破坏率为 189kW。四步 Cu-Cl 循环提供最高的能量效率41.9% 和㶲效率75.7%,五步 Cu-Cl 循环的能量和㶲效率分别为 38.8% 和 70.2%,三步 Cu-Cl 循环的能量效率和㶲效率分别为 39.6% 和 68.1%。研究人员还针对环境温度对所有三个循环的㶲效率的影响进行了分析,指出改善热管理和减少㶲破坏可以提高循环性能。

Soltani 等[123]从动力电化学的角度,建立 CuCl/HCl 电解槽的电解模型,分析了 CuCl/HCl 热化学水分解制氢的过程。阳极电解液是 2mol/L CuCl(aq)和 10mol/L HCl(aq)的溶液,阴极电解液溶液是 11mol/L HCl(aq)。CuCl/HCl 电解槽的理想工作条件是电流密度 0.5A/cm^2,电压0.7V。在 25℃条件下,对于 0.5A/cm^2 的电流密度,发现阳极半反应的活化过电位为 53mV,而对于相同条件,阴极半反应的活化过电位为 87mV。电池电化学效率随工作温度线性提升,而电压效率在 60℃时达到峰值75%。在 25~80℃ 的温度范围内,CuCl/HCl 电解的电化学效率为 10%~70%。随着温度从 25℃升高到 80℃,在 5% 阳极电解液转化时电解所需的总电位的大小在 0.53V 和 0.59V 之间。

4.3.3.2 热光化学循环(光/热化学水分解制氢)

光化学反应使用光作为能源来促进化学反应。目前,存在大量用于制氢的光化学反应。用于水分解的热光电化学系统的框架,包括光化学反应(氢气产生)、热化学反应(水解)和电化学反应(氧气释放),以及所有中间试剂的再循环。这种类型的混合方法对于纯热化学方法可能是有利的,涉及最大工艺温度的降低,产率和总反应动力学的改进,以及化学分离的改进。

(1)光化学水分解制氢原理

1972 年,日本科学家 Fujishima 和 Honda[124]发现了紫外光通过二氧化钛

（TiO$_2$）电极催化分解水现象。从那以后,光催化分解水成为国际上的研究热点。光催化分解水技术虽然清洁无污染,但是该方法目前效率还很低,要达到工业化应用还有很长的路要走。

光催化分解水的原理如图 4.11 所示,半导体的导带(conduction band, CB)和价带(valence band, VB)之间有一个带隙(band gap)[125],当能量大于或等于带隙宽度的光子入射到半导体上时,价带上的电子受激发跃迁到导带上,在导带上形成光生电子(e$^-$),而电子原来占据的位置则形成光生空穴(H$^+$)。光生电子具有很强的还原性,容易给出电子,将 H$^+$ 还原成氢气;而光生空穴具有很强的氧化性,能将水氧化成氧气。然而,并不是所有的半导体都能将水分解成氢气和氧气。要达到这一目的,半导体的导体电位必须小于氢电极电位(0,pH＝0),价带电位必须大于氧电极电位[126-127]。

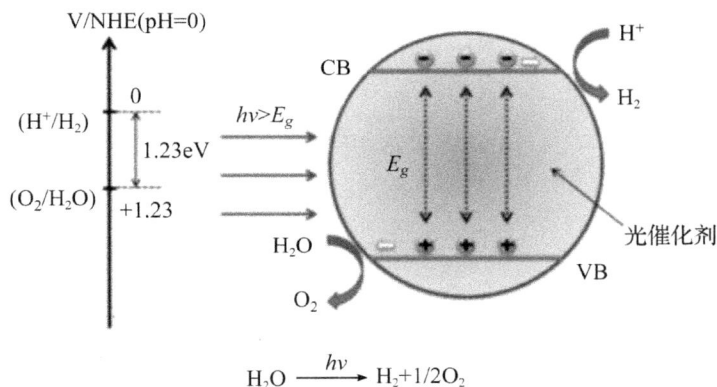

图 4.11　光催化分解水的原理

Ritterskamp 等[128]以半导体 TiSi$_2$ 为催化剂,考察了温度对可见光光催化分解水制氢反应活性的影响。随着温度升高,产氢速率逐渐增加。这是因为温度升高会引起水的氧化还原电势发生微小的变化,这种变化促使产氢速率逐渐升高。

Zamfirescu 等[129]综述了与水中析氢有关的光诱导光化学反应,光-物质相互作用的过程可以产生非常活泼的分子激发态,诱导化学反应。用于光催化的分子系统通常必须包含若干功能元件,例如光敏剂(可吸收光子辐射的分子)、电子供体或受体,以及促进氧化还原反应的活性催化中心。某些类型的光反应不使用光敏剂或电子,因为反应物本身具有吸收光的能力。一旦光子被吸收,光反应就会发生并且不可逆地将反应物转化为对光不敏感的产物。

(2) Yokohama Mark 系列循环

混合热光化学循环最早是在 20 世纪 70 年代由日本横滨国立大学提出的,被称为 Yokohama Mark 2A。另外三个版本,Yokohama Mark 5、Yokohama Mark 6 和 Yokohama Mark 7 是在该循环的基础上开发的[130]。

Yokohama Mark 2A 循环的反应如下:

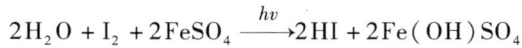

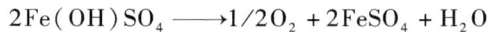

$$2H_2O + I_2 + 2FeSO_4 \xrightarrow{hv} 2HI + 2Fe(OH)SO_4$$

$$2HI \longrightarrow H_2 + I_2$$

$$2Fe(OH)SO_4 \longrightarrow 1/2 O_2 + 2FeSO_4 + H_2O$$

溶液中的光化学反应(上式的第一个方程式)基本上等同于

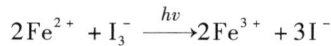

$$2Fe^{2+} + I_3^- \xrightarrow{hv} 2Fe^{3+} + 3I^-$$

Yokohama Mark 2A 的第二个反应用 700K 热源热化学完成,第三个反应用 523K 热源热化学完成。Yokohama Mark 2A 循环的实验表明,氧气释放过程效率相对较低。因此,该循环被修改为使用电化学氢析出过程的 Yokohama Mark 5 版本。

在 Yokohama Mark 5 中,将中间试剂从 Fe(OH)SO$_4$(Yokohama Mark 2A)改变为 Fe$_2$(SO$_4$)$_3$。为了实际实施,Yokohama Mark 5 使用具有集中太阳辐射的热电转换器为电化学过程提供电力。来自太阳光谱的可见光用于驱动光化学过程。该循环的析氢反应使用电驱动。为了向该循环供电,除了集成到过程中的热电发电机之外,还必须使用外部发电机。该循环的效率约为 20%。

Yokohama Mark 5 循环的反应如下:

$$H_2SO_4 + I_2 + FeSO_4 \xrightarrow{h\nu} 2HI + Fe_2(SO_4)_3 (光化学), \lambda \leqslant 350nm$$

$$2HI \longrightarrow H_2 + I_2 (电化学), \Delta G = 109.7kJ/mol$$

$$Fe_2(SO_4)_3 + H_2O \longrightarrow 1/2O_2 + 2FeSO_4 + H_2SO_4 (电化学), \Delta G = 82.5kJ/mol$$

Yokohama Mark 5 由于电能生成的效率损失而被放弃。在 Yokohama Mark 6 实施中,析氢反应在 700K 热化学下进行。根据评估,该循环的效率为 30%。

Yokohama Mark 6 循环的反应如下:

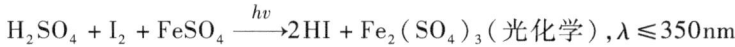

$$H_2SO_4 + I_2 + FeSO_4 \xrightarrow{h\nu} 2HI + Fe_2(SO_4)_3 (光化学), \lambda \leqslant 350nm$$

$$2HI \longrightarrow H_2 + I_2 (热化学), \Delta H = 158.3kJ/mol$$

$$Fe_2(SO_4)_3 + H_2O \longrightarrow 1/2O_2 + 2FeSO_4 + H_2SO_4 (电化学), \Delta G = 82.5kJ/mol$$

此外,混合反应方案 Yokohama Mark 7 包括光化学反应,使用磷酸盐中间体而不是硫酸盐。该过程的化学反应如下:

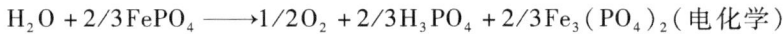

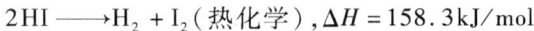

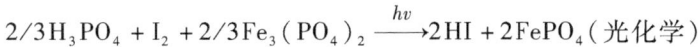

$$H_2O + 2/3FePO_4 \longrightarrow 1/2O_2 + 2/3H_3PO_4 + 2/3Fe_3(PO_4)_2 (电化学)$$

$$2HI \longrightarrow H_2 + I_2 (热化学), \Delta H = 158.3kJ/mol$$

$$2/3H_3PO_4 + I_2 + 2/3Fe_3(PO_4)_2 \xrightarrow{h\nu} 2HI + 2FePO_4 (光化学)$$

(3) 光解硫氨循环

Perret[15] 提出了光解硫氨循环的四步热光化学过程。该过程包括在 353K 下产生氢的光解反应(水解的光化学反应)及在 1143K 下产生氧的热分解反应。该循环涉及两种中间试剂,一种在 393K 的低温下循环,另一种在 773K 的温度下循环。

光解硫氨循环的化学反应如下:

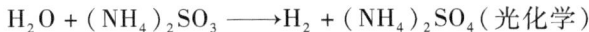

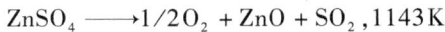

$$H_2O + SO_2 + 2NH_3 \longrightarrow (NH_4)_2SO_3, 393K$$

$$H_2O + (NH_4)_2SO_3 \longrightarrow H_2 + (NH_4)_2SO_4 (光化学)$$

$$ZnSO_4 \longrightarrow 1/2O_2 + ZnO + SO_2, 1143K$$

$$(NH_4)_2SO_4 + ZnO \longrightarrow 2NH_3 + ZnSO_4 + H_2O, 773K$$

虽然该循环的所有独立步骤被成功证明,但还存在一些问题需要解决。光解反应需要的光催化剂,基于硫化镉和铂-钯-钌配合物的贵金属制造,价格昂贵。光催化剂需要波长短于 520nm 的光。光反应器可能需要绿色/蓝色光源,其可以源自具有足够光谱分离器的太阳辐射。据报道,该循环的能量效率为 48%,这是基于流程图建模得出的。

Kalyva 等[131]分析太阳能驱动的混合硫氨水分解循环(HySA),进行了$(NH_4)_2SO_4$ 和 NH_4HSO_4 的热分析实验(TGA/DSC),以验证文献报道的热力学数据,以及具体数值热力学工具的有效性。以前对循环的研究忽略了来自 O_2 子循环的中间产物(例如硫酸氢铵),从而忽略了它们对循环化学的潜在影响。实验确定的热力学性质(温度依赖的热容量、熔点和融合熵)与 DIPPR Project 801 数据库中报告的数据一致。研究人员还使用 AspenPlus 和 FactSage 进行了探索性热力学分析,其中包括所有潜在的反应产物,以便确定最佳 O_2 子循环的关键参数。此外,提出并评估了一种方法,以弥补 AspenPlus 在处理固相变化方面的不足。热力学分析表明,O_2 子循环中包含的 NH_4HSO_4 降低了整个工艺的能量需求,并允许其用作能量存储介质。最后,研究表明,熔盐的使用与它们的相互作用相结合,显著影响了该方法的效率和操作条件,以及混合物的状态。

(4)具有光电化学反应步骤的铜氯循环

2012 年,Zamfirescu 等提出了 CuCl 光化学歧化的概念方法,作为降低电力消耗和提高混合铜-氯循环效率的潜在方法。在这种方法中,以下反应代表循环的一个步骤,以光电化学方式驱动:

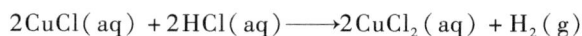

$$2CuCl(aq) + 2HCl(aq) \longrightarrow 2CuCl_2(aq) + H_2(g)$$

热光电化学杂化形式的 Cu-Cl 循环中,光电化学反应在包含由质子传导膜隔开的两个反应器的电池中进行。其中一个反应堆是半电化学电池,CuCl 液体通过释放质子与盐酸歧化。

第二个半电池是混合光催化/电化学反应器,其包括电极和溶解的超分子光催化剂,其中并行反应如下:

$$2H^+ + 2e^- \longrightarrow H_2(g)，电化学，在电极表面$$

$$2H_2O(l) + 2e^- \xrightarrow{hv} H_2(g) + 2OH^-(aq)，光解$$

$$2H^+ + 2OH^- \longrightarrow 2H_2O(l)$$

在溶剂中

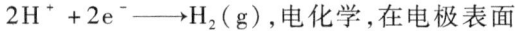

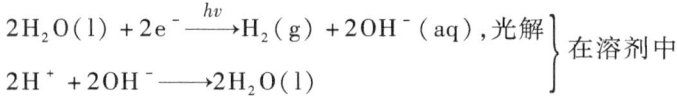

光催化过程使用基于钌光敏剂的超分子光催化剂与单个铑活性中心偶联。假设驱动电池的电能部分也来自使用染料的太阳能，基于氢的较高热值和吸收的光子辐射计算的光电化学反应器的氢生产效率约为 6%。使用染料敏化太阳能电池，效率约为 10%。如果能量供应的电气部件来自下一代核反应堆（发电效率 50%），偏压为 0.3～0.4V，则电池效率可能达到 20%。

（5）基于 TiO$_2$ 基材的光热化学循环分解水制氢

TiO$_2$ 具有稳定性高，价格便宜，无污染等特点，然而纯的 TiO$_2$ 光谱响应范围相对较窄，对太阳能的吸收利用不充分。虽然 TiO$_2$ 在光照下能够产生电子空穴对，但是纯 TiO$_2$ 产生的电子空穴对很容易复合，量子效率比较低。这两个主要问题影响了 TiO$_2$ 的应用。拓宽光催化剂的光谱影响范围，提高光催化反应的量子效率，是现今的研究热点。

陈晶澈[125]等将光化学反应引入热化学循环，提出了全新的光热化学循环分解水制氢。在该循环中，高温的金属氧化物分解反应被光化学反应替代，在常温下即可进行；而水分解制氢反应仍采用热化学方法。这样一来，循环的最高温度显著降低至 600℃。以 TiO$_2$ 作为光热化学的循环物质，通过一系列对比循环实验，初步验证了光热化学循环的可行性。对光照时间、加热时间、温度对氢气产量的影响进行探究：以光反应中光照时间 40min、热反应中温度 600℃、时间 1h 为条件，做了连续五个循环，发现 TiO$_2$ 具有很好的循环性能，在五个循环中氢气产量比较稳定，平均每个循环产生的氢气量为 0.421mL/g。通过 X 射线光电子能谱（XPS）和电子顺磁共振波谱（EPR）分析，建立了光热化学循环的初步机理，对比了循环前后 TiO$_2$ 的晶型和比表面积，没有明显的变化。这正是 TiO$_2$ 具有良好循环性能的原因。在 TiO$_2$ 中掺杂 0.5% Fe，通过透射电子显微镜（TEM）、扫描电子显微镜（SEM）、紫外-

可见分光光度法(UV-Vis)、光致发光(PL)等手段对掺杂了 Fe 的 TiO_2 和纯 TiO_2 做了对比。通过 TEM、SEM 对比发现,掺杂了 Fe 的 TiO_2 颗粒更加分散;通过 UV-Vis 对比发现,掺杂 Fe 后,吸收光谱发生红移,并且在 300 ~ 500nm 波段内吸收率升高;通过 PL 对比发现,掺杂 Fe 后,电子空穴复合率降低。对光照时间、加热时间、温度对氢气产量的影响进行探究:以光反应中光照时间 3min、热反应中温度 600℃、时间 1h 为条件,做了连续五个循环,发现掺杂了 0.5% Fe 的 TiO_2 同样具有很好的循环性能,平均每个循环的氢气产量为 0.747mL/g,是 TiO_2 的 1.77 倍。

Xu 等[132]使用溶胶-凝胶法制备 TiO_2 和 Fe 掺杂的 TiO_2 薄膜,并将其应用于光热化学循环(PTC)水分解。结果表明,Fe 掺杂的 TiO_2 比未掺杂的 TiO_2 在 H_2 产生方面表现更好。研究使用扫描电子显微镜(SEM)、透射电子显微镜(TEM)、能量色散 X 射线光谱(EDXS)、X 射线衍射(XRD)和 Brunauer-Emmett-Teller(BET)等方法评估晶体结构和形态,还进行紫外可见漫反射(UV-vis DRS)、PL 和 X 射线光电子能谱(XPS)分析,以研究 TiO_2 表面上的电荷转移和反应机理。此外,还进行了与 TiO_2 和 Fe 掺杂 TiO_2 的锐钛矿表面相关的密度泛函理论(DFT)计算,以验证 PTC 机理,并为增强 PTC 机理提供指导。对未掺杂和 Fe 掺杂的 TiO_2 的表征表明,Fe 离子可以导致更轻的团聚,这有利于循环稳定性。在 XRD 结果和 Fe 掺杂 TiO_2 表面发现 Fe—O—Ti 键的基础上,研究人员通过 XPS 结果发现 FeO 键上 VO 的形成和消耗,并构建了 Fe 掺杂 TiO_2 的计算模型。Fe 掺杂表面具有低 VO 形成能、较强的 H_2O 吸附能力和较小的 H_2 解吸(desorption)能量。DFT 计算证实了 Fe 掺杂表面在分子水平上的更好性能。

4.3.3.3 热辐射化学循环

1974 年,美国 IGT 开发了一种热化学水分解循环,其包括一个二氧化碳分解的辐射化学反应步骤。来自核反应堆的乏燃料(辐照核燃料)元件用作循环的辐射化学反应步骤的辐射源。Von Federsdorff 介绍了该过程的详细流程[133]。该过程也被列在 Bamberger 编制的热化学循环数据库中[134]。二氧化碳分解的能量来源于特殊反应堆中具有高动能的裂变碎片。

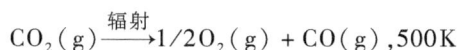

$$CO_2(g) \xrightarrow{\text{辐射}} 1/2O_2(g) + CO(g), 500K$$

此外,使用一氧化碳来还原约 1000K 温度条件下的氧化铁,然后将还原的铁与水蒸气结合,在约 700K 的条件下释放氢。整个热辐射化学循环反应如下:

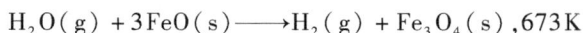

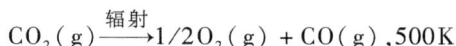

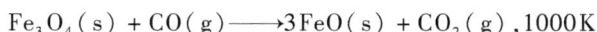

$$H_2O(g) + 3FeO(s) \longrightarrow H_2(g) + Fe_3O_4(s), 673K$$

$$CO_2(g) \xrightarrow{\text{辐射}} 1/2O_2(g) + CO(g), 500K$$

$$Fe_3O_4(s) + CO(g) \longrightarrow 3FeO(s) + CO_2(g), 1000K$$

IGT 循环由于使用氧化铁而具有高温要求。原则上,可以使用另一种封闭反应进行二氧化碳分解,即水煤气变换反应。在这种情况下,可以制定低温两步法:

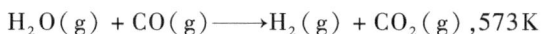

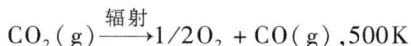

$$H_2O(g) + CO(g) \longrightarrow H_2(g) + CO_2(g), 573K$$

$$CO_2(g) \xrightarrow{\text{辐射}} 1/2O_2 + CO(g), 500K$$

尽管该方法似乎对核氢生产具有吸引力,但它存在技术问题。第一个主要问题由 von Federsdorff 指出[133],辐射化学过程可能产生副反应,两种主要副产物为一氧化二碳(C_2O)和二氧化三碳(C_3O_2),它们是稳定的碳质沉积物,容易在反应器壁上形成水垢。第二个主要问题是难以实现工业规模的一氧化碳和氧气气相分离。

尽管热辐射化学水分解过程较不发达,但由于它们可以直接使用核辐射来促进化学反应,因此无论是在核反应堆现场还是核燃料加工厂或乏燃料处理厂,它们都可能具有进一步发展的潜力。

4.4 新能源热化学循环制氢能效及实验研究

本节重点围绕新能源热化学循环制氢反应体系,开展核能反应堆余热制氢、太阳能热化学制氢的调研。

4.4.1 核能反应堆余热制氢

4.4.1.1 核能反应堆

核能制氢是指利用核反应堆产生的余热作为一次能源,从含氢元素的物质水或化石燃料制备氢气[135]。核能是清洁的一次能源,人类利用裂变能生产电力已有超过半个世纪的历史。随着反应堆技术的不断发展,利用其产生的高温工艺热,通过核热辅助的水蒸气重整、热化学循环、高温水蒸气电解等技术制氢,其效率可以显著高于常规的由热到电、由电到氢的制氢效率,且可以减少甚至完全消除温室气体排放,未来在经济上也可能具有可观的竞争力[136]。

核能制氢是高温气冷堆除发电外最重要的用途,将为未来高温堆的应用拓展新的领域。核能制氢技术研发既有利于保持我国高温气冷堆技术的国际领先优势,也为未来氢气的大规模供应提供了一种有效的解决方案,同时可为高温气冷堆工艺热应用开辟新的用途,对我国实现能源战略转变具有重大意义。

核能制氢的优点包括:①产生一个新的市场,使氢可以在电力价格高峰期作为电力(通过燃料电池)出售,或作为运输燃料、工业化学原料出售;②平衡电网的电力需求情况;③开发需要临时储能(如氢气)的可再生能源,平滑需求的波动;④通过与高温电解、热化学循环相结合,使核电站更具成本竞争力和安全性等。

目前,广泛用于发电的压水堆等堆型利用高温水蒸气作为热载体,由于出口温度相对较低,主要用于发电。第四代核能系统论坛(GIF)筛选了六种堆型[包括钠冷快堆(SFR)、气冷快堆(GFR)、铅冷快堆(LFR)、熔盐堆(MSR)、超临界水堆(SCWR 或 SWCR)、超高温气冷堆(VHTR)]作为未来发展的方向,除了经济性、安全性、可持续性等方面的目标外,还希望能有效拓展核能在非发电领域的应用。在这六种堆型中,超高温气冷堆由于具有固有安全性、高出口温度、适宜功率等特点,被认为是非常适合用于制氢的堆型[137]。电力及过程热量产生的核反应堆的分类[138]如图 4.12 所示[18]。

已建立的概念 (established concepts)	压水式反应堆（PWR） 沸水反应堆（BWR） 压水式重水反应堆（PHWR） 高功率通道反应堆（RBMK） 气冷式反应堆（GCR） 先进气冷反应堆（AGCR） 液态金属快增殖反应堆（LMFBR） 水性均质反应堆（AHR）
先进设计和研发 (advanced designs under R&D)	整体式快速反应堆（IFR） 泡沫床反应堆（PBR） 高温气冷式反应堆（HTGCR） 小型、密封、可运输的自主式反应堆（SSTAR） 清洁、环境安全的先进反应堆（CAESAR） 亚临界反应堆（SR） 钍基反应堆（TBR） 先进的重水反应堆（AHWR） 铀233反应堆（KAMINI）
研究中的第六代理论概念 (Generation VI theoretical concepts under research)	超临界水冷反应堆（SCWR） 气冷式快速反应堆（GFR） 铅冷快速反应堆（LFR） 熔盐反应堆（MSR） 钠冷快速反应堆（SFR） 极高温反应堆（VHTR）

图 4.12　核反应堆的分类

在一个核能制氢综合系统中，至少有三个主要功能单元必须协同工作，即核反应堆、发电厂、氢生产厂。铀基燃料（或钍）在裂变反应堆中产生核能，产生的核辐射转换成高温热量，由传热流体输送以供进一步使用。目前，核热主要用于大型发电厂的发电，将来可以将核反应堆的高温热量转移到供应化学过程，最终由水分解产生氢气。此外，核反应堆中存在的核辐射及核燃料处理的所有阶段都可以直接用于从水中产生氢气。

压水式反应（PWR）和压水式重水反应（PHWR）使用水作为冷却剂。在超临界水冷反应堆（SCWR）中，反应堆中水冷却剂的压力保持在临界值 22.1MPa，使得水不沸腾。这简化了设计，将效率提高了 50%，并解决了与安全相关的问题。SCWR 有两种设计选择,分别是可选配压力管或压力容器。加拿大(SCWR-CANDU)和俄罗斯关注压力管的改进开发,法国、日本和韩国正在改进压力容器。

4.4.1.2　利用核能反应堆余热开展热化学循环水分解制氢

核能水分解制氢的路径包括[18]辐射分解、电解、高温水蒸气电解、混合热化学水分解和热化学循环水分解。辐射分解使用核辐射将水分子直接分裂成氢和氧;电解使用来自核能的电来电解水;高温水蒸气电解和混合热化学水分解称为混合型,使用电和高温热来分解水;热化学循环水分解直接使用高温热。

未来的核能制氢系统除了要采用先进的核能系统之外,还要采用先进的制氢工艺,主要要求如下:①原料资源丰富,即利用水分解制氢;②制氢效率高(制氢效率定义为所生产的氢的高热值与制氢所耗能量之比);③制氢过程中不产生温室气体的排放。按照上述要求,目前研发的主流核能制氢技术包括热化学循环(碘硫循环与混合硫循环)和高温水蒸气电解,两者均具有很好的应用前景。

理论上,水热解是最简单的水制氢反应,但存在温度过高、高温氢氧分离等问题,无法用于大规模制氢。为了避免上述问题,采用热化学循环,通过若干化学反应将水的分解分成几步完成,这既可以降低反应温度,又可以避免氢氧分离问题,而循环中所用的其他试剂都可以循环使用。

大多数热化学循环制氢的工作温度范围为 850～2200K。其中,多步热化学循环和混合热化学循环的工作温度大多低于 1200K,热源可以选择核反应堆。图 4.13 显示了各种核电站和化石燃料发电厂的温度范围,以及与碘硫循环、铜氯循环的兼容性。化石燃料发电厂输出的水蒸气温度为 643～853K,具体取决于所使用的燃料,例如天然气或煤粉。在碘硫循环中,步骤 2 在 1123K 的反应热为 371.0kJ/mol,这大约是铜氯循环中步骤 5 的反应热(129.2kJ/mol)的 3 倍。这表明了铜氯循环的另一个优点:高等级的热量需求要小得多。

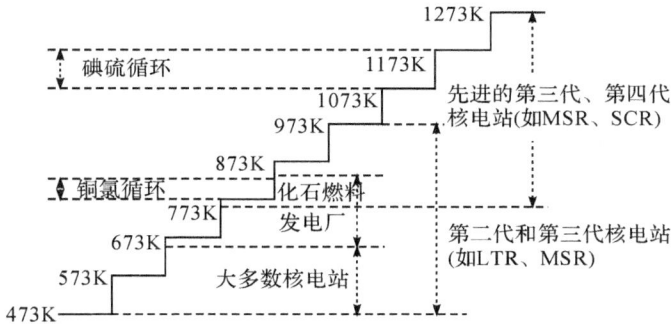

图 4.13　各种核电站和化石燃料发电厂的温度范围以及与
碘硫循环、铜氯循环的兼容性

在铜氯循环中使用的低位热量(<343K)可以占总热输入的约30%(不是净输入),这意味着该循环可以使用发电站的废热或热化学循环中回收的热量。相比之下,碘硫循环不能使用这种低位的热量。此外,碘硫循环所需的大部分热量是高等级的热量,而铜氯循环所需的高等级热量较少。

Shaw Group 和 Westinghouse 开发的制氢综合工厂,采用混合硫工艺和卵石床模块化反应器(pebble bed modular reactor,PBMR),整合设备的配置如图 4.14 所示[18]。在发电方面,该工厂使用标准水蒸气朗肯循环,使用两个热源,包括从混合硫磺工厂回收的热量,以及从 PBMR 反应器的 IHX(氦气)串联耦合的热交换器输出的热量。基于 PMBR 的混合硫(hybrid sulfur process,HyS)设备的单个模块包括 VHTR、IHX、三个氦环回路和 HyS 装置。在一个水蒸气朗肯循环中有四个相连的 PBMR/HyS 模块。PBMR 反应器单元产生 500MW 的热量,同时在主回路将氦气从 700K 加热到 1223K。在 IHX 中,来自主回路的氦气温度降低到 1020K。500MW 热输出中,大约 195MW 通过次级氦气回路被转移到 HyS 过程中,热端温度为 1173K,冷端温度为 970K。由 HyS 循环排出的低位热量(约 100MW 热量)被回收并转移到发电厂。每个 HyS 装置使用发电厂提供的电能约 54MW。电厂单元产生的电能约 600MW,效率高于 38%。工厂产生的总功率中约 62% 被输送到电网,而剩余部分用于为氢生产过程(包括其辅助设备)供电,全厂的总产氢量约为

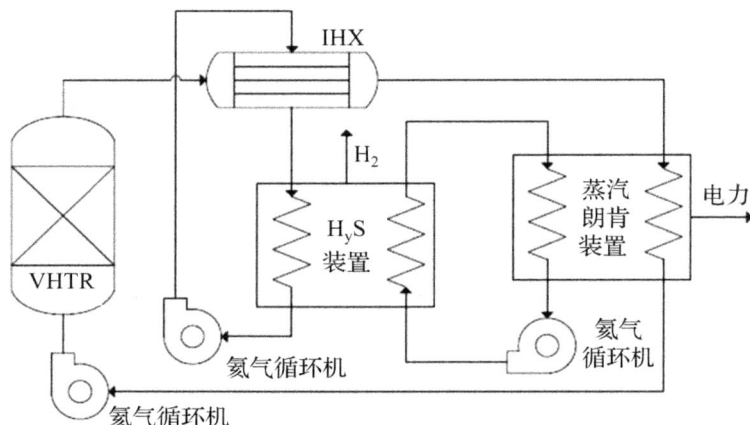

图 4.14　采用混合硫工艺和 PBMR 的一体化制氢工厂

20 万吨/天。

　　超临界水冷反应堆(SCWR)可以和铜氯循环(Cu-Cl 循环)结合来制氢。大多数 SCWR 中传热流体的温度水平可以满足 Cu-Cl 循环中所有步骤的温度要求,而加拿大 CANDU-SCWR 提供的热交换驱动过程则具有最大的差异(＞100K)。对于 S-I 循环,硫酸分解步骤需要 1123K,这是目前 SCWR 技术所不能达到的。虽然 SCWR 在 723K 时可以提供热量给碘化氢(HI)分解步骤,但该反应的热量输入不到 S-I 循环所需总热量的 10%。相比之下,1123K 所需的热量约占循环总热量需求的 90%。因此,SCWR 难以采用 S-I 循环。同样,由于高温要求,混合硫工艺不能与 SCWR 耦合。出于安全考虑,必须开发具有中间换热器的间接传热方法,以便将 SCWR 连接到 Cu-Cl 装置。SCWR 和 Cu-Cl 循环的温度水平也对 SCWR 的热量提取位置具有显著影响,并且 Cu-Cl 循环还将影响 SCWR 的水流布置。水流也可以平行地通过高压涡轮机和低压涡轮机,为取热旁路线路和水流循环布置提供了多种选择[139]。碘硫循环、铜氯循环分别需要接近 900℃和 550℃的温度限制,而 NaOH 循环具有在 400～500℃甚至低于 400℃的温度下操作的潜力,可使用核能作为热源。Marques 等[140]考虑钠冷快堆(SFR)作为热源,基于 NaOH

循环提出和评估理论氢生产装置。除了热力学第一和第二定律之外，系统还根据质量平衡在工程方程求解器（EES）软件中建模。根据建模结果，该系统可以产生 1.321kg/s 的 H_2，相当于 114t/d（这是理论最大值）。此外，NaOH 系统有可能通过更多研究得到改进，因为它处于开发的初始阶段。

El-Emam 和 Khamis[141]研究了核氢生产的进展，分析了国际原子能机构国际合作研究项目的成果。国际原子能机构成功完成了关于核氢生产技术经济方面的协调研究项目（CRP），日本、美国、中国、印度、韩国、加拿大等 11 个核氢生产主要国家参与其中。通过为期四年的 CRP 活动，为解决与核氢生产相关的若干发展关键问题铺平了道路。项目重点是评估潜在核氢生产方案的各种技术和经济方面，CRP 已经完成了关于核氢生产不同系统的四个详细案例研究。基于技术的案例研究的技术和成本参数如表 4.13 所示。

表 4.13　基于案例研究的技术和成本参数

项目	加拿大 CANDU 反应堆	中国清华大学核能与新能源技术研究院（INET）	德国 HTR-Modul 反应堆	日本 JAEA GTHTR300C 反应堆
	EC6	HTR-PM	HTR-Modul	GTHTR300C
核电站技术参数和成本参数				
反应堆技术	先进压水反应堆（APWR）	高温气冷反应堆（HTGR）	高温气冷反应堆（HTGR）	极高温反应堆（VHTR）
单元（unit）数	4	2	2	1
每单元额定热量/MW_{th}	2084	250	170	600
每单元热量输出/MW_{th}	159.58	250	117	170
每单元电力输出/MW_e	629.88	0	21.3	204
容量系数/%	90	90	90	90

续表

反应堆技术	先进压水反应堆（APWR）	高温气冷反应堆（HTGR）	高温气冷反应堆（HTGR）	极高温反应堆（VHTR）
可用性因子/%	100	100	100	100
初始燃料负荷/(kg/单元)	87552	2940	2396	7090
每年燃料重装/(kg/单元)	126000	1014	767	1773
资本成本/(M$/单元)	2243.77	250	599	547
电厂资本成本占资本成本的百分比/%	12.2	0	10	21
燃料成本/($/kg)	137.2	4800	11000	12962
运营成本占资本成本的百分比/%	4.21	3.81	4	3.98
拆撤成本占资本成本的百分比/%	14.75	4	10	0.52

制氢厂技术参数和成本参数

氢技术	Cu-Cl	S-I	SMR	S-I
单元数	1	2	2	1
每单元热输入/MW_{th}	638.36	250	117	170
每单元电力输入/MW_e	273.25	20	21.3	25.4
每单元氢气速率/$(kg \cdot s^{-1})$	4.25	0.68	1.74	0.77
容量系数/%	90	90	90	90
可用性因子/%	100	100	100	100
资本成本/(M$/单元)	400.23	100	203	143
能源消耗成本/(M$)	0	10.5	0	0
运营成本占资本成本的百分比/%	7	5.46	5.0 + 22(CH_4)	4.26
拆撤成本占资本成本的百分比/%	10	5	10	0

注：W_{th} 表示兆瓦热能,是核电中的热能单位;MW_e 表示兆瓦电力,是核电中的电能单位。

González-Rodríguez 等[142]使用化学过程模拟器 AspenHYSYS®,开发了用于评估和优化碘硫循环的计算模型,与用于核氢生产的极高温反应堆相结合。研究考虑了布雷顿循环的能源生产,提出了一种用于硫-碘热化学水分解循环的闭合流程图,并与一个加速器驱动的系统相连接。流程图的优化部分通过布雷顿气体循环耦合到高温核系统(TADSEA),用于热电联产。所提出的模型提出了电力联产的可能性,以提高工艺效率。使用 IHX 型热交换器对碘硫模型的循环进行 TADSEA 耦合,达到 53.27% 的电力转换循环效率。Choi 等[143]研究了高温反应堆碘硫循环(VHTR-SI)热化学制氢过程的实际应用可行性。在硫酸分解反应中,SI 热化学循环的热量需求最高,在压力升高的情况下,保持分解效率接近平衡转化率,将为热交换器的设计提供更大的灵活性。为了确定 VHTR-SI 热化学制氢的最佳压力,研究人员分别在常压($0.4kgf/cm^2$)和升压($5.0kgf/cm^2$)条件下进行加压硫酸分解反应实验,通过测量产生的氧气流速来比较它们的分解效率。研究发现,与高压条件相比,低压条件下的分解效率仅略高,这表明在大气压或高压下可以产生类似的分解效率;根据二维模拟,硫酸溶液的蒸发位置在距第三级加热器绝缘体顶部 160~180mm 范围内。此外,随着分解反应进行至约 5000s,硫酸溶液高度增加至约 340mm,随后硫酸高度稳定收敛于约 280mm,其中液相和气相共存;反应器歧管的温度分布约为 350K,即低于 PTFE(聚四氟乙烯)的耐热性,这表明它作为歧管部分材料的有效性;催化分解反应部分的温度分布,即反应器内石英管中的催化剂发生的分解,约为 950K,略低于实验测量的温度,这可能是由于应用于模拟的函数和物理特性值的不同。Zhang 等[144-145]介绍了清华大学核能与新能源技术研究院 2005 年以来通过碘硫(IS)工艺生产核氢的进展情况。基础研究的亮点包括 Bunsen 反应和 $HI/I_2/H_2SO_4/H_2O$ 系统的分离特性、HI_x 和硫酸相的提纯、用于 HI 酸预浓缩的电-电渗析(electro-electrodialysis)堆的开发,以及用于 HI 和 SO_3 分解的催化剂。在实验结果的基础上,建立并验证了关键单元模拟及整个 IS 过程的方法论和半经验模型。EED 堆成功开发并用于 IS-10 和 IS-100 的闭合循环操作中,HI 有效地浓缩成共沸组合物,这是通过蒸馏进一步浓缩所必需的。研究人

员对 HI 和 SO$_3$ 分解的催化剂进行了深入研究,从几种候选物中选择 Pt-Ir/
AC(活性炭)和 CuCr$_2$O$_4$ 作为两种反应的推荐值。开发了用于模拟整个 IS
过程的方法和模型。建立了两个用于概念验证和实验室规模演示的 IS 设
施,在这些设施上成功进行闭环循环试验,证明了该过程的可行性和可控
性。最后,研究人员还介绍了未来的核氢计划,中试规模的研发将继续进
行,工程材料制成的原型反应堆的开发将成为未来研发的主要项目。

4.4.2　太阳能热化学制氢

4.4.2.1　聚光太阳能系统

利用太阳能来驱动高温吸热化学反应的方法称为太阳能热化学方法
(solar thermochemical processes)。从研究的角度来看,太阳能热化学过程首
先在室内环境中得到证明,以了解过程动态和反应器性能。这是通过使用
高通量太阳模拟器(high flux solar simulator,HFSS)来实现的[146-147]。图 4.15
显示了德国航空航天中心的 HFSS 设施图。HFSS 提供聚光太阳能光源,其
光谱分布可以与太阳光谱分布相匹配。在这种布置中,氙气灯或氩气灯被
放置在高反射椭球反射器的焦点处,并在目标上传递集中的辐射能量。

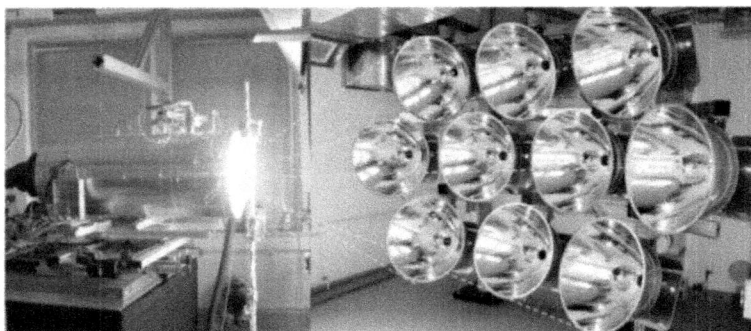

图 4.15　德国航空航天中心的高通量太阳能模拟器

在室内 HFSS 上确定反应器的性能后,在太阳能炉(solar furnace,SF)上
测试它们的实际太阳能输入。典型的太阳能炉由定日镜(heliostat mirror)组

成,将入射的太阳能反射到聚光器,聚光器将其重定向到焦点。对于轴上太阳能炉,该焦点位于定日镜和聚光器之间。这种布置的优点是远离焦点的对称光束分布,以及通过使用百叶窗快门衰减太阳辐射的选择,缺点是将实验平台放置在定日镜和聚光器之间会阻挡一些进入的太阳能。为了解决这个问题,美国国家可再生能源实验室(NREL)和德国航空航天中心已经分别建立了离轴太阳能炉,但这种布置的问题在于光束与焦平面不对称,无法实现最大光学性能。对于需要熔化样品或在坩埚中处理的实验,水平轴太阳能炉不太理想,它会导致早期材料的损失,在后期会在坩埚底部堆积[148]。这个问题已经在垂直轴太阳能炉中得到解决,其焦点在水平面上。

上面讨论的太阳能炉可用于在反应器孔径处具有 10～1000kW 太阳能输入的中试规模示范。然而,商业规模的太阳能热化学工厂将使用定日镜来实现高浓度和更大规模的操作。基于定日镜的太阳能热电厂通常在塔顶部安装接收器,这被称为塔顶排列。对于高温应用,已有研究提出光束向下的太阳能设施[149-150]。在这种布置中,入射在定日镜上的太阳能被反射到安装在塔上的双曲面反射器,该反射器将其重定向到地面上的反应器。反应器和所有辅助设备都位于地面上,易于操作和维护。同时,所有部件和塔架的紧凑布置,可以大大节省热传输系统的成本。光束向下的太阳能设施的主要缺点是需要一个良好支撑的大型双曲面反射器,安装在塔顶布置的大约一半高度,并使用一系列二次集中器来恢复丢失的放大倍数[151]。使用二次集中器,接收器的热辐射损失的降低高于其中发生的光学损耗[152]。根据接收器吸收的净能量,发现最佳定日镜场密度约为 35%。Pitz-Paal 等[153]提出一种算法,对太阳能塔系统的定日镜场的布局进行了优化,在高温热化学过程中实现最大的年度太阳能-化学能转换效率,用于太阳能还原氧化锌和煤气化过程。

全球主要 HFSS 设施位于世界各地的太阳能热化学研究中心,包括瑞士 ETH 和 PSI、德国 DLR、美国明尼苏达大学等(表 4.14)。瑞士 PSI 的 HFSS 设施包括 10 个电加热氙弧灯,可为目标提供高达 50kW 的辐射功率,平均通量为 6800kW/m^2,能够达到超过 3300K 的停滞温度。

表4.14 太阳能热化学过程的室外研究设施和示范项目

序号	机构	设施和示范项目
1	澳大利亚联邦科学与工业研究组织（Commonwealth Scientific and Industrial Research Organisation）[154]	25kW（碟式）、500kW 和 1200kW（太阳塔）太阳能甲烷重整装置
2	日本宫崎大学（University of Miyazak）[155]	100kW 光束下射式（beam-down）聚光器
3	日本新潟大学（Niigata University）和韩国能源研究所（Korea Institute of Energy Research）[156]	5kW 碟式聚光器，45kW 太阳炉
4	中国科学院（Chinese Academy Sciences）[157]	10kW 多碟式聚光器
5	阿联酋马斯达尔科学与技术研究院（Masdar Institute）[158]	100kW 光束下射式装置
6	美国国家可再生能源实验室（National Renewable Energy Laboratory）[159]	10kW 太阳炉
7	墨西哥国立自治大学（Universidad Nacional Autónoma de México）[160]	30kW 太阳炉
8	西班牙阿尔梅里亚太阳能测试平台（Plataforma Solar de Almeria）	5kW 纵轴太阳炉，40kW 和 60kW 太阳炉，7MW 和 2.7MW 太阳塔
9	法国国家科学研究中心过程、材料和太阳能实验室（PROMES-CNRS）	1MW 太阳炉
10	瑞士保罗谢勒研究所（Paul Scherrer Institute）	40kW 太阳炉
11	美国加州大学伯克利分校（University of California, Berkeley）[161]	1MW 太阳能生物质气化装置
12	美国桑迪亚国家实验室（Sandia National Laboratories）[162]	16kW 太阳炉

序号	机构	设施和示范项目
13	德国航空航天中心（Deutsches Zentrum für Luft- und Raumfahrt）[163]	25kW 太阳炉
14	以色列魏茨曼科学研究所（The Weizmann Institute of Science）[164]	1MW 光束下射式聚光器
15	乌兹别克斯坦科学院（Academy of Sciences）[165]	1MW 太阳炉
16	中国科学院（Chinese Academy Sciences）[166]	1MW 太阳炉

4.4.2.2　太阳能热化学循环制氢

太阳能热化学循环具有一定的可行性,其所需温度相对低于聚光太阳能系统提供的温度,并且可以通过现有技术实现。在热化学循环中,氧和氢在不同阶段产生,不存在产物分离的问题,可避免氢氧混合物爆炸。目前,太阳能热化学循环主要分类如图 4.16 所示。

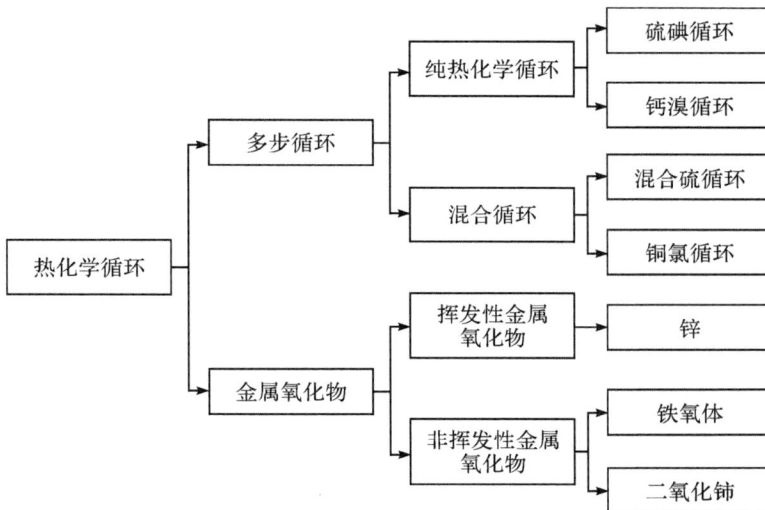

图 4.16　太阳能热化学循环主要分类

大多数热化学循环制氢的工作温度范围为 850～2200K。多步热化学循环的工作温度大多低于 1200K,热源可以选择核反应堆或太阳能;而金属氧化物循环的工作温度高于 1200K,只能由太阳能供热。从成本、能量和热力学角度来看,并非所有太阳能热化学循环都是可行的,因此,需要进行筛选。筛选的标准包括热力学、经济、太阳能、环境和安全等因素。根据筛选研究,两步热化学循环中的金属氧化物循环受到关注。此外,多步热化学循环中的碘硫循环、杂化硫(HyS)、杂化铜氯和溴化钙(UT-3)也受到关注。

不同于多步热化学循环制氢的复杂工艺和腐蚀性化学品要求,基于金属氧化物氧化还原循环的两步法制氢,其化学循环过程简单,无先进腐蚀材料要求,是一种具有前景的制氢体系。金属氧化物循环可以分为挥发性循环和非挥发性循环。在挥发性金属氧化物循环中,金属处于水蒸气状态并且必须快速冷却,以避免与氧气再结合;在非挥发性金属氧化物循环中,更易去除热还原过程中的逸出氧[32,167]。基于铁(Fe)、锌(Zn)和铈(Ce)的热化学循环是目前研究较多的太阳能制氢热化学循环,其中,锌涉及挥发性金属氧化物循环,铁、铈涉及非挥发性金属氧化物循环。

基于金属氧化物的热化学循环的热力学分析总结如表 4.15 所示[168]。Diver 等[169]评估了反向旋转环形反应器(CR5)的效率,在 2300K 和 600K 之间的效率为 36%。然而,对于这个过程,如果假定磁铁矿到维氏体铁(wustite)的整体转换效率为现实的 35%,那么更高的热值(higher heating value,HHV)效率就会下降到 16.7%。通过热量回收,预计 HHV 效率为 76%。Charvin 等[34]评估了太阳能反应器效率,氧化铁为 43.0%～65.2%[浓度比(concentration ratio,CR)为 2000～5000],氧化锌为 31.6%～61.8%(CR 为 2000～5000)。研究人员[168,170-171]估计,氧化铈的热化学循环为 20.2%,有 50% 热量回收的情况为 29.5%。

表4.15　基于金属氧化物的热化学循环的热力学分析总结

循环	效率类型	条件	效率/% 没有热量回收	效率/% 有热量回收	效率定义
铁基热化学循环	第一定律效率	70% 热量回收	35	>60	$\eta_{HHV} = \dfrac{-\Delta H_f}{Q_{heat} + \dfrac{W}{\eta_{he}}}$
		CR5	36	76	$\eta_{HHV} = \dfrac{\dot{n}_{H_2} HHV_{H_2}}{Q_{solar} + \dfrac{W}{0.4}}$
		CR = 2000 ~ 5000	—	10.3 ~ 15.6	$\eta_{overall} = \eta_{optical} \eta_{receiver} \dfrac{F_{H_2} HHV_{H_2}}{Q_{chemical}}$
	第二定律效率	CR = 5000 ~ 10000	20.4 ~ 25.1	50.7 ~ 62.5	$\eta_{exergy} = \dfrac{W_{FC}}{Q_{solar}}$
		CO_2 减排（C-CO） CR = 5000	22 ~ 29	—	$\eta_{exergy} = \dfrac{W_{FC}}{Q_{solar}}$
锌基热化学循环	第一定律效率	CR = 5000 ~ 10000	—	10.1 ~ 18.1	$\eta_{overall} = \eta_{optical} \eta_{receiver} \dfrac{F_{H_2} HHV_{H_2}}{Q_{chemical}}$
	第二定律效率	CR = 5000 ~ 10000	29 ~ 36	—	$\eta_{exergy} = \dfrac{W_{FC}}{Q_{solar}}$
		CO_2 减排（C-CO） CR = 5000	30 ~ 39	—	$\eta_{exergy} = \dfrac{W_{FC}}{Q_{solar}}$
		$[ZnO + CH_4 \longrightarrow Zn + 2H_2 + CO]$	38.6 ~ 40.2	64.9	$\eta_{exergy} = \dfrac{W_{FC,1}}{Q_{solar}}$
		CR = 2000	41.5	49.6	$\eta_{exergy} = \dfrac{W_{FC,2} + W_{HE}}{Q_{input}}$
			36	43.1	$\eta_{exergy} = \dfrac{W_{FC,2} + W_{HE}}{Q_{input}}$

续表

循环	效率类型	条件	效率/%		效率定义
			没有热量回收	有热量回收	
铈基热化学循环	第一定律效率	50% 热量回收	20.2	29.5	$\eta_{\text{solar-to-fuel}} = \dfrac{\text{HHV} \times \dot{n}_{\text{H}_2}}{Q_{\text{solar}}}$
	第二定律效率	CR = 5000	23 ~ 29	—	$\eta_{\text{exergy}} = \dfrac{W_{\text{FC}}}{Q_{\text{solar}}}$

欧盟项目 Hydrosol 已在中试规模验证了基于氧化铁的热化学循环制氢。该反应器具有耐火(碳化硅)多通道蜂窝结构,其涂有水分解复合金属氧化物等氧化还原材料。它通过吸收聚合太阳能,将蜂窝结构加热到所需温度,在其中发生还原和水解反应。气溶胶喷雾热解用于生产水分裂铁氧体,其掺杂有诸如镍和锌的二价金属。结果表明,Ni-Zn 或 Zn 基铁氧体表现出最佳性能,在 1073K 时氢气回收率为 60% ~ 80%。整体式反应器中的氢气产生是间歇性的,当金属再生时没有产率。为了解决这个问题,Konstandopoulos 和 Agrofiotis[172] 提出了一个双反应堆"连续反应堆"室(two-reactor 'conti-reactor' chamber)的概念,并在德国 DLR 的太阳能炉上应用,在试验规模上产生氢气。

锌分解实验研究综述如表 4.16 所示[168]。实验室规模测试的太阳能输入小于 10kW,中试规模工厂的太阳能输入峰值为 140kW。瑞士 PSI 开展较多锌基热化学循环制氢,较多使用旋转腔(ROCA)反应器。在该反应器中,氧化锌通过位于旋转腔后端的螺旋输送器进料。由于旋转腔的向心作用,氧化锌粉末被推向反应器壁,形成 ZnO 层,该 ZnO 层用作腔的热绝缘。ROCA 反应器存在许多问题,如锌和氧重新结合会产生氧化锌;使用惰性气体会导致反应中的冷却效果变差;不能从反应器中回收大部分产物;水冷前端导致热损失和氧化锌在反应器中的分布不均匀等。改进的 ZIRRUS 反应器解决了这些问题,并在太阳能炉上成功运行。

表 4.16　氧化锌分解实验研究综述

序号	反应器类型	Q_{solar}/kW	T/K	转化率/%	效率/%
1	ROCA 反应器	6.3	2000	35	——
2	ZIRRUS 反应器	7.35	1800	90	12
3	ZIRRUS 反应器	8.8	1900	——	14
4	改进的旋转腔接收器	10	1900	>90	——
5	改进的旋转腔接收器	10	1970	——	平均 1.1,最高 3.1
6	改进的旋转腔接收器	10	1822		0.16
7	改进的旋转腔反应器	140	1936	50	

目前,基于氧化铈的热化学循环制氢(表 4.17)已经在实验室规模上进行[168],循环操作和氢气生产的可行性均已被证明,接下去,该技术将向规模示范发展。

表 4.17　基于氧化铈的热化学循环制氢研究综述

序号	反应器类型	Q_{solar}/kW	循环次数	T_{red}/K	T_{ox}/K	效率/%	备注
1	带有多孔整体式二氧化钛的腔式接收器	1.9	500	1913	1173	0.4 ~ 0.8[a]	CO : O_2 =0.2 ~ 2, H_2 : O_2 =1.4 ~ 1.8
2	带有多孔陶瓷毡的腔式接收器	3.6	10	1800	1100	0.09[b], 0.16[c]	H_2O : CO_2 =0.8 ~ 7.7, H_2 : CO =0.25 ~ 2.34
3	带有 RPC 泡沫的腔式接收器	3.8	14	1873	1273	1.73[a], 3.53[c]	CO : O_2 =1.39 ~ 2.06
4	带有双孔 RPC 泡沫的腔式接收器	3.8	20	1773	1273	1.73[b]	反应器中低于 33% CeO_2 装载量
5	带有双孔 RPC 泡沫的腔式接收器	3.8	291	1873	1473	1.72[b]	示范了完整链条
6	直接加热的反应器	45	7	1873	1373	——	H_2 总产量 4573mL
7	固定床反应器	——	55	1473	1123		

$$^a\eta_{\text{solar-to-fuel}} = \frac{r_{\text{fuel}}\Delta H_{\text{fuel}}}{Q_{\text{solar}} + r_{\text{inert}}E_{\text{inert}}};$$

$$^b\eta_{\text{average}} = \frac{\Delta H_{\text{fuel}}\int r_{\text{fuel}}}{\int Q_{\text{solar}} + E_{\text{inert}}\int r_{\text{inert}}};$$

$$^c\eta_{\text{peak}} = \frac{2r_{\text{oxygen}}\Delta H_{\text{fuel}}}{Q_{\text{solar}} + r_{\text{inert}}E_{\text{inert}}}。$$

多步热化学循环制氢主要用于以核反应堆为热源的情况。由于高温气冷反应堆(HTGR)的工作温度约为 1000K,从热力学的角度来看,此温度下产氢的最小反应步骤数为 3。虽然大多数关于多步热化学循环的研究着重于将它们与核反应堆结合起来,但这些循环也可以由太阳能供热。目前,太阳能热化学循环较多关注碘硫循环和杂化硫循环,使用太阳能分解硫酸。对于碘硫循环和杂化硫循环来说,硫酸分解反应 $H_2SO_4 \longrightarrow 1/2O_2 + SO_2 + H_2O$(1073K)是相同的,均涉及 H_2SO_4 蒸发和 SO_3 分解。

蒸发(623~673K):$H_2SO_4(\text{aq}) \longrightarrow H_2SO_4(\text{g}) \longrightarrow SO_3(\text{g}) + H_2O(\text{g})$

分解(1073~1273K):$SO_3(\text{g}) \longrightarrow SO_2(\text{g}) + 1/2O_2(\text{g})$

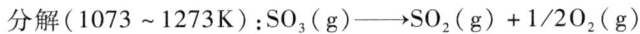

欧盟的氢气化学循环项目(HYdrogen THErmo-chemical Cycles,HYTHEC)[173]和 HycycleS[174]关注硫基热化学循环制氢。在 HYTHEC 项目中,碳化硅容积式反应器中进行了超过 75h 的太阳测试,证明了硫酸分解。尽管反应器的陶瓷部件没有显示出任何腐蚀,但反应器的金属部分和废气在温度低于硫酸冷凝点的任何地方都会发生腐蚀。实验中,硫酸分解反应器效率(能量吸收/总输入能量)为 40%,并且随着反应器规模的扩大,预计效率将达到 70%。

在 HycycleS 项目中,研究人员提出了两个独立反应器的概念[175],用于蒸发和分解反应。考虑到在高温下的操作和所用化学品的腐蚀性,选择 Si—SiC 基陶瓷作为反应器材料,而 Cr-Fe 混合氧化物($Fe_{0.7}Cr_{1.3}O_3$)被发现是最有希望的还原 SO_3 的催化剂[176]。德国 DLR 太阳能炉上测试了上述反应器的硫酸分解,用氧化铁作为催化剂材料,SO_3 分解率约为 90%,净效率为 25%。其中,分解反应器的净效率约为蒸发反应器的一半。该研究小组还进行了 SOL2HY2[177-178]项目,开展 100kW 规模的硫酸分解,致力于分析和优化太阳能及化学(氢气生产)工厂的集成。

膜技术被认为是最有可能提高 IS 工艺热效率和成本效益的方法,该技术有可能显著提高转化率并降低分解反应所需的温度。Myagmarjav 等[179]介绍了太阳能作为 600℃ 热源的膜 IS 工艺制氢,提出在 Bunsen 反应中,使用与阳离子交换膜结合的膜反应器可显著降低所需的 I_2 再循环量($I_2/SO_2 <$ 2);在 H_2SO_4 分解反应中,结合 O_2 - 选择性 SiO_2 基膜的催化膜反应器允许降低的分解温度为 600℃,并且 SO_3 分解转化率显著增加;在 HI 分解反应中,使用掺入 H_2 选择性渗透的 SiO_2 基膜(H_2-permselective SiO_2-based membrane)的膜反应器,通过 H_2 的优先渗透,成功地将平衡转化率从 20% 提高到 48% 以上(在 400℃ 时超过 48%)。Myagmarjav 等[180]还使用来自实验膜反应器的数据,模拟研究分解碘化氢(HI)的二氧化硅膜反应器的潜力,模拟结果与实验结果吻合良好。研究发现,通过使用配备有管状二氧化硅膜的膜反应器,HI 分解的转化率可以在 400℃ 下提高至多 4 倍(80%)或大于平衡转化率(20%)。通过评估 HI 转化率与膜管数量之间的关系,讨论了设计用于 HI 分解热化学碘-硫过程的膜反应器模块的特征。

4.5　本章小结

热化学循环制氢是获得氢能的一种重要方式。本章对热化学循环制氢的分类、热力学原理、反应体系、制氢能效及实验研究等进行了分析。

热化学循环分解水制氢是当前研究的热点。1964—1972 年是热化学循环分解水制氢的萌芽阶段;1973 年石油危机之后,人们开始努力从碳氢化合物转向氢能经济,相关研究保持了十多年的增长趋势;随着石油市场的稳定,1985—2002 年,相关研究较少;2002 年后,随着人们对气候变化日渐重视,热化学循环分解水制氢的研究呈现爆发式增长。

两步热化学循环分解水具有工艺简单、能量利用效率高等优点,是目前国际上的研究热点之一。目前常见的一元金属氧化物体系包括 Fe_3O_4/FeO 循环、Zn/ZnO 循环、SnO/SnO_2 循环、CeO_2/Ce_2O_3 循环等,常与聚合太阳能系统结合。尖晶石结构的铁酸盐 MFe_2O_4 是当前复合金属氧化物体系研究的热点,它能够在高温条件下脱去结构中氧原子而形成氧缺位,钙钛矿型也得到较多研究。$MnFe_2O_4-Na_2CO_3$ 体系是目前唯一具有较好发展前景的掺杂制氢体系,能相对降低反应温度,提高产氢量。近年来,钐循环和铒循环得到了较多关注。

从热力学原理来看,多步热化学循环比直接分解热力学更有优势。多步热化学循环涉及的最低反应温度介于 298K 和 1000K 之间。大多数多步循环的开发目标是使用高温气冷反应堆(HTGR)即核热作为其热能源,最高温度被限制在约 1200K。UT-3 循环、碘硫循环能够在 1200K 以下工作,具有较好的应用前景。HI 以可行的反应速率分解,必须在反应体系中应用催化剂。催化膜反应器可显著增加 HI 转化率,具有实际应用的潜力。

目前,混合循环反应体系主要有热电化学循环、热光电化学循环、热辐射化学循环三种类型。在混合热电化学循环中,Cl 和 Cu 的出现率最高,其次为 S,在纯热化学循环中较常使用的 Fe 使用率较低。热光电化学循环可以改进纯热化学方法,涉及最大工艺温度的降低,产率和总反应动力学的改进,以及化学分离的改进。

在新能源热化学制氢技术中,考虑核能反应堆余热的温度范围,碘硫循环、铜氯循环具有较好的兼容性,美国、日本、中国、法国、德国等国家已开展核能反应堆与碘硫循环、铜氯循环结合制氢的研究。对于聚光太阳能系统,金属氧化物循环、碘硫循环、杂化硫(HyS)、杂化铜氯和溴化钙是最受欢迎的多步热化学循环。

参考文献

［1］Baykara S Z. Experimental solar water thermolysis［J］. International Journal of Hydrogen Energy,2004,29(14):1459-1469.

［2］Funk J E. Thermochemical hydrogen production：Past and present［J］. International Journal of Hydrogen Energy,2001,26(3):185-190.

［3］Lede J, Lapicque F, Villermaux J, et al. Production of hydrogen by direct thermal decomposition of water：Preliminary investigations［J］. International Journal of Hydrogen Energy,1982,7:939-950.

［4］Kogan A. Direct solar thermal splitting of water and on-site separation of the products—Ⅳ. Development of porous ceramic membranes for a solar thermal water-splitting reactor［J］. International Journal of Hydrogen Energy,2000,25(11):1043-1050.

［5］吕梁, 王黎明, 张祎, 等. 利用太阳光直接分解水制氢的反应装置：CN201210232610.5［P］. 2012-11-14.

［6］Norskov J K, Christensen C H. Toward efficient hydrogen production at surfaces［J］. Science,2006,312(5778):1322-1323.

［7］Damen K, Van Troost M, Faaij A, et al. A comparison of electricity and hydrogen production systems with CO_2 capture and storage—Part B：Chain analysis of promising CCS options［J］. Progress in Energy & Combustion Science,2006,33(6):580-609.

［8］Brown L C. High efficiency generation of hydrogen fuels using nuclear power for the period［R/OL］.(2002-09-01)［2021-08-20］. https://digital.library.unt.edu/ark:/67531/metadc741682/m2/1/high_res_d/801436.pdf.

［9］Funk J E, Reinstrom R M. Final report energy depot electrolysis systems study［R］. TID 20441(EDR 3714),1964,Vol.2,Suppl.A.

［10］Funk J E, Reinstrom R M. Energy requirement in the production of hydrogen from water［J］. Industrial&Engineering Chemistry Process Design and Development,1966,5(3):336-342.

［11］Beghi G E. A decade of research on thermochemical hydrogen at the joint research centre, Ispra［J］. Hydrogen Systems,1986,11(12):761-771.

［12］Brown L C, Besenbruch G E, Schultz K R, et al. High efficiency generation of hydrogen fuels using thermochemical cycles and nuclear power[R]. General Atomics Report GA-A24326,2002.

[13]Abanades S, Charvin P, Flamant G, et al. Screening of water-splitting thermochemical cycles potentially attractive for hydrogen production by concentrated solar energy [J]. Energy,2006,31(14):2805-2822.

[14]Rosen M A. Advances in hydrogen production by thermochemical water decomposition: A review[J]. Energy,2010,35(2):1068-1076.

[15]Perret R. Solar Thermochemical hydrogen production research (STCH): Thermochemical cycle selection and investment priority[R/OL]. (2011-05-01)[2021-08-20]. https://www.energy.gov/sites/prod/files/2014/03/f9/solar_thermo_h2.pdf.

[16]Kodama T. High-temperature solar chemistry for converting solar heat to chemical fuels[J]. Progress in Energy and Combustion Science,2003,29(6):567-597.

[17]Steinfeld A. Solar thermochemical production of hydrogen: A review[J]. Solar Energy,2005,78(5):603-615.

[18]Naterer G F, Dincer I, Zamfirescu C. Hydrogen Production from Nuclear Energy [M]. London: Springer,2015.

[19]Sattler C, Roeb M, Agrafiotis C, et al. Solar hydrogen production via sulphur based thermochemical water-splitting[J]. Solar Energy,2017,156:30-47.

[20]张磊,张平,王建晨.金属氧化物热化学循环分解水制氢热力学基础及研究进展 [J].太阳能学报,2006,27(12):1263-1269.

[21]廖晓垣.热化学循环制氢的热力学基础[J].化学通报,1983(3):37-41,50.

[22]Dincer I, Balta M T. Potential thermochemical and hybrid cycles for nuclear-based hydrogen production[J]. International Journal of Energy Research,2011,35(2):123-137.

[23]Nakamura T. Hydrogen production from water utilizing solar heat at high temperatures [J]. Solar Energy,1977,19(5):467-475.

[24]Bilgen E, Bilgen C. Solar hydrogen production using two-step thermochemical cycles [J]. International Journal of Hydrogen Energy,1982,7(8):637-644.

[25]McQuillan B W, Brown L C, Besenbruch G E, et al. High efficiency generation of hydrogen fuels using solar thermal-chemical splitting of water[R]. General Atomics Project 3022,2010.

[26] Ewan B C R. Assessing the efficiency limits for hydrogen production by thermochemical cycles[C]//AIChE Annual Meeting,2005.

[27] Bulfin B, Vieten J, Agrafiotis C, et al. Applications and limitations of two step metal oxide thermochemical redox cycles: A review[J]. Journal of Materials Chemistry A, 2017(36):5.

[28] Fresno F, Fernández-Saavedra R, Gómez-Mancebo M B, et al. Solar hydrogen production by two-step thermochemical cycles: Evaluation of the activity of commercial ferrites[J]. International Journal of Hydrogen Energy,2009,34(7):2918-2924.

[29] Weidenkaff A, Steinfeld A, Wokaun A, et al. Direct solar thermal dissociation of zinc oxide: Condensation and crystallisation of zinc in the presence of oxygen[J]. Solar Energy,1999,65(1):59-69.

[30] Weibel D, Jovanovic Z R, Elena-Gálvez, et al. Mechanism of Zn particle oxidation by H_2O and CO_2 in the presence of ZnO[J]. Chemistry of Materials,2014,26(22): 6486-6495.

[31] Bhosale R, Kumar A, Almomani F, et al. Solar thermochemical $ZnO/ZnSO_4$ water splitting cycle for hydrogen production[J]. International Journal of Hydrogen Energy, 2017,22(1):54.

[32] Loutzenhiser P G, Meier A, Steinfeld A. Review of the two-step H_2O/CO_2-splitting solar thermochemical cycle based on Zn/ZnO redox reactions[J]. Materials,2010,3 (11):4922-4938.

[33] Weidenkaff A, Reller A W, Wokaun A, et al. Thermogravimetric analysis of the ZnO/Zn water splitting cycle[J]. Thermochimica Acta,2000,359(1):69-75.

[34] Charvin P, Stéphane A, Florent L, et al. Analysis of solar chemical processes for hydrogen production from water splitting thermochemical cycles[J]. Energy Conversion & Management,2008,49(6):1547-1556.

[35] Villasmil W, Brkic M, Wuillemin D, et al. Pilot scale demonstration of a 100-kW$_{th}$, solar thermochemical plant for the thermal dissociation of ZnO[J]. Journal of Solar Energy Engineering,2013,136(1):011016.

[36] Koepf E, Villasmil W, Meier A. Demonstration of a 100-kW$_{th}$ high-temperature solar thermochemical reactor pilot plant for ZnO dissociation[J]. AIP Conference Proceedings,2016,1734(1):120005.

[37]Lindemer M D, Advani S G, Prasad A K. Experimental investigation of heterogeneous hydrolysis with Zn vapor under a temperature gradient[J]. International Journal of Hydrogen Energy,2017,42(12):7847-7856.

[38]Abanades S, Charvin P, Lemont F, et al. Novel two-step SnO_2/SnO water-splitting cycle for solar thermochemical production of hydrogen[J]. International Journal of Hydrogen Energy,2008,33(21):6021-6030.

[39]颜志鹏,崇明本,程党国,等.纯与掺杂 CeO_2 的氧化还原性质及其催化领域的应用[J].化学进展,2008,20(7):1037-1043.

[40]Abanades S, Flamant G. Thermochemical hydrogen production from a two-step solar-driven water-splitting cycle based on cerium oxides[J]. Solar Energy,2006,80(12):1611-1623.

[41]Chueh W, Haile S. Ceria as a thermochemical reaction medium for selectively generating syngas or methane from H_2O and CO_2[J]. Chemsuschem,2009,2(8):735-739.

[42]Chueh W C, Falter C, Abbott M, et al. High-flux solar-driven thermochemical dissociation of CO_2 and H_2O using nonstoichiometric ceria[J]. Science,330(6012):1797-1801.

[43]Chueh W C, Haile S M. A thermochemical study of ceria:Exploiting an old material for new modes of energy conversion and CO_2 mitigation[J]. Philosophical Transactions of the Royal Society A:Mathematical, Physical and Engineering Sciences,2010,368(1923):3269-3294.

[44]Lu Y, Zhu L, Agrafiotis C, et al. Solar fuels production:Two-step thermochemical cycles with cerium-based oxides[J]. Progress in Energy and Combustion Science,2019,75:100785.

[45]Kaneko H, Miura T, Ishihara H, et al. Reactive ceramics of CeO_2-MO_x(M = Mn, Fe, Ni, Cu) for H_2 generation by two-step water splitting using concentrated solar thermal energy[J]. Energy,2007,32(5):656-663.

[46]Le Gal A, Abanades S. Catalytic investigation of ceria-zirconia solid solutions for solar hydrogen production[J]. International Journal of Hydrogen Energy,2011,36(8):4739-4748.

[47]Le Gal A, Abanades S. Dopant incorporation in ceria for enhanced water-splitting activity during solar thermochemical hydrogen generation[J]. The Journal of Physical

Chemistry C,2012,116(25):13516-13523.

[48] Bhosale R, Kumar S, Almomani F, et al. Solar hydrogen production via a samarium oxide-based thermochemical water splitting cycle[J]. Energies,2016,9(5):1-15.

[49] Bhosale R R, Sutar P, Kumar A, et al. Solar hydrogen production via erbium oxide based thermochemical water splitting cycle[J]. Journal of Renewable and Sustainable Energy,2016,8(3):034702.

[50] Bhosale R R, Kumar A, Almomani F, et al. A comparative thermodynamic analysis of samarium and erbium oxide based solar thermochemical water splitting cycles[J]. International Journal of Hydrogen Energy,2017,42(37):23416-23426.

[51] 张春雷,彭少逸. 氧缺位铁酸盐 $MFe_2O_{4-\delta}$ 的性质研究[J]. 高等学校化学学报, 1998,19(10):1537-1541.

[52] Ehrensberger K, Frei A, Kuhn P, et al. Comparative experimental investigations of the water-splitting reaction with iron oxide $Fe_{1-y}O$ and iron manganese oxides (Fe_{1-x} $Mn_x)_{1-y}O$[J]. Solid State Ionics,1995,78(1-2):151-160.

[53] Tamaura Y, Kojima N, Hasegawa N, et al. Stoichiometric studies of H_2 generation reaction for $H_2O/Zn/Fe_3O_4$ system[J]. International Journal of Hydrogen Energy, 2001,26(9):917-922.

[54] Kaneko H, Kojima N, Hasegawa N, et al. Reaction mechanism of H_2 generation for $H_2O/Zn/Fe_3O_4$ system[J]. International Journal of Hydrogen Energy,2002,27(10): 1023-1028.

[55] Tamaura Y, Uehara R, Hasegawa N, et al. Study on solid-state chemistry of the $ZnO/Fe_3O_4/H_2O$ system for H_2 production at 973-1073 K[J]. Solid State Ionics, 2004,172(1-4):121-124.

[56] Kaneko H, Kodama T, Gokon N, et al. Decomposition of Zn-ferrite for O_2 generation by concentrated solar radiation[J]. Solar Energy,2004,76(1-3):317-322.

[57] Kaneko H, Gokon N, Hasegawa N, et al. Solar thermochemical process for hydrogen production using ferrites[J]. Energy,2005,30(11):2171-2178.

[58] Aoki H, Kaneko H, Hasegawa N, et al. The $ZnFe_2O_4/(ZnO+Fe_3O_4)$ system for H_2 production using concentrated solar energy[J]. Solid State Ionics Diffusion & Reactions,2004,172(1-4):113-116.

[59] Takahashi Y, Aoki H, Kaneko H, et al. Oxygen-gas-releasing reaction of Zn ferrite

by Xe lamp beam irradiation in air at 1800K[J]. Solid State Ionics,2004,172(1):89-91.

[60] Tamaura Y, Kaneko H. Oxygen-releasing step of $ZnFe_2O_4/(ZnO + Fe_3O_4)$-system in air using concentrated solar energy for solar hydrogen production[J]. Solar Energy, 2005,78(5):616-622.

[61] Kojima M, Sano T, Wada Y, et al. Thermochemical decomposition of H_2O to H_2 on cation-excess ferrite[J]. Journal of Physics & Chemistry of Solids,1996,34(57): 1757-1763.

[62] Tamaura Y, Kojima M, Sano T, et al. Thermodynamic evaluation of water splitting by a cation-excessive (Ni, Mn) ferrite[J]. International Journal of Hydrogen Energy, 1998,23(12):1185-1191.

[63] Haeussler A, Abanades S, Jouannaux J, et al. Non-stoichiometric redox active perovskite materials for solar thermochemical fuel production: A Review[J]. Catalysts, 2018,8(12):611.

[64] Evdou A, Zaspalis V, Nalbandian L. $La_{1-x}Sr_xFeO_{3-\delta}$ perovskites as redox materials for application in a membrane reactor for simultaneous production of pure hydrogen and synthesis gas[J]. Fuel,2010,89(6):1265-1273.

[65] Azcondo M T, Orfila M, Marugán J, et al. Novel perovskite materials for thermal water splitting at moderate temperature[J]. ChemSusChem,2019,12(17):4029-4037.

[66] 王路路,Al-Mamun M,刘珀润,等. 钙铝掺杂镧锰钙钛矿高效催化剂用于两步法热化学分解水取得出色产氢表现[J]. 催化学报,2017(6):1079-1086.

[67] Wang L, Al-Mamun M, Liu P, et al. Notable hydrogen production on $La_xCa_{1-x}CoO_3$ perovskites via two-step thermochemical water splitting[J]. Journal of Materials Science,2018,53(9):6796-6806.

[68] Wei Y G, Wang H, Li K Z, et al. Preparation and performance of Ce/Zr mixed oxides for direct conversion of methane to syngas[J]. Journal of Rare Earths,2007, 25(s1):110-114.

[69] Gokon N, Takahashi S, Yamamoto H, et al. Thermochemical two-step water-splitting reactor with internally circulating fluidized bed for thermal reduction of ferrite particles [J]. International Journal of Hydrogen Energy,2008,33(9):2189-2199.

[70] Hoskins A L, Millican S L, Czernik C E, et al. Continuous on-sun solar thermochem-

ical hydrogen production via an isothermal redox cycle[J]. Applied Energy, 2019, 249:368-376.

[71]Ruan C, Tan Y, Li L, et al. A novel $CeO_{2-x}SnO_2/Ce_2Sn_2O_7$ pyrochlore cycle for enhanced solar thermochemical water splitting [J]. AIChE Journal, 2017, 63 (8): 3450-3462.

[72]Orfila M, Linares M, Molina R, et al. Thermochemical hydrogen production using manganese cobalt spinels as redox materials[J]. International Journal of Hydrogen Energy, 2017, 42(19):13532-13543.

[73]Tamaura Y, Ueda Y, Matsunami J, et al. Solar hydrogen production by using ferrites [J]. Solar Energy, 1999, 65(1):55-57.

[74]Kaneko H, Hosokawa Y, Gokon N, et al. Enhancement of O_2-releasing step with Fe_2O_3 in the water splitting by $MnFe_2O_4$-Na_2CO_3 system[J]. Journal of Physics & Chemistry of Solids, 2001, 62(7):1341-1347.

[75]Kaneko H, Hosokawa Y, Kojima N, et al. Studies on metal oxides suitable for enhancement of the O_2-releasing step in water splitting by the $MnFe_2O_4$-Na_2CO_3 system [J]. Energy, 2001, 26(10):919-929.

[76]Seralessandri L, Varsano F, Barbera A L, et al. On the oxygen-releasing step in the water-splitting thermochemical cycle by $MnFe_2O_4$-Na_2CO_3 system[J]. Scripta Materialia, 2006, 55(10):875-877.

[77]Seralessandri L, Bellusci M, Padella F, et al. The oxygen-releasing step in the water splitting cycle by $MnFe_2O_4$-Na_2CO_3 system[J]. International Journal of Hydrogen Energy, 2009, 34(10):4546-4550.

[78]Sano T, Kojima M, Hasegawa N, et al. Thermochemical water-splitting by a carbon-bearing Ni(II) ferrite at 300℃ [J]. International Journal of Hydrogen Energy, 1996, 21(9):781-787.

[79]Chao R E. Thermochemical water decomposition processes[J]. Industrial & Engineering Chemistry Product Research and Development, 1974, 13(2):94-101.

[80]Abraham B M, Schreiner F. General principles underlying chemical cycles which thermally decompose water into the elements[J]. Industrial & Engineering Chemistry Fundamentals, 1974, 13(4):299-302.

[81]Olmos F, Hennessy B P, Manousiouthakis I V, et al. Thermodynamic feasibility anal-

ysis of a water-splitting thermochemical cycle based on sodium carbonate decomposition[J]. International Journal of Hydrogen Energy,2019,44(8):4041-4061.

[82]张平,于波,陈靖,等.热化学循环分解水制氢研究进展[J].化学进展,2005(4):643-650.

[83]Kodama T, Gokon N. Two-step thermochemical cycles for high-temperature solar hydrogen production[J]. Advances in Science and Technology,2010,72(51):119-128.

[84]Sakurai M, Tsutsumi A, Yoshida K. Improvement of Ca-pellet reactivity in UT-3 thermochemical hydrogen production cycle[J]. International Journal of Hydrogen Energy,1995,20(4):297-301.

[85]Lemort F, Charvin P, Lafon C, et al. Technological and chemical assessment of various thermochemical cycles:From the UT-3 cycle up to the two steps iron oxide cycle[J]. International Journal of Hydrogen Energy,2006,31(14):2063-2075.

[86]Lemort F, Lafon C, Dedryvere R, et al. Physicochemical and thermodynamic investigation of the UT-3 hydrogen production cycle:A new technological assessment[J]. International Journal of Hydrogen Energy,2006,31(7):906-918.

[87]Önay B, Saito Y. Corrosion behavior of Fe-20Cr and Ni-20Cr alloys in Ar-H_2O-HBr gas mixtures at 1000K[J]. Oxidation of Metals,1993,40(1-2):65-83.

[88]Smudde G H, Bailey W I, Felker B S, et al. Materials selection for HBr service[J]. Corrosion Science,1995,37(12):1931-1946.

[89]王书婕,王智化,朱俏俏,等.硫碘制氢碘化氢分解和硫酸浓缩的模拟及优化[J].太阳能学报,2014,35(10):1863-1868.

[90]刘建波,张彦威,王智化,等.Y型沸石及改性催化剂对碘化氢催化分解的研究[J].太阳能学报,2014,35(4):726-730.

[91]Nguyen T D B, Gho Y K, Cho W C, et al. Kinetics and modeling of hydrogen iodide decomposition for a bench-scale sulfur-iodine cycle[J]. Applied Energy,2014,115:531-539.

[92]Kim H S, Keum Y S, Kim Y H, et al. Characteristics of Bunsen reaction using HI_x solution (HI-I_2-H_2O) in a co-current flow mode for the sulfur-iodine hydrogen production process [J]. International Journal of Hydrogen Energy, 2016, 41 (25):10530-10537.

[93]Guo H F, Zhang P, Bai Y, et al. Continuous purification of HSO and HI phases by

packed column in IS process[J]. International Journal of Hydrogen Energy, 2010, 35(7):2836-2839.

[94] Kim H S, Park H K, Kim Y H, et al. Effects of operating parameters on the pressurized Bunsen reaction for the integrated operation of sulfur-iodine hydrogen production process[J]. International Journal of Hydrogen Energy, 2016, 41(34):15133-15140.

[95] Kim H S, Park H K, Kim Y H, et al. A convenient method for phase separation and composition determination of the Bunsen reaction products in sulfur-iodine hydrogen production process[J]. International Journal of Hydrogen Energy, 2016, 42(7): 3955-3962.

[96] 朱俏俏, 张彦威, 王智化, 等. 水量对于 Bunsen 反应分层特性影响的实验研究 [J]. 太阳能学报, 2014, 35(2):360-365.

[97] DeBeni G, Pierini G, Spelta B. The reaction of sulphur dioxide with water and a halogen. The case of iodine: Reaction in presence of organic solvents[J]. International Journal of Hydrogen Energy, 1980, 5(2):141-149.

[98] Giaconia A, Caputo G, Sau S, et al. Survey of Bunsen reaction routes to improve the sulfur-iodine thermochemical water-splitting cycle[J]. International Journal of Hydrogen Energy, 2009, 34(9):4041-4048.

[99] Taylor M L, Rachael H E, Styring P, et al. Improved solvation routes for the Bunsen reaction in the sulphur iodinethermochemical cycle: Part Ⅱ -Molecular solvent properties[J]. International Journal of Hydrogen Energy, 2013, 38(4):1775-1783.

[100] Barbarossa V, Vanga G, Diamanti M, et al. Chemically enhanced separation of H_2SO_4/HI mixtures from the Bunsen reaction in the sulfur-iodine thermochemical cycle[J]. Industrial & Engineering Chemistry Research, 2009, 48(19):9040-9044.

[101] Nomura M, Nakao S I, Okuda H, et al. Development of an electrochemical cell for efficient hydrogen production through the IS process[J]. AIChE Journal, 2015, 50(8):1991-1998.

[102] Nomura M, Okuda H, Kasahara S, et al. Optimization of the process parameters of an electrochemical cell in the IS process[J]. Chemical Engineering Science, 2005, 60(24):7160-7167.

[103] Nomura M, Fujiwara S, Ikenoya K, et al. Application of an electrochemical membrane reactor to the thermochemical water splitting IS process for hydrogen production

[J]. Journal of Membrane Science,2004,240(1):221-226.

[104]应芝,张彦威,周俊虎,等.硫碘循环中电化学 Bunsen 反应特性研究[J].太阳能学报,2017(1):106-111.

[105]Singhania A, Bhaskarwar A N. Development of catalysts for hydrogen production from hydrogen iodide decomposition in thermo-chemical water-splitting sulfur-iodine cycle: A review[J]. Catalysis Reviews,2017,59(4):446-489.

[106]O'Keefe D R, Norman J H, Williamson D G. Catalysis research in thermochemical water-splitting processes[J]. Catalysis Reviews,1980,22(3):325-369.

[107]Zhang Y, Zhou J, Wang Z, et al. Catalytic thermal decomposition of hydrogen iodide in sulfur-iodine cycle for hydrogen production[J]. Applied Energy,2008,130(2):396-402.

[108]Wang Z, Chen Y, Zhou C, et al. Decomposition of hydrogen iodide via wood-based activated carbon catalysts for hydrogen production[J]. International Journal of Hydrogen Energy,2011,36(1):216-223.

[109]Petkovic L M, Ginosar D M, Rollins H W, et al. Activated carbon catalysts for the production of hydrogen via the sulfur-iodine thermochemical water splitting cycle[J]. International Journal of Hydrogen Energy,2009,34(9):4057-4064.

[110]Wang Z, Wang L, Chen S, et al. Decomposition of hydrogen iodide over Pt-Ir/C bimetallic catalyst[J]. International Journal of Hydrogen Energy,2010,35(17):8862-8867.

[111]Xu L, Wang L, Zhang P, et al. INET's catalysts study for HI decomposition in the thermochemical water-splitting iodine-sulfur process for hydrogen production[J]. International Journal of Hydrogen Energy,2016,42(6):3593-3597.

[112]Zhang Y, Zhou J, Yun C, et al. Hydrogen iodide decomposition over nickel-ceria catalysts for hydrogen production in the sulfur-iodine cycle[J]. International Journal of Hydrogen Energy,2008,33(20):5477-5483.

[113]Collins J, Ngo T, Qu D, et al. Spectroscopic investigations of sequential nitric acid treatments on granulated activated carbon: Effects of surface oxygen groups on π density[J]. Carbon,2013,57:174-183.

[114]Zhao J G, Yang L X, Li F Y, et al. Electrical property evolution in the graphitization process of activated carbon by high-pressure sintering[J]. Solid State Sciences,

2008,47(3):744-751.

[115]Szczygielska A, Burian A, Duber S, et al. Radial distribution function analysis of the graphitization process in carbon materials[J]. Journal of Alloys and Compounds, 2001,328(1-2):231-236.

[116]Zhou C, Wang L, Chen S, et al. Experimental investigation of reaction kinetics of gas-liquid-solid Bunsen reaction in iodine-sulfur process[J]. International Journal of Hydrogen Energy,2019,44(10):4608-4615.

[117]Myagmarjav O, Tanaka N, Nomura M, et al. Hydrogen production tests by hydrogen iodide decomposition membrane reactor equipped with silica-based ceramics membrane[J]. International Journal of Hydrogen Energy,2017,42(49):29091-29100.

[118]Heske C, Moujaes S, Weimer A, et al. High efficiency generation of hydrogen fuels using solar thermochemical splitting of water[R]. Office of Scientific & Technical Information Technical Reports,2011.

[119]Lewis M A, Masin J G. The evaluation of alternative thermochemical cycles-Part Ⅱ: The down-selection process[J]. International Journal of Hydrogen Energy, 2009, 34(9):4125-4135.

[120]Dokiya M, Kotera Y. Hybrid cycle with electrolysis using Cu-Cl system[J]. International Journal of Hydrogen Energy,1976,1(2):117-121.

[121]Naterer G F, Suppiah S, Stolberg L, et al. Progress of international program on hydrogen production with the copper-chlorine cycle[J]. International Journal of Hydrogen Energy,2014,39(6):2431-2445.

[122]Ishaq H, Dincer I. A comparative evaluation of three Cu-Cl cycles for hydrogen production[J]. International Journal of Hydrogen Energy,2019,44(16):7958-7968.

[123]Soltani R, Dincer I, Rosen M A. Kinetic and electrochemical analyses of a CuCl/HCl electrolyzer[J]. International Journal of Energy Research, 2019, 43(13): 6890-6906.

[124]Fujishima A, Honda K. Electrochemical photolysis of water at a semiconductor electrode[J]. Nature,1972,238(5358):37-38.

[125]陈晶澈. 基于二氧化钛基材料的光热化学循环分解水制氢实验研究[D]. 杭州: 浙江大学,2016.

[126]Maeda K, Domen K. New non-oxide photocatalysts designed for overall water split-

ting under visible light [J]. Journal of Physical Chemistry C, 2007, 111 (22):
7851-7861.

[127] 李曹龙. CdS-TiO₂ 的形貌结构调控及其光解水产氢性能研究[D]. 上海:上海交通大学, 2011.

[128] Ritterskamp P, Kukya A, Wustkamp M A, et al. A titanium disilicide derived semi-conducting catalyst for water splitting under solar radiation-reversible storage of oxygen and hydrogen [J]. Angewandte Chemie International Edition, 2007, 46 (41):
7770-7774.

[129] Zamfirescu C, Naterer GF, Dincer I. Solar Light-Based Hydrogen Production Systems[M]//Anwar S. Encyclopedia of Energy Engineering and Technology. Oxford-shire: Taylor Francis, 2014.

[130] Ohta T, Asakura S, Yamaguchi M, et al. Photochemical and thermoelectric utilization of solar energy in a hybrid water-splitting system[J]. International Journal of Hydrogen Energy, 1976, 1 (2):113-116.

[131] Kalyva A E, Vagia E C, Konstandopoulos A G, et al. Hybrid photo-thermal sulfur-ammonia water splitting cycle: Thermodynamic analysis of the thermochemical steps [J]. International Journal of Hydrogen Energy, 2017, 42 (15):9533-9544.

[132] Xu C, Zhang Y, Chen J, et al. Enhanced mechanism of the photo-thermochemical cycle based on effective Fe-doping TiO₂ films and DFT calculations[J]. Applied Catalysis B: Environmental, 2017, 204:324-334.

[133] von Federsdorff C G. Non-fossil fuel process for production of hydrogen and oxygen: US3802993[P]. 1974-04-09.

[134] Bamberger C E. Hydrogen production from water by thermochemical cycles: a 1977 update[J]. Cryogenics, 1978, 18 (3):170-183.

[135] Forsberg C W. Hydrogen, nuclear energy, and the advanced high-temperature reactor[J]. International Journal of Hydrogen Energy, 2003, 28 (10):1073-1081.

[136] Verfondern K. Hydrogen Production Using Nuclear Energy[M]. IAEA, 2013.

[137] International Atomic Energy Agency. Hydrogen as an energy carrier and its production by nuclear power[R]. Vienna: International Atomic Energy Agency, 1999.

[138] Abu-Khader M M. Recent advances in nuclear power: A review[J]. Progress in Nuclear Energy, 2009, 51 (2):225-235.

[139]Wang Z L , Naterer G F , Gabriel K S , et al. SCWR-hydrogen plant thermal integration[J]. Nuclear Engineering International,2011,56(684):18-20.

[140]Marques J G O, Costa A L, Pereira C. Na, O, H thermochemical water splitting cycle: A new approach in hydrogen production based on sodium cooled fast reactor [J]. International Journal of Hydrogen Energy,2018,43(16):7738-7753.

[141]El-Emam R S, Khamis I. Advances in nuclear hydrogen production: Results from an IAEA international collaborative research project[J]. International Journal of Hydrogen Energy,2018,44(35):19080-19088.

[142]González-Rodríguez D, de Oliveira Lira C A B, García-Parra L R, et al. Computational model of a sulfur-iodine thermochemical water splitting system coupled to a VHTR for nuclear hydrogen production[J]. Energy,2018,147:1165-1176.

[143]Choi J S, Choi J H. Experiment and numerical analysis for sulfuric acid decomposition reaction for applying hydrogen by nuclear[J]. International Journal of Hydrogen Energy,2015,40(25):7932-7942.

[144]Zhang P, Wang L J, Chen S Z, et al. Progress of nuclear hydrogen production through the iodine-sulfur process in China[J]. Renewable and Sustainable Energy Reviews,2017,81:1802-1812.

[145]Zhang P, Chen S Z, Wang L J, et al. Overview of nuclear hydrogen production research through iodine sulfur process at INET[J]. International Journal of Hydrogen Energy,2010,35(7):2883-2887.

[146]Petrasch J, Coray P, Meier A, et al. A novel 50 kW 11,000 suns high-flux solar simulator based on an array of xenon arc lamps[J]. Journal of Solar Energy Engineering,2007,129(4):405-411.

[147]Sarwar J, Georgakis G, Lachance R, et al. Description and characterization of an adjustable flux solar simulator for solar thermal, thermochemical and photovoltaic applications[J]. Solar Energy,2014,100:179-194.

[148]Rodríguez J, Cañadas I, Zarza E. PSA vertical axis solar furnace SF5[J]. Energy Procedia,2014,49:1511-1522.

[149]Yogev A, Kribus A, Epstein M, et al. Solar "tower reflector" systems: A new approach for high-temperature solar plants[J]. International Journal of Hydrogen Energy,1998,23(4):239-245.

[150] Segal A, Epstein M. The optics of the solar tower reflector[J]. Solar Energy,2001, 69(S6):229-241.

[151] Vant-Hull L. Issues with Beam-down Concepts[J]. Energy Procedia,2014,49: 257-264.

[152] Segal A. Comparative performance of 'tower-top' and 'tower-reflector' central solar receivers[J]. Solar Energy,1999,65(4):207-226.

[153] Pitz-Paal R, Botero N B, Steinfeld A. Heliostat field layout optimization for high-temperature solar thermochemical processing [J]. Solar Energy, 2011, 85 (2): 334-343.

[154] Hinkley J. Solar Fuels Research at CSIRO[EB/OL]. (2013-12-20)[2021-08-20]. http://www. iitj. ac. in/CSP/material/20dec/fuels. pdf.

[155] Kodama T, Gokon N, Matsubara K, et al. Flux measurement of a new beam-down solar concentrating system in miyazaki for demonstration of thermochemical water splitting reactors[J]. Energy Procedia,2014,49:1990-1998.

[156] Cho H S, Myojin T, Kawakami S, et al. Solar demonstration of thermochemical two-step water splitting cycle using CeO_2/MPSZ ceramic foam device by $45kW_{th}$ KIER solar furnace[J]. Energy Procedia,2014,49:1922-1931.

[157] Liao B, Guo L, Lu Y, et al. Solar receiver/reactor for hydrogen production with bio-mass gasification in supercritical water[J]. International Journal of Hydrogen Energy,2013,38(29):13038-13044.

[158] Grange B, Kumar V, Torres J B, et al. Validation of an optical model applied to the beam down CSP facility at the Masdar Institute Solar Platform[C]//Solarpaces: International Conference on Concentrating Solar Power & Chemical Energy Systems,2016.

[159] NREL. Concentrating Solar Power[EB/OL]. [2021-08-20]. http://www. nrel. gov/csp.

[160] Pérez-Enciso R, Brito-Bazan E, Pérez-Rábago CA, et al. Correction of the concentrated sunlight spot's drift of the IER-UNAM's solar furnace[J]. Applied Thermal Engineering,2015,75:1187-1191.

[161] Service R F. Sunlight in your tank-right away[J]. Science,2011,334(6058):927.

[162] Sandia National Laboratories[EB/OL]. [2021-08-20]. http://energy. sandia. gov/

energy/renewable-energy.

[163] Thomey D, de Oliveira L, Säck L P, et al. Development and test of a solar reactor for decomposition of sulphuric acid in thermochemical hydrogen production[J]. International Journal of Hydrogen Energy,2012,37(17):16615-16622.

[164] Wieckert C, Frommherz U, Kräupl S, et al. A 300 kW solar chemical pilot plant for the carbothermic production of zinc[J]. Journal of Solar Energy Engineering,2007, 129(2):190-196.

[165] Academy of Sciences of the Republic of Uzbekistan[EB/OL].[2021-08-20]. http://academy.uz/en/objects/akn.php? ELEMENT_ID=23.

[166] 中华人民共和国科学技术部.我国科学家发现果蝇幼虫光偏好行为[EB/OL]. (2010-11-20)[2021-08-20]. https://www.mfa.gov.cn/ce/cgsf/chn/kj/kjxx/t774299.htm.

[167] Xiao L, Wu S Y, Li Y R. Advances in solar hydrogen production via two-step water-splitting thermochemical cycles based on metal redox reactions[J]. Renewable Energy,2012,41:1-12.

[168] Yadav D, Banerjee R. A review of solar thermochemical processes[J]. Renewable & Sustainable Energy Reviews,2016,54:497-532.

[169] Diver R B, Miller J E, Allendorf M D, et al. Solar thermochemical water-splitting ferrite-cycle heat engines[J]. Journal of Solar Energy Engineering,2008,130(4): 153-272.

[170] Scheffe J R, Steinfeld A. Thermodynamic analysis of cerium-based oxides for solar thermochemical fuel production[J]. Energy & Fuels,2012,26(3):1928-1936.

[171] Steinfeld A, Sanders S, Palumbo R. Design aspects of solar thermochemical engineering—A case study: Two-step water-splitting cycle using the Fe_3O_4/FeO redox system[J]. Solar Energy,1999,65(1):43-53.

[172] Konstandopoulos A G, Agrofiotis C. Hydrosol: Advanced monolithic reactors forhydrogen generation from solar water splitting[J]. Revue des Energies Renouvelables,2006,9(3):121-126.

[173] The European Commission. HYTHEC: Publishable executive summary.[EB/OL]. (2008-02-01)[2021-08-21]. https://cordis.europa.eu/docs/results/502/502704/124772201-6_en.pdf.

［174］The European Commission. Final Report Summary-HYCYCLES（Materials and components for hydrogen production by sulphur based thermochemical cycles）［EB/OL］.（2013-01-18）［2021-08-21］. HycycleS. https：//cordis. europa. eu/project/id/212470/reporting.

［175］Roeb M. Project final publishable summary report—Materials and components for hydrogen production by sulphur based thermochemical cycles［R］. 2011.

［176］Roeb M, Thomey D, de Oliveira L. Sulphur based thermochemical cycles：Development and assessment of key components of the process［J］. International Journal of Hydrogen Energy, 2013, 38（14）：6197-6204.

［177］Liberatore R, Lanchi M, Turchetti L. Hydrogen production by the solar-powered hybrid sulfur process：Analysis of the integration of the CSP and chemical plants in selected scenarios［C］//AIP Conference Proceedings 1734, 2016：120006.

［178］Liberatore R, Ferrara M, Lanchi M, et al. Integration of photovoltaic and concentrated solar thermal technologies for H_2 production by the hybrid sulfur cycle［C］//AIP Conference Proceedings 1850, 2017：100013.

［179］Myagmarjav O, Iwatsuki J, Tanaka N, et al. Research and development on membrane IS process for hydrogen production using solar heat［J］. International Journal of Hydrogen Energy, 2018, 44（35）：19141-19152.

［180］Myagmarjav O, Tanaka N, Nomura M, et al. Module design of silica membrane reactor for hydrogen production via thermochemical IS process［J］. International Journal of Hydrogen Energy, 2019, 44（21）：10207-10217.

第5章　碳氢燃料化学链重整制氢

水蒸气甲烷重整(SMR)是目前 H_2 生产使用最广泛的技术[1],但其存在能耗高、生产成本高等技术缺陷。为了弥补 SMR 的技术缺陷,2001 年 Rydén 等[2]在化学链燃烧(chemical-looping combustion,CLC)的基础上提出了化学链重整(chemical looping reforming,CLR)的概念。该方法分为化学链水蒸气重整[chemical-looping steam reforming,CLR(s)或 CLSR、SR-CLC]、自热化学链重整[autothermal chemical looping reforming,CLR(a)或 a-CLR]、甲烷化学链重整(chemical looping reforming of methane,CLRM)三种方式。在许多文献中,CLR(s)也称为与化学循环燃烧相结合的水蒸气重整(steam reforming coupled with the chemical-looping combustion process,SR-CLC),CLRM 也称为化学循环水蒸气甲烷重整(CL-SMR)或两步水蒸气甲烷重整[3-4]。本章将介绍化学链重整制氢、载氧体(oxygen carrier)的开发、化学链重整反应器及制氢实验。

5.1　化学链重整制氢概述

本节首先介绍水蒸气甲烷重整制氢及其优缺点,由此引出化学链重整制氢,化学链重整制氢主要包括化学链水蒸气重整制氢、自热化学链重整制氢、甲烷化学链重整制氢。

5.1.1　水蒸气甲烷重整制氢

水蒸气甲烷重整工艺由气体净化、水蒸气重整、高温水汽转化、低温水汽转化、H_2 分离和 CO_2 分离过程构成[5]。水蒸气甲烷重整制氢的基本原理如图 5.1 所示。

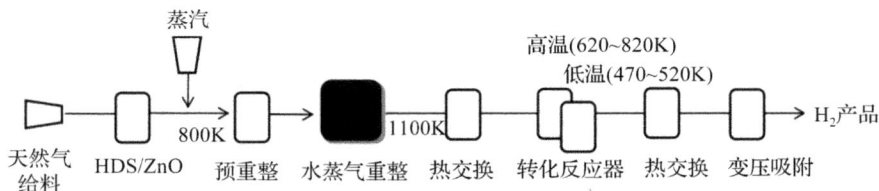

图 5.1　水蒸气甲烷重整制氢的基本原理

甲烷经过脱硫之后，在 970 ~ 1100K 温度下于含有 Ni 催化剂的装置中进行催化重整过程，以获得 CO 和 H_2 的混合物[6]：

$$CH_4 + H_2O \longrightarrow CO + 3H_2, \Delta H = 206.3kJ/mol$$

随后，在高、低温水汽转换装置中进行水汽转换（WGS）过程，制取 H_2。高温 WGS 中通常利用 Fe/Cr 催化剂，低温 WGS 中则利用 Cu/Al/Zn 催化剂[7]：

$$CO + H_2O \longrightarrow CO_2 + H_2, \Delta H = -41.0kJ/mol$$

最后，将 H_2 中的 CO_2、水蒸气、甲烷和 CO 进行移除。SMR 过程的总反应为

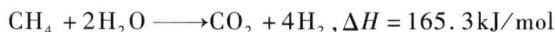

$$CH_4 + 2H_2O \longrightarrow CO_2 + 4H_2, \Delta H = 165.3kJ/mol$$

SMR 反应高度吸热，并且通常在高于 1073K 的温度下运行。为了维持该吸热反应，通过燃烧部分天然气或来自的天然气，从而向重整反应器供应热量。Ni 通常被用作 SMR 反应催化剂的主要金属组分。然而，由于内管壁的传热系数是速率限制参数，加载到重整装置中的催化剂很难利用[8]。SMR 工艺还涉及以 Ni 颗粒为催化剂形成碳的风险。通常，过程期间可能发生甲烷分解和布杜阿尔（Boudouard）反应[9]。碳的形成可能导致催化剂的降解和其他严重的操作问题。

SMR 生产技术虽然较为成熟,但能耗高、生产成本高、设备投资大,需要额外能源和设备将二氧化碳从废气中分离,并难以实现 100% 的二氧化碳捕集率[6,10]。在该工艺流程中,通常利用变压吸附(PSA)或胺吸附方法对制备的 H_2 进行净化,并对 CO_2 进行捕捉。另外,由于水蒸气甲烷重整制氢反应是强吸热反应,需在较高的温度下靠外部供热才能进行,而该过程会释放 CO_2,因此无法实现 100% 的 CO_2 捕集。据估计,如果增加碳捕集与封存系统,制氢成本将增加 22% 以上。

5.1.2　化学链水蒸气重整制氢

化学链水蒸气重整[CLR(s)]也称为与化学循环燃烧相结合的水蒸气重整(SR-CLC),基本原理如图 5.2 所示[11]。在该方法中,水蒸气重整部分与传统的水蒸气重整过程基本相同,天然气与水蒸气在内含催化剂的高压管内进行重整反应,但该水蒸气重整的管道置于 CLC 装置中的燃料反应器(FR)中。因此,与传统的水蒸气重整相比,化学链水蒸气重整反应所需要的热量并不是由管道外部的直接燃烧提供的,而是利用高温载氧体颗粒作为传热介质将热量由空气反应器(AR)携带到燃料反应器中的。还原载氧体所需要的气体燃料通常为从水蒸气重整过程变压吸附之后的尾气(CH_4、CO_2、CO 及 H_2 混合气体)。

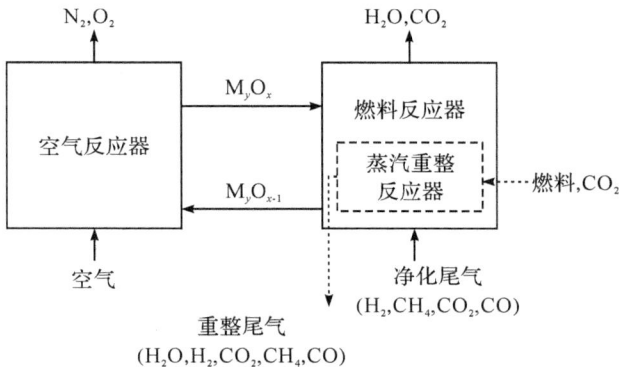

图 5.2　化学链水蒸气重整制氢的基本原理

　　Rydén 等提出针对 CLR(s)的工艺,重整反应在位于鼓泡流化床内的反应器管中进行[2]。重整反应的能量由间接燃烧提供,间接燃烧在两个串行的流化床组成的反应器中进行。空气反应器为快速流化床,燃料反应器为低速鼓泡流化床。重整管路置于燃料反应器中,载氧体作为流化床的床料。载氧体循环过程中的推动力由空气反应器中较高流速的气体提供。被氧化的载氧体经旋风分离器收集后,循环回燃料反应器中。两反应器之间的气体泄漏问题通过水蒸气流化的气固锁气装置来抑制。此外,燃料和空气没有混合,很容易获得用于封存的二氧化碳。

　　Rahimpour 等针对天然气的 CLR(s)工艺,提出化学链水蒸气重整制氢的空气反应器[12]。在燃料反应器(FR)中,水蒸气甲烷重整和还原 Fe 基载氧体的吸热反应与热力双耦合的空气反应器(AR)中的载氧体氧化的放热反应相结合。在这种新颖的构造中,AR 在快速流化床中运行,FR 在鼓泡流化床中运行,并且水蒸气重整在垂直固定床催化管中发生。结果表明,通过应用 CLC,不仅生成的合成气的量与常规方法相同,而且能从烟气中分离 CO_2。与 SMR 工艺相比,CLR 具有一些优势:①只需要将 FR 出口气体中的水蒸气冷凝除去,即可分离回收纯净的 CO_2,不会消耗分离所需的任何额外能量;②由于空气反应器中温度相对较低,所以没有热力型 NO_x 生成;③富含 H_2 的变压吸附尾气与载氧体的反应活性高;④在高压下进行水蒸气重整时,用于压缩产生的 H_2 的功率消耗将降低;⑤流化床反应器中热的流化颗粒使得重整炉管外部具有较高的传热系数,容易维持理想的管壁温度。

　　该技术方法在制氢方面与传统的 SMR 无异,同样需要一个水汽转换装置(以获得富氢气体),以及一个 PSA 装置(以从 H_2 中移除 CO_2)。但是系统分析结果表明,与传统的水蒸气重整过程相比,该系统除了可以捕捉 CO_2 之外,由于较低的反应器温度和合适的热传递条件,还具有更高的 H_2 选择性;另外,其重整效率比传统的水蒸气重整过程高。

　　在不同活性金属之间的比较方面,Zafar 等[13]在流化床中,对浸渍法制备的负载在 SiO_2 上的 NiO、CuO、Fe_2O_3 和 Mn_2O_3 作为 CLR(a)过程载氧体的可行性进行了研究。研究表明,Fe_2O_3、CuO、Mn_2O_3 等载氧体的选择性较差,产物为 CO_2、H_2O 及未反应的 CH_4,而 NiO 载氧体具有较高的反应速率及良好的选择性。还原过程中,这四种载氧体的反应性能顺序为 $NiO/SiO_2 >$ $CuO/SiO_2 > Mn_2O_3/SiO_2 > Fe_2O_3/SiO_2$。同时,由于 Ni 对 CH_4 的重整过程有一定的催化作用,FR 出口 CH_4 浓度较低,因此在该温度下,NiO/SiO_2 是适合 CLR(a)过程的载氧体。

5.1.3　自热化学链重整制氢

自热化学链重整[CLR(a)]也被称为化学循环水蒸气甲烷重整(CL-SMR)或两步水蒸气甲烷重整。其基本原理与化学链燃烧基本相同,不同之处在于 CLC 的目的是产生热量,而 CLR(a)的目的是制氢,因此空气/燃料比需要保持在较低的值,以防止生成的产物 H_2 和 CO 被完全氧化为 CO_2 和 H_2O。在 CLR(a)过程中,FR 出口气体主要为 CO 和 H_2,另外还有少量的 CO_2 和 H_2O。为了得到纯净的 H_2,需要加水汽转换装置,H_2 和 CO_2 可以通过变压吸附或利用胺法吸收。自热化学链重整制氢的基本原理如图 5.3 所示。

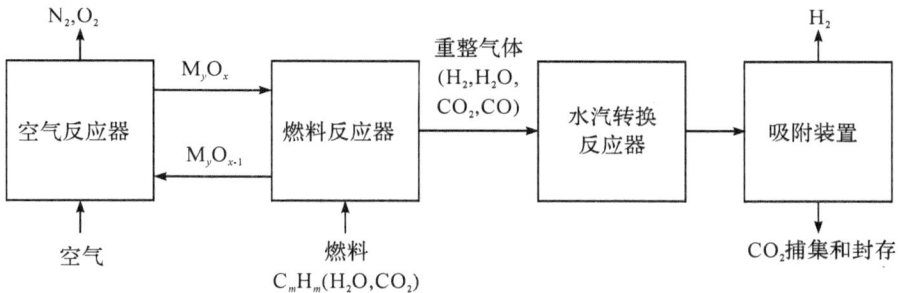

图 5.3　自热化学链重整制氢的基本原理

以 CH_4 作为燃料,NiO 作为载氧体时,该过程发生的主要的反应如下。
部分氧化反应:

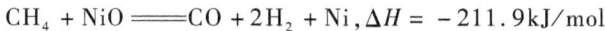

$$CH_4 + NiO \Longrightarrow CO + 2H_2 + Ni, \Delta H = -211.9 \text{kJ/mol}$$

非均相的水蒸气催化重整反应:

$$CH_4 + H_2O \stackrel{}{=\!=\!=} CO + 3H_2, \Delta H = -225.5 \text{kJ/mol}$$

$$CO + H_2O \stackrel{}{=\!=\!=} CO_2 + H_2, \Delta H = 33.6 \text{kJ/mol}$$

内部燃烧反应：

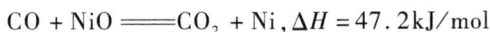

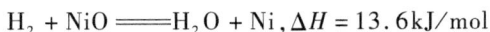

$$CO + NiO \stackrel{}{=\!=\!=} CO_2 + Ni, \Delta H = 47.2 \text{kJ/mol}$$

$$H_2 + NiO \stackrel{}{=\!=\!=} H_2O + Ni, \Delta H = 13.6 \text{kJ/mol}$$

$$CH_4 + 4NiO \stackrel{}{=\!=\!=} CO_2 + 2H_2O + 4Ni, \Delta H = -137.7 \text{kJ/mol}$$

空气反应器中的反应：

$$Ni + 1/2O_2 \stackrel{}{=\!=\!=} NiO, \Delta H = 469.9 \text{kJ/mol}$$

CLR(a)过程的总反应：

$$CH_4 + H_2O + 1/2O_2 \stackrel{}{=\!=\!=} CO_2 + H_2$$

最基本形式的 CLR(a)可被看作烃燃料的部分氧化和水蒸气重整的组合过程。由于甲烷的部分氧化过程为放热过程,而甲烷的水蒸气重整过程为强吸热过程,通过调整两个反应发生的比例可以使总的反应过程为放热过程。因此,为使整个系统可以达到自热状态,甲烷的水蒸气重整反应所占的比例不宜过高。Ortiz 等[14]研究了质量和热量平衡,以确定在使用镍基载氧体时 CLR(a)系统中 H_2 产量最大化的自热操作条件;他们发现,为达到自热条件,氧气与甲烷的摩尔比应高于 1.20,这意味着最大的 H_2 产率约为 2.75mol H_2/mol CH_4。

与 SMR 相比,CLR(a)的主要的优点包括[15-16]:①不需要通过外部的燃烧过程向重整过程提供能量,因此也没有 CO_2 从外部燃烧释放出去;②可以减少对硫等污染物影响的考虑;③利用 CLR(a)过程制取的合成气可以直接产生 H_2/CO 的摩尔比约为 2 的合成气,传统的 SMR 无法直接产生该摩尔比的合成气,而该摩尔比的合成气对后续的费托合成反应(Fischer-Tropsch process)或者甲醇合成过程很重要;④流化床中的传热非常高,通过传热不限制反应速率;⑤对硫污染物的关注较少,不会形成热 NO_x。

5.1.4　甲烷化学链重整制氢

甲烷化学链重整(CLRM)是一种可以联合生产纯氢和合成气的技术。

与 CLR(a)类似,甲烷被 FR 中载氧体的晶格氧部分氧化,产生合成气,但减少的载氧体不会被 AR 中的空气氧化,而是在水汽反应器(steam reactor,SR)中被水蒸气氧化以回收晶格氧,并同时产生氢气。甲烷化学链重整制氢的基本原理如图 5.4 所示。

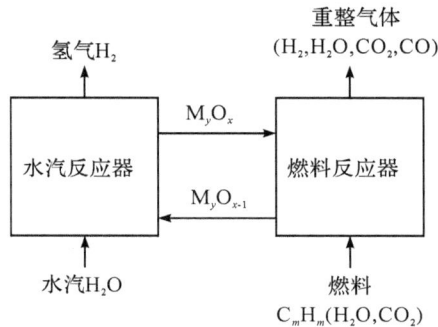

图 5.4　甲烷化学链重整制氢的基本原理

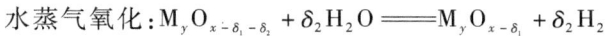

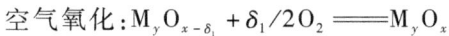

甲烷减少：$M_yO_x + \delta_2 CH_4 \Longrightarrow M_yO_{x-\delta_1-\delta_2} + \delta_2(2H_2 + CO)$

水蒸气氧化：$M_yO_{x-\delta_1-\delta_2} + \delta_2 H_2O \Longrightarrow M_yO_{x-\delta_1} + \delta_2 H_2$

空气氧化：$M_yO_{x-\delta_1} + \delta_1/2 O_2 \Longrightarrow M_yO_x$

CLRM 工艺很有吸引力,它可以同时生产合成气和氢气。该工艺通过简单地冷却和冷凝水蒸气,可以从 SR 出口获得纯氢,而不需要任何额外的气体处理。然而,CLRM 过程的研究主要集中在载氧体筛选和性能优化上。合适的材料需要与甲烷具有足够高的反应性,具有良好的水分解产生氢的性能,以及在氧化还原循环期间的高稳定性。由于 FR 中产生的碳沉积颗粒将与 SR 中的水蒸气反应并污染产生的 H_2,因此,载氧体也需要具有耐碳沉积的能力。

5.2　载氧体的开发

载氧体(oxygen carrier,简写 OC,也有文献称作氧载体)能够实现各反应器之间物质和热量的传递,高性能载氧体的选择是保证化学链系统稳定运行的关键因素之一。开发 CLR 的关键问题是选择具有合适性质的载氧体。

目前,已有研究筛选了不同的活性金属、惰性载体,并通过不同制备方法制备得到载氧体。化学链技术中载氧体需要具备氧化还原速率高、载氧能力强、抗积碳能力强、机械强度大、廉价易得、环保等特点。除此以外,载氧体的选择还应考虑其熔点、密度、比表面积、颗粒大小等。

5.2.1 镍基载氧体的开发

金属镍(Ni)用于大多数商业水蒸气重整催化剂中,并且由于高反应性和选择性,镍基氧化物已被证明是 CLR 工艺中最有希望的载氧体之一。目前,常用的镍基载氧体如表 5.1 所示[17]。主要研究机构包括欧洲的西班牙卡巴化学研究所、荷兰埃因霍温科技大学、英国利兹大学、丹麦技术大学,中国的大连理工大学、江苏大学等,金属氧化物选用 NiO,支撑材料包括 $\alpha\text{-}Al_2O_3$、$\theta\text{-}Al_2O_3$、$CaAl_2O_4$、$MgAl_2O_4$ 等。

表 5.1　常用的镍基载氧体

机构	金属氧化物	支撑材料	制备方法[a]
西班牙卡巴化学研究所	(i) 11wt% NiO	(i) $\alpha\text{-}Al_2O_3$	(i) ~ (iii) DP
	(ii) 16 wt% NiO	(ii) $\theta\text{-}Al_2O_3$	
	(iii) 21 wt% NiO	(iii) $\gamma\text{-}Al_2O_3$	
	(iv) 26 wt% NiO	(iv) $\alpha\text{-}Al_2O_3$	(iv)-(v) DIMP
	(v) 28 wt% NiO	(v) $\gamma\text{-}Al_2O_3$	
荷兰埃因霍温科技大学	(i)17 ~ 18.5 wt% NiO	(i)$CaAl_2O_4$	(i) ~ (ii) PUR
	(ii)20 wt% NiO	(ii)$CaAl_2O_4$	
英国利兹大学	(i) 18 wt% NiO	(i)$\alpha\text{-}Al_2O_3$	(i) ~ (ii) PUR
	(ii) 25 wt% NiO	(ii)$\gamma\text{-}Al_2O_3$	
瑞典查尔姆斯理工大学	(i) 18 wt% NiO	(i) $\alpha\text{-}Al_2O_3$	(i) IMP
	(ii) 20 wt% NiO	(ii) $MgAl_2O_4$	(ii) FG
	(iii) 21 wt% NiO	(iii) $\gamma\text{-}Al_2O_3$	(iii) IMP

续表

机构	金属氧化物	支撑材料	制备方法[a]
西班牙国家研究委员会	(i) 18 wt% NiO	(i) α-Al_2O_3	IMP 或 WIMP
	(ii) 21 wt% NiO	(ii) γ-Al_2O_3	
日本关西大学	(i)~(vii) 20 mol% NiO	(i) MgO	(i)~(vii) IMP
		(ii) Al_2O_3	
		(iii) SiO_2	
		(iv) TiO_2	
		(v) Y_2O_3	
		(vi) La_2O_3	
		(vii) CeO_2	
	(viii) NiO-Cr_2O_3	(viii) MgO	(viii)~(x) EM
	(ix) NiO-MgO	—	
	(x) NiO- M-MgO (M = Al_2O_3,CaO,Cr_2O_3,Fe_2O_3,Co_3O_4)		
奥地利维也纳科技大学	40 wt% NiO	(i) α-Al_2O_3	SD
		(ii) α-Al_2O_3-MgO	
美国德克萨斯农工大学卡塔尔分校	40 wt% NiO	(i) Al_2O_3	WIMP
		(ii) ZrO_2	
丹麦技术大学	(i) 40 wt% NiO	(i) $NiAl_2O_4$	(i)~(iii) FG
	(ii) 40 wt% Mn_3O_4	(ii) Mg-ZrO_2	
	(iii) 60 wt% NiO	(iii) $MgAl_2O_4$	
	(iv) 钛铁矿石	(iv) None	
中国江苏大学	42.1 wt% NiO	$NiAl_2O_4$	COP
中国大连理工大学	(i) 100 wt% NiO	—	超声辅助阳离子交换浸渍法
	(ii) xNi(x = 10,20,30 wt%)	(ii) 蒙脱石	
	(iii) 20 wt% Ni	(iii) Al_2O_3	

[a] 制备方法的关键词:ALD—原子层沉积;AOM—空气氧化法;CAM—柠檬酸法;CCTM—胶体晶体模板法;CCM—柠檬酸法;CI—共浸渍法;COP—共沉淀法;CP—化学沉淀法;DIMP—干浸渍;DIS—溶解;DP—沉积-沉淀;EM—蒸发法;FG—冷冻造粒;GB—气泡辅助法;GNP—甘氨酸-硝酸盐法;HIMP—热浸渍;HS—水热法合成;IMP—浸渍;SIMP—顺序浸渍;SFEP—无皂乳液聚合;HWIMP—热初湿浸渍 MM—机械混合;P—沉淀;PE—挤出造粒;PEC—聚合物前驱体法;PUR—购买;SC—溶液燃烧;SD—喷雾干燥;SF—旋转闪蒸;SG—溶胶-凝胶;SP—喷雾热解;SSM—固态反应方法;TD—热分解;WG—湿法制粒;WIMP—湿润浸渍;UH—尿素水解法。

使用镍基材料的烃在 CLR 过程中的主要问题之一是由沉积在材料表面上的碳沉积引起的失活。解决这个问题的一种可能的方法是添加少量碱金属,从而有效地减少高温重整过程中材料表面的碳沉积[18]。另一种方法是向反应器中加入少量水蒸气以减少甚至消除碳沉积[19]。然而,使用 NiO/NiAl$_2$O$_4$(含有或不含有少量 MgO 作为载氧体和天然气作为燃料)实现了140kW 双循环流化床中试装置的成功运行。结果表明,即使天然气中没有添加水蒸气,也没有发现全球空气过剩率大于 0.4 的碳形成。因此,碳沉积在实际过程中不是问题。此外,镍基载氧体的毒性和成本可能会限制它们的应用。

不同的惰性载体和制备方法也对镍基载氧体的性质有影响。Johansson等[20]比较了 CLR(a)工艺中两种不同载氧体 NiO/NiAl$_2$O$_4$ 和 NiO/MgAl$_2$O$_4$的反应性。当 NiO/MgAl$_2$O$_4$ 在高温下使用时,甲烷转化率更高,重整选择性更高,碳形成倾向更低。De Diego 等[21]发现载体(不同类型的氧化铝)对载氧体的反应性、气体产物分布和碳沉积具有重要影响。由于 NiO 和 α-Al$_2$O$_3$之间的固态反应有限,NiO 载体对 α-Al$_2$O$_3$ 的还原反应性高于 γ-Al$_2$O$_3$。当使用这两种材料时,CLR(a)过程中还原和氧化反应的动力学及催化活性可以在别处找到[22-23]。此外,观察到通过沉积-沉淀法制备的载氧体比通过干浸渍制备的载氧体具有更明显的增加碳沉积的趋势[21]。

在动力学方面,许多研究学者做了相关研究。Zhou 等[24]回顾并应用了20 个固态动力学模型,研究在化学循环燃烧和重整相关条件下 H$_2$ 和 Ni 氧化还原 NiO 的动力学。20 个固态动力学模型包括反应级数、几何收缩、扩散、成核、随机孔隙增长,以及更灵活的 Šesták-Berggren 和 Prout-Tompkins 模型主导的机制等[24]。研究还对 NiO 还原和 Ni 氧化动力学研究进行了综述。为了解决文献中关于每种机制在化学循环中描述镍基载氧体动力学的适用性的不一致性,所有模型都与文献中的实验数据和对应条件下的内部实验进行了比较。研究采用不同保真度模型的统计方法,包括 Akaike 信息准则和 F 检验,研究了温度对最佳模型选择的影响,并通过 X 射线衍射和扫描电子显微镜分析对实验证据进行了补充。这项工作揭示,通过几何收缩模型可以很好地预测负载 Ni 的氧化动力学。载氧体合成期间的煅烧和高温处理显示出显著影响载氧体的反应动力学。

Mattisson 等[25]对 NiO 为载氧体的可行性进行了全面研究,结果表明,以 NiO 作为载氧体,在 700～1200℃ 范围内,CH_4 转化为 CO_2 和水蒸气的产率达 97.7%～99.8%,且随着温度升高,转化率下降。燃料气中 H_2S 会部分转化为 SO_2 气体,随着温度升高,转化率上升,随着压力的增加则会下降。他们还对在以 CH_4 为燃料的小型流化床中三种具有不同烧结温度的载氧体 $NiO/NiAl_2O_4$、$NiO/MgAl_2O_4$ 和 NiO/ZrO_2 进行了研究。结果表明,以上三者在 950℃ 时均具有很高的反应性,气体燃料几乎能够完全转化,而且循环过程中未发现载氧体有烧结或破碎情况发生,因而 NiO 是一类很有应用前景的载氧体。

Dueso 等[22]将 CH_4、H_2 和 CO 还原的动力学和两种 NiO 基载氧体氧化($NiO18-\alpha Al$ 和 $NiO21-\gamma Al$)的动力学用于化学环化燃烧(CLC)和浸渍制备的化学链重整(CLR)。在两种固体中,镍以氧化态的 NiO 和 $NiAl_2O_4$ 存在,并且颗粒中的 $NiO/NiAl_2O_4$ 比率是先前还原过程中达到的固体转化率的函数。研究确定了每种载氧体及每种反应气体的 NiO 和 $NiAl_2O_4$ 还原的动力学参数。$NiO18-\alpha Al$ 和 $NiO21-\gamma Al$ 颗粒中 NiO 还原的反应速率相同。假设时间和转化率之间呈线性关系的模型用于描述 NiO 还原。然而,在 $NiAl_2O_4$ 还原过程中观察到反应性的差异取决于载体的类型($\alpha-Al_2O_3$ 或 $\gamma-Al_2O_3$),这可能是氧化铝的不同晶体结构所致。使用改变的球形颗粒几何尺寸模型来获得 NiAl 氧化物载体的 $NiAl_2O_4$ 还原的动力学参数。对于 $NiO18-\alpha Al$,假设由化学反应控制,而当 $NiO21-\gamma Al$ 被用作载氧体时,也考虑通过产物层的扩散。尽管在 $NiO18-\alpha Al$ 和 $NiO21-\gamma Al$ 载氧体之间再次观察到很小的差异,但这两种材料的氧化反应非常快,这可能是由于 $\gamma-Al_2O_3$ 负载的固体中存在较高量的 $NiAl_2O_4$。利用该工作中获得的动力学参数连续还原载氧体颗粒中的 NiO 和 $NiAl_2O_4$ 的组合模型充分预测了两种材料的实验结果,$NiO18-\alpha Al$ 和 $NiO21-\gamma Al$ 载氧体还原与氧化反应的动力学参数如表 5.2 所示,其中 n 为反应秩(reaction order),k_0 为化学反应速率常数的超指数系数,E_a 为活化能,$D_{s,0}$ 为扩散系数的超指数系数,E_{D_s} 为扩散系数的活化能,k_x 为固体扩散衰减常数。

表 5.2　NiO18-αAl 和 NiO21-γAl 载氧体还原与氧化反应的动力学参数

载氧体	反应性固体	NiO 还原			NiAl$_2$O$_4$ 还原			Ni 还原
	反应性气体	CH$_4$	H$_2$	CO	CH$_4$	H$_2$	CO	O$_2$
NiO18-αAl	化学反应速率							
	n	0.2	0.4	0.6	1.7	0.6	0.7	0.7
	$k_0/[\mathrm{mol}^{1-n}/(\mathrm{m}^{2-3n}\cdot\mathrm{s})]$	2.0×10^{-1}	1.5×10^{-1}	5.9×10^{-2}	2.8×10^{10}	8.3×10^{4}	2.5×10^{-3}	8.4×10^{-1}
	$E_a/(\mathrm{kJ}\cdot\mathrm{mol}^{-1})$	5	5	5	400	235	82	22
NiO21-γAl	化学反应速率							
	n	0.2	0.4	0.6	1	0.6	1	1
	$k_0/[\mathrm{mol}^{1-n}/(\mathrm{m}^{2-3n}\cdot\mathrm{s})]$	2.0×10^{-1}	1.5×10^{-1}	5.9×10^{-2}	1.5×10^{10}	1.5×10^{5}	1.5×10^{-3}	4.6×10^{-1}
	$E_a/(\mathrm{kJ}\cdot\mathrm{mol}^{-1})$	5	5	5	375	235	89	22
	产品层扩散率							
	n_{dif}				1	1		
	$D_{s,0}/(\mathrm{m}^2\cdot\mathrm{s}^{-1})$				3.5×10^{-5}	4.2×10^{2}		
	$E_{D_s}/(\mathrm{kJ}\cdot\mathrm{mol}^{-1})$				200	280		
	k_x				2	8		

Ipsakis 等[26]调查了 Al$_2$O$_3$、TiO$_2$、SiO$_2$ 和 ZrO$_2$ 上负载的四种 NiO 基氧转移材料(OTM)的氧化还原动力学。在连续 20 次甲烷减少/空气氧化循环下测试和评估 OTM。在不同的氧化还原循环下,针对每个 OTM 连续且最佳地筛选几种固态动力学模型。不同的载体导致不同形式的氧化还原动力学。

一方面,NiO/Al$_2$O$_3$ 和 NiO/TiO$_2$ 还原动力学通过化学反应速率确定并通过未反应的收缩核心模型拟合。另一方面,研究发现 NiO/ZrO$_2$ 和 NiO/SiO$_2$ 还原通过成核和随后的核生长进行,并且适当地用 Avrami-Erofeev 模型描述。使用不同类型的动力学模型归因于金属-载体相互作用强度的差异。具体而言,NiO 与 Al$_2$O$_3$ 和 TiO$_2$ 之间的强相互作用产生了 NiO 支撑界面,其中 Ni 核非常快地形成,使得化学反应成为还原过程的控制步骤。当 NiO 负载在 SiO$_2$ 和 ZrO$_2$ 上时,相互作用很弱,NiO 基本上表现得像游离 NiO,通过在表面上缓慢形成均匀核并随后更快地生长 Ni 域(Ni domains)而减少。关于 Ni 氧化动力学,所有 OTM 都通过成核和核生长来确定速率。对于所有考虑的循环,NiO/Al$_2$O$_3$ 和 NiO/TiO$_2$OTM 遵循 Avrami-Erofeev 模型方法,而 NiO/ZrO$_2$ 氧化动力学通过 Prout-Tompkins 模型描述,该模型考虑了较短但仍然显著的成核周期。

Zafar 等[27]比较了在实验室流化床反应器中负载在 SiO$_2$ 和甲烷上的不同活性金属氧化物(NiO、CuO、Fe$_2$O$_3$ 和 Mn$_2$O$_3$)之间的反应性。通常,活性氧化物与甲烷的反应性依次为 NiO > CuO > Mn$_2$O$_3$ > Fe$_2$O$_3$。此外,在还原的后期,只有 NiO/SiO$_2$ 对 H$_2$ 表现出高选择性,而当使用其他金属氧化物时,在反应器出口处存在大量未反应的 CH$_4$。高反应性与对 NiO/SiO$_2$ 的高选择性组合,使其成为 CLR(a)载氧体的有潜力的候选物。

5.2.2　铈基载氧体的开发

在高于 600℃ 的温度下,使用氧化铈(CeO$_2$)作为氧化剂,甲烷直接转化为 H$_2$/CO 比为 2 的合成气。然而,当在氧化还原循环期间使用 CeO$_2$ 时,也观察到甲烷裂解和反应性降低[28]。添加不同的材料作为促进剂,可以增加铈基载氧体的选择性,大大提高甲烷的转化率,并且降低还原氧化铈所需的温度。目前,常用的铈基载氧体如表 5.3 所示[17]。主要研究机构包括东京工业大学、昆明理工大学、挪威科技大学、匹兹堡大学等,金属氧化物选用 CeO$_2$ 或 Ce、Fe、Zr 等组成的氧化物,支撑材料包括 γ-Al$_2$O$_3$、ZrO$_2$ 等。

表5.3 常用的铈基载氧体

机构	金属氧化物	支撑材料	制备方法
日本东京工业大学	CeO_2	—	PUR
中国昆明理工大学	（i）CeO_2	—	COP
	（ii）$Ce\text{-}ZrO_2$（$Ce:Zr=7:3$）		
中国桂林理工大学	（i）CeO_2	—	COP
	（ii）$Ce\text{-}Fe\text{-}O$（质量比 $Ce/Fe=5:5$）		
	（iii）$Ce\text{-}Cu\text{-}O$（质量比 $Ce/Cu=5:5$）		
	（iv）$Ce\text{-}Mn\text{-}O$（质量比 $Ce/Mn=5:5$）		
	（iv）$Ce\text{-}Fe\text{-}O$（质量比 $Ce/Fe=7:3$）		
泰国朱拉隆功大学	（i）CeO_2	—	DP
	（ii）$CeO_2\text{-}Fe_2O_3$ $[Ce/(Ce+Fe)=1,0.75,0.5,0.25,0]$		
	（iii）1 wt% $Au/CeO_2\text{-}Fe_2O_3$ $[Ce/(Ce+Fe)=1,0.75,$ $0.5,0.25,0]$		
	（iv）3 wt% $Au/CeO_2\text{-}Fe_2O_3$ $[Ce/(Ce+Fe)=0.25]$		
	（v）1 wt% $Au/CeO_2\text{-}Fe_2O_3$ $[Ce/(Ce+Fe)=0.25]$		
挪威科技大学	（i）20 wt% CeO_2	$\gamma\text{-}Al_2O_3$	WIMP
	（ii）0.5 wt% $Pt/20$ wt% CeO_2		
	（iii）0.5 wt% $Rh/20$ wt% CeO_2		
韩国成均馆大学	$xCeO_2$（$x=10,30,50$ wt%）	ZrO_2	P
葡萄牙阿威罗大学	$CeNbO_{4+\delta}$	—	SSM
美国匹兹堡大学	40 wt% $Fe\text{-}CeO_2$	—	WIMP
	40 wt% $Ni_{0.02}Fe_{0.98}\text{-}CeO_2$		
	40 wt% $Ni_{0.12}Fe_{0.88}\text{-}CeO_2$		
	40 wt% $Ni_{0.33}Fe_{0.67}\text{-}CeO_2$		
	40 wt% $Ni\text{-}CeO_2$		

机构	金属氧化物	支撑 材料	制备 方法
美国加利福尼 亚理工学院	（ i ） 0.5%　Pt/Ce$_{1-x}$Zr$_x$O$_2$,（$x=0,0.2,0.5$）	—	CAM
	（ ii ） 0.5%　Ru/Ce$_{1-x}$Zr$_x$O$_2$,（$x=0,0.2,0.5$）		

注：制备方法的关键词同表 5.1。

添加其他物质与 CeO$_2$ 组合的复合金属氧化物,是提高反应性、稳定性和选择性的方法,也是当前的研究热点。目前,研究人员开发出 Ce-Zr、Ce-Fe、Ce-Al$_2$O$_3$、Ce-MgO、Ce-Cu、Ce-Mn、Ce-Nd 等铈基氧化物。通常,Ce-Fe 混合氧化物在所有氧化物中表现出良好的活性和稳定性,但它们对合成气产生的选择性受载氧体比表面积的强烈影响。此外,应仔细确定 Fe 与 Ce 的掺杂比例,因为高含量的 Fe 未能提高 CH$_4$ 转化率并倾向于降低 CO 选择性[29]。Pt 和 Rh 的加入显著加速了 H$_2$ 和 CO 的生成速率,降低了合成气生产的活化能。

Guerrero-Caballero 等[30]基于先前对 Ni/CeO$_2$ 的研究,探索了几种基于氧化铈的载氧体。通过在自制二氧化铈上的 Ni 浸渍或共沉淀法获得的载氧体显示出类似的结果,而使用商业二氧化铈导致非活性载体。Zr 掺杂改善了材料的热稳定性,但增加的氧迁移率促进了甲烷的总氧化而不是合成气的产生。研究探索了用其他活性元素取代 Ni。铁掺杂的载氧体在探索的温度范围内(600~800℃)导致非常低的甲烷化学循环干重整(chemical looping dry reforming of methane,CLDRM)活性。此外,选择性受到负面影响,氧化铁可以与氧化铈一起作为载氧体,与 Ni 或 Co 相反。最后,研究用 Co 取代 Ni,导致对甲烷的反应性降低。这被证明在低温(600~650℃)下特别有意义,因为它在甲烷活化的表面特性和氧物质的体积流动性之间提供了良好的平衡。

Chuayboon 等[31]通过非化学计量的二氧化铈氧化还原循环(CeO$_2$/CeO$_{2-\delta}$)对甲烷进行化学循环重整,在直接辐射的太阳能反应器中进行实验研究,以在 900~1050℃温度范围内将太阳能和甲烷转化为合成气。通过两步氧化还原循环进行实验,包括在相同的操作温度下,用甲烷对氧化铈进行内热部分还原和用 H_2O/CO_2 对还原铈进行完全放热再氧化,从而证明了循环的等温操作能力。研究考虑了不同的二氧化铈宏观结构变体(二氧化铈填充粉末、二氧化铈填充粉末与惰性 Al_2O_3 颗粒和二氧化铈网状多孔泡沫混合)和操作参数(甲烷流速、还原温度或烧结温度),以便了解它们对非化学计量流化床平均氧(bed-averaged oxygen non-stoichiometry)(δ)、合成气产率、甲烷转化率和太阳能反应器性能的影响。通过实验,还研究了二氧化铈循环稳定性,以通过交替 CH_4 和 H_2O(或 CO_2)之间的流动来证明可重复的合成气生产。二氧化铈泡沫的烧结温度的降低有利于提高合成气选择性、甲烷转化率和反应器性能。增加 CH_4 浓度和还原温度均增加 δ,最大值达到 0.41,但同时有利于 CH_4 裂解反应。二氧化铈网状多孔泡沫在有效传热方面表现出更好的性能,这是由于聚光太阳辐射的体积吸收和均匀加热以及较低的太阳能消耗,从而提高了太阳能燃料的能量转换效率,达到 5.60%。循环期间达到的能量升级因子高达 1.19。连续循环的 δ 和合成气产率的稳定模式,验证了材料性能稳定性。

5.2.3 钙钛矿型载氧体的开发

钙钛矿型氧化物(ABO_3,其中 A 和 B 通常分别是稀土和过渡金属阳离子)代表另一类可还原氧化物,具有作为部分氧化催化剂的潜力。过渡金属可用作晶格载氧体和活化烃的催化剂,它们通常表现出优异的氧化还原性能、高氧迁移率、热稳定性,以及对合成气的高选择性。钙钛矿型颗粒对许多应用都很有意义,也被发现适用于 CLR 过程。目前,常用钙钛矿型载氧体如表 5.4 所示[17]。主要研究机构包括挪威科技大学、瑞典查尔姆斯理工大学、德国马格德堡大学、美国北卡罗来纳州立大学、韩国高等科学技术研究院、韩国能源研究所氢能研究中心,以及中国科学院广州能源研究所、中国科学院生态环境研究中心、东南大学等,金属氧化物选用 Fe_3O_4、$LaFeO_3$ 等氧化物,支撑材料通常选用 Al_2O_3。

表 5.4 常用的钙钛矿型载氧体

机构	金属氧化物	支撑材料	制备方法
美国北卡罗来纳州立大学	60 wt% Fe_3O_4-40 wt% $La_{0.8}Sr_{0.2}FeO_{3-\delta}$	—	SSM
挪威科技大学	$LaFeO_3$	—	SC
瑞典查尔姆斯理工大学	$La_xSr_{1-x}FeO_{3-\delta}(x=0.5,0.8,1)$	—	GNP,SD
意大利博洛尼亚大学	$AFe_2O_4(A=Fe,Co,Ni)$	—	COP
德国马格德堡大学	(i) Fe_2O_3 (ii) 30 wt% Fe_2O_3-70 wt% $Ce_{0.5}Zr_{0.5}O_2$ (iii) $Ce_{0.5}Zr_{0.5}O_2$	—	UH
韩国高等科学技术研究院	(i) Fe_2O_3 (ii) $ZnFe_2O_4$ (iii) $MnFe_2O_4$(Jacobsite) (iv) $MnFe_2O_4$(Iwakiite)	—	SSM
韩国能源研究所氢能研究中心	(i) Fe_3O_4 (ii) $CuFe_2O_4$	—	(i) PUR (ii) COP
伊朗设拉子大学	(i) 15 wt% Fe-xMg($x=0,5,10$wt%) (ii) 15 wt% Fe-5 wt% Mg	(i)~(ii) Al_2O_3	(i) CI (ii) SIMP
中国台湾科技大学	60 wt% Fe_2O_3	Al_2O_3	MM
中国科学院广州能源研究所	(i) 70 wt% Fe_2O_3 (ii) 改进的 Ni(Ni 质量比为 0.43 wt%,1.04 wt%,1.72 wt%)	Al_2O_3	(i) MM (ii) MM+IMP
中国科学院生态环境研究中心	$AFeO_3(A=La,Nd,Eu)$	—	SG
中国东南大学	天然赤铁矿	—	—
中国西安交通大学	铁矿石	—	—

续表

机构	金属氧化物	支撑材料	制备方法
中国石油大学(北京)	$La_{1-x}Sr_xFeO_3$($x=0,0.1,0.2,0.5$)	—	SC
中国青岛科技大学	(i) 40 wt% Fe_2O_3	Al_2O_3	
	(ii) 36.36 wt% Fe_2O_3-54.54 wt% CaO		
中国华中科技大学	$BaCoO_3$，$BaFeO_3$，$SrCo_{0.8}Fe_{0.2}O_3$，$Ba_{0.5}Sr_{0.5}Co_{0.8}Fe_{0.2}O_3$	—	SG

注:制备方法的关键词同表5.1。

由于可逆氧储存能力相对较高、活性高、结构稳定性高、对合成气的选择性高，$LaFeO_3$作为甲烷部分氧化的催化剂和载氧体具有吸引力。$LaFeO_3$氧化物在氧化还原气氛中保持较高催化活性和结构稳定性，并且在顺序氧化还原循环中不发生碳沉积。Zheng 等[32]观察到 CeO_2 和 $LaFeO_3$ 材料之间的协同效应，发现 Ce^{3+} 和 Fe^{2+} 的共存会在 $CeO_2/LaFeO_3$ 中引起更高的氧空位，并且 $CeO_2/LaFeO_3$ 材料显示出更高的储氧能力和对甲烷氧化的反应性。一系列钙钛矿氧化物，如 $La_{1-x}Sr_xMO_3$（M = Mn, Ni；$x = 0 \sim 0.4$）和 $La_{1-x}Sr_xFeO_3$、$La_{0.3}Sr_{0.7}Fe_{0.8}M_{0.2}O_{3-\delta}$（M = Ga, Al）和 $La_xSr_{1-x}FeO_{3-\delta}$ 钙钛矿、$LaFe_{1-x}Ni_xO_3$ 和 $LaFe_{1-x}Co_xO_3$，由于对 CO/H_2 的高选择性，也被证实非常适合于合成气生成。

Pachler 等[33]在两个相互连接的循环流化床组成的 120kW 化学回路燃烧中试装置中，研究了硫燃料杂质对 CLC 的影响。工业规模生产的钙钛矿型 $CaMn_{0.775}Mg_{0.1}Ti_{0.125}O_{3-\delta}$ 被称为 C28，已被用作载氧体，可通过喷雾干燥法制造。研究将 H_2S 添加到来自电网的燃料天然气中，浓度达到 3000ppmv。测量在 950℃ 的操作温度下进行。为了关闭硫的质量平衡，针对 H_2S 和 SO_2 分析空气和燃料反应器的废气流。为了研究硫和颗粒的潜在相互作用，用载氧体颗粒的固体样品进行了 SEM、ICP-OES、XRF 和 XRD 分析。C28 载氧体的一般燃料转化性能受到燃料进料中的 H_2S 杂质的不利影响。在几乎所有研究的样品中,由于 H_2S 的存在,形成了 MgS 的结晶相。在空气反应器中未检测到硫。在所有实验中,未观察到 H_2S 滑移。研究结果表明,在关闭硫进料后的 CLC 操作期间,不可能进行再生。

Ebrahimi 等[34]研究用于甲烷还原成合成气的钙钛矿载氧体,将 21 个气固动力学模型应用于实验数据,使用优化代码估计它们的参数[24,34-35]。结果表明,在所有模型中,反应顺序模型是最优选的,具有令人满意的拟合标准。气固模型与催化方案相结合,不仅可以预测钙钛矿载氧体的转化率,而且可以预测固体颗粒对合成气生产的催化性能。研究还基于固定床反应器的实验数据,评估了统一模型的动力学参数。对钙钛矿和氧化镍,载氧体的分析表明,钙钛矿颗粒的转化速度比氧化镍慢 50 倍。在一段时间内获得低于 10 的 H_2/CO 比率。由于甲烷裂解成碳和氢,在完成气固反应后产生大量氢气。

5.2.4　其他类型载氧体的开发

除了上面提到的载氧体外,还有铁基、铜基、锰基、镨基等其他类型的载氧体,如表 5.5 所示[17]。主要研究机构包括瑞典查尔姆斯理工大学、伊朗设拉子大学、日本新潟大学,以及中国的江苏大学、青岛科技大学、昆明理工大学等。

表 5.5　其他类型载氧体

机构	金属氧化物	支撑材料	制备方法
伊朗设拉子大学	$xCuO$ ($x = 10,15,20,25,30$ wt%)	(i) $yZrO_2$-Al_2O_3 ($y = 10,20,30$ wt%)	IMP
		(ii) Al_2O_3	
瑞典查尔姆斯理工大学	(i) 40 wt% CuO	(i) $MgAl_2O_4$	(i) SD
	(ii) 10 wt% $La_{0.8}Sr_{0.2}FeO_3$	(ii) γ-Al_2O_3	(ii) IMP
中国江苏大学	40 wt% Mn_3O_4	$MgZrO_3$	FG
中国青岛科技大学	$CaSO_4$	—	PUR
中国昆明理工大学	$Pr_{1-x}Zr_xO_{2-\delta}$ ($x=0,0.1,0.3,0.5,0.7,0.9$)	—	P

续表

机构	金属氧化物	支撑材料	制备方法
日本新潟大学	(i) SnO_2	(i)~(vii) None	(i)~(v) TD
	(ii) In_2O_3	(viii) SiO_2	(vi) H_2 还原
	(iii) ZnO	(ix) Al_2O_3	(vii) COP
	(iv) WO_3	(x) ZrO_2	(viii)~(x) IMP
	(v) MoO_3		
	(vi) MoO_2		
	(vii) Fe_3O_4		
	(viii)~(x) 50 wt% WO_3		

注:制备方法的关键词同表 5.1。

在这些材料中,氧化铁因其资源丰富、高熔点和低价格而成为甲烷 CLR 应用的有吸引力的载氧体。铁基材料具有最高的抗烧结性和四种载体中最高的氧吸附能力。负载在 Al_2O_3 上的铁的反应性优于 TiO_2。新的合成方法和材料组成已经表明,具有高熔点载体材料的混合物或将铁掺入热稳定结构(例如钙钛矿),可以成功地实现长期循环稳定性和令人满意的材料强度[36-37]。添加不同的金属氧化物作为促进剂,增强了氧化还原性能,并允许针对特定的工艺条件、原料进行载氧体设计。然而,铁基载氧体通常受限于较低的反应速率、低氧输送能力和对合成气的低选择性。添加促进剂的材料,如 Fe_2O_3-Rh_2O_3/Y_2O_3、Fe_2O_3-Cr_2O_3-MgO[38]和 Fe_2O_3-CuO[39],被证明对合成气具有选择性。当使用 15wt% Fe-5wt% Ca/γ-Al_2O_3 作为载氧体时,甲烷转化率达到 100%,并且在 700℃下氢产率达到 83%[40]。

在动力学方面,许多研究学者对铁基载氧体进行了相关研究。Voitic 等[41]对铁基载氧体的还原和氧化的动力学表征进行了归纳。目前,主要通过两种方法改进载氧体,一种是优化成分,另一种是优化颗粒结构。合适的载氧体需要具备以下特性:高的氧交换能力;对所选燃料的还原反应具有有利的热力学和反应性;低碳风险;在连续的还原和氧化循环下稳定的结构;

在氧化反应中的高反应性；良好的流化性能和抗磨损性；可行的材料和生产成本；环境友好等。Zafar 等[42]通过冷冻颗粒法制备了 Mn_3O_4（质量分数 40%）/Mg-ZrO_2（质量分数 60%）载氧体，并对它的氧化还原反应动力学进行了详细研究。实验在 CH_4 体积分数 5%～25%、O_2 体积分数 3%～15%、温度 1073～1223K 条件下进行。观察发现，活性成分首先被还原成 MnO，然后又被氧化为 Mn_3O_4。反应速率与时间呈线性关系，且表现为燃料浓度和反应温度的函数。在 CH_4 体积分数 5%～25% 和 1223K 的条件下，反应速率随浓度增加而变快。在 CH_4 体积分数 20% 和 1073～1223K 的条件下，反应速率随温度升高而变快。还原反应和氧化反应的反应级数分别为 1 和 0.65，活化能分别为 119kJ/mol 和 19kJ/mol。实验结果还显示，氧化还原反应的效率不受 CO_2 和水蒸气浓度大小的影响，活性成分显示出很高的反应性，在反应 15s 后，氧化率和还原率均维持在 100%，这显示出该载氧体具有良好的应用前景。

Lu 等[43]将攀枝花（中国）磁铁矿作为载氧体进行甲烷化学循环重整（CLRM）的研究。通过使用甲烷作为还原燃料以及水蒸气作为氧化气体的等温氧化还原实验，来测试合成气和氢的联合生产的反应性。对新鲜和再循环的磁铁矿载氧体进行动力学研究。在氧化还原实验中，可以以高选择性稳定地获得 H_2/CO 摩尔比为 2.0 的氢气和合成气（合成气约 95.1%，H_2 约 96.2%）。连续循环后，来自原始和煅烧磁铁矿的氢产率分别为 4.94mmol/g 和 5.25mmol/g。通过热重分析仪（TGA）方法的动力学研究发现，原始磁铁矿还原为维氏体（wüstite）的表现，很好地表现为相界控制（收缩圆筒）机制，并且一维核成核和生长与扩散机制可成功应用于描述煅烧磁铁矿的还原。原始磁铁矿还原的活化能为 93.02kJ/mol，由于载氧体内部形成孔隙，连续循环后略微降低至 86.90kJ/mol。这项工作充分证明了使用磁铁矿精矿作为 CLRM 系统的低成本载氧体的可行性。

Wang 等[44-45]研究低成本的中国铁矿石，主要含有 Fe_2O_3（44.16%），作为化学循环燃烧的潜在载氧体。研究采用热重分析仪，在 800℃、850℃、925℃ 和 950℃ 的不同反应温度下进行多次氧化还原循环，选择不同的动力学模型拟合实验数据,并从非线性拟合计算动力学模型中得到活化能和相关参数,用 Phenom 扫描电子显微镜对载氧体的微观结构变化进行表征。研究使用包括动力学一阶模型、扩散模型、收缩模型和成核模型的一步反应模型,拟合甲烷(15%)的贫铁矿还原反应。在控制气体扩散到反应界面和反应部位的化学反应的同时,使用收缩核心模型不能很好地拟合载氧体颗粒的还原。精益铁矿石的还原过程同时由两个竞争过程控制,即一级动力学模型及成核和生长模型。这两种动力学模型的表观活化能分别为157.5kJ/mol 和 126.9kJ/mol,这表明该载氧体与其他铁矿石相比具有中等活性。反应温度的升高可能导致还原过程中载氧体的转化率上升。SEM 结果表明,高温可能导致载氧体严重烧结及明显的反应性破坏。

San Pio 等[46]研究了 CuO/SiO_2 和 CuO/Al_2O_3 载氧体还原的反应动力学。首先研究了 CuO/SiO_2 的氧解偶联和还原动力学。动力学可以用颗粒内部浓度分布的收缩核心模型很好地描述,并且非常合理地使用简化的伪均相模型,通过 Cu_2O 还原 Cu、CuO,发现陨石和赤铜矿还原的活化能量可忽略不计。其次,测定了 CuO/Al_2O_3 载氧体的氧化还原动力学。事实表明,尖晶石化合物缓慢的还原速率确实是反应速率显著降低的原因,并且可以用开发的伪均相模型很好地描述,其中只有陨石尖晶石还原的活化能非常强。

5.3　化学链重整反应器及制氢实验

5.3.1　化学链重整反应器

化学链重整反应器主要有固定床反应器和流化床(移动床)反应器两类。Voitic 等[41]对成功运行的反应器进行了总结,包括三反应器移动床系统、二室流化床、互联式循环流化床反应器等。如俄亥俄州立大学的三反应器移动床系统(three-reactor moving bed system),功率为 25kW,反应温度为900℃,气体进料为合成气,固体流动/固体库存达到 150g/min;中国能源热转换与控制重点实验室的三反应器流化床系统(three-reactor fluidized bed system),功率为 50kW,气体进料达到 24 ~ 31Nm³/h;韩国化学工程系的多级循环移动床反应器(multistage circulating moving bed reactor),气体进料为压缩空气,反应温度可达 850℃。

固定床反应器系统通过切换操作气体,以分批模式操作,载氧体保持在适当位置,同时连续进行还原和氧化反应。由于没有移动部件,这使得设计具有低复杂度。由于含碳燃料流和氢气流完全分离,因此获得高纯度氢气。

流化床或移动床系统使载氧体在分离的反应器或反应器部分之间循环。移动的固体材料增加了系统复杂性和机械应变,然而,更高的技术复杂性实现了几种有益的性质。与固定床反应器相比,这些系统以连续模式操作,因此能够实现以下功能:①不间断的氢气生成与纯二氧化碳和氮气的分离流相结合;允许每个反应器中进行相同的反应[47-48];②关于材料、设计和操作参数的特定反应器布局,以优化气体产量和固体转化[49-50];③在正常操作期间可以连续更换具有循环稳定性的固体材料模式;④载氧体可通过将放热氧化物的热量传递给吸热还原物来参与系统的热量管理,从而减少所需的外部热量。然而,固体运动造成的磨损损失,以及反应器之间的气体滑移,导致氢气纯度较低[48,51]。

近年来,许多研究人员提出了新型反应器。Cho 等[47]构建了三反应器化学循环(three-reactor chemical looping,TRCL)系统(300W),使用甲烷生产高纯度氢气。使用直径为 125 ~ 300μm 的 ZrO_2 负载的 Fe_2O_3 进行稳定的固体循环操作,在 13h 内成功操作,固体没有凝聚,只有很小的热烧结迹象,这表明其具有高耐久性。在移动床模式下,900℃ 下平均甲烷转化率为 94.15%。从蒸汽反应器(SR)获得几乎纯的氢(99.95%)。在 SR 中,蒸汽转化为氢气的转化率是热力学极限的 63%。当碳沉积颗粒被引入 SR 时,从 SR 中观察到含有 CO 的氢气。在连续运行期间,载氧体颗粒在 TRCL 系统中保持其物理和化学特性,具有很高的耐久性。

Xue 等[52]提出了一种新型紧凑型功率为 50kW 的三反应器流化床系统(chemical-looping hydrogen generation,CLHG)。它集成了鼓泡流化床和提升管,通过热力学平衡极限获得未反应燃料气体的完全转化。基于该燃料反应器,研究者建立了具有50kW CLHG设计方案的三反应器流化床系统的冷流模型,以测试该CLHG工艺的可行性。通过改变入口气体流量和总固体库存,进行了一系列关于固体循环速率、气体泄漏和长期运行稳定性的测试。结果表明,三流化床反应器系统可以稳定运行。通过调节入口气流,可以在很宽的范围内改变固体循环速率。气体泄漏与固体循环速率和由降液管平衡的压力差相关。在长期运行试验期间,该系统显示出稳定的压力差和固体循环速率。在所有三个反应器中用玻璃珠作为颗粒用氮气/空气进行冷流操作。发现固体循环速率影响反应器之间的气体泄漏,这对氢气纯度和CO_2排放是高度重要的。冷流操作应在具有稳定压力条件的长期操作测试中进行。

Moghtaderi等[53]在微反应器组件中开发了一种小型化学循环水蒸气重整器(CLSR),适用于车载移动燃料富氢。与传统设计相比,小型CLSR有望在体积生产率、安全性问题、运行成本、可扩展性、压降和表面体积比上具有优势。在纯甲烷和纯水蒸气环境下,在热重分析仪(TGA)和小型CLSR中,在Fe_3O_4/FeO金属氧化物系统上进行实验。实验结果表明,在典型的燃料氧化步骤中,产物气流中甲烷的浓度逐渐降低,而Fe_3O_4被还原为FeO。然而,在60%的分数转化率或大约60%的转化率下,由于FeO对甲烷分解的催化作用,CH_4曲线的斜率急剧增加。类似地,与水蒸气重整步骤相关的H_2快速上升并且在30%的分数转化率下达到最大值98%。微反应器中水蒸气和燃料的转化时间通常短于TGA系统中的转化时间。实验结果提供了两个重要信息:①化学循环水蒸气重整循环在技术上是可行的;②在设计高产量小型化重整器之前,需要进一步了解微尺度过程的性能。

在数值模拟方面,Diglio等[54]通过在稳态条件下运行的双流化床系统(dual fluidized bed,DFB)-CLR过程的数值模拟,定量评估设计变量的影响。有效控制固体再循环和避免床间气体泄漏对DFB-CLR制氢至关重要。该模型结合了DFB系统的简单流体动力学模拟,该系统配备有用于床固体循环的非机械阀门,采用一维动态和非等温CLR模型,用于确定固体的温度和氧化程度以及两者出口处的气体物质浓度。DFB 由立管和鼓泡流化床(BFB) (分别作为空气和燃料反应器)组成,在选择构成方程后,被建模为相互连接的模块(立管、旋风分离器、L 阀、BFB、环形密封)的组合。研究者选择甲烷和镍(Ⅱ)氧化物作为燃料和载氧体,给出了与稳态运行相对应的结果,并评估了运行条件对预期过程性能的影响。研究结论表明,为了确保工艺可行性及在 CH_4 转化率和 H_2 选择性方面的良好性能,适当选择由载氧体从 AR 输送到 FR 的操作温度和氧气量是必要的先决条件。

Spallina 等[55]讨论了动态操作填充床反应器中化学循环重整的实验证明和模型验证,用于生成 H_2 或 CH_3OH,同时集成 CO_2 捕获。该方法是自热和 SMR 的组合,并且在高压和相对低至中等温度(600 ~ 900℃)的条件下进行。研究者在 2kW 填充床反应器中进行了实验,使用 500g 负载在 $CaAl_2O_4$ 上的 NiO 作为重整催化剂和载氧体。该材料在超过 400h 的连续氧化还原和重整循环中表现出非常高的稳定性。该方法具有一定的灵活性,在重整阶段已经测试了干、湿和水蒸气重整组合物。随后,经验证的反应器模型用于模拟热管理方面的不同配置,其中不同相(氧化、还原和重整)被串联模拟。在这些分析中,基于与 CO_2 捕获相结合的 H_2 和 CH_3OH 生产,比较了两种工厂配置的反应器设计和性能。在生产 H_2 时,CH_4 转化率为 92% ,所有 CO_2 都从工厂捕获,而在 CH_3OH 生产时,CH_4 转化率达到 90% ,除 CH_3OH 外,所有碳物质都转化为高纯度 CO_2 而被分离出来。Morgado 等[56]使用通用流化床反应器模型,比较了化学链重整(CLR)和气体转换重整(GSR)的性能。该一维模型采用现有 GSR 技术来进行鼓泡、湍流和快速流化状态分析,并使用概率方法确保各种方案之间的平滑过渡。研究者进行数值模拟,以载氧体利用程度作为最重要的过程变量。对于 CLR,较低程度的载氧体利用确保了高燃料反应器温度,这改善了重整性能。然而,在实践中,希望最小化所需的固体再循环率以简化过程操作。对于 GSR,较低程度的载氧体利用对重整性能具有类似的积极影响,但是在阶段之间切换时,可能会有更多气体混合。GSR 概念中的还原和重整步骤的分离,还可以有效利用来自 PSA 装置的废气燃料,用于高纯度加压氢气生产。研究者还讨论了 CLR 和 GSR 工艺的应用,以表明 CLR 工艺最适合用于燃烧前 CO_2 捕集的火力发电,而 GSR 工艺最适合用于纯氢生产。GSR 工艺的燃料阶段提供了将来自 PSA 装置的废气燃料有效利用于高纯度加压氢气生产的机会,同时确保固有的 CO_2 分离。

在反应器的技术经济评价方面,Spallina 等[57]讨论了两种基于膜的天然气制氢技术的技术经济评估。在第一种配置中,流化床膜反应器(FBMR)集成在 H_2 装置中:天然气在催化床中与水蒸气反应,同时使用 Pd 基膜分离 H_2,反应热通过部分膜中加入空气作为反应性吹扫气体、燃烧部分渗透的 H_2 提供给系统。第二种配置为膜辅助化学循环重整(MA-CLR),天然气通过与水蒸气和载氧体反应(化学循环重整),在燃料反应器中转化,并且产生的 H_2 渗透到膜中。载氧体在单独的空气反应器中与空气进行再氧化,空气为燃料反应器中的吸热反应提供所需的热量。通过改变反应器的操作条件[例如温度、压力(进料侧和渗透侧)、水蒸气/碳比和热回收构造]来优化设备。工厂设计是通过 Aspen Simulation 进行的,同时设计了新的反应器概念,并通过 Matlab 中的专用现象学模型对其性能进行研究。这两种配置都被设计出来,并与基于传统的带或不带二氧化碳捕获的管式重整(FTR)的 H_2 生产参考技术进行比较。分析结果表明,与传统工厂相比,这两个新概念都可以获得更高的 H_2 产量(高 12% ~ 20%)。以膜为基础的工厂的高电力消耗与所要求的回流侧的低压力有关。然而,CO_2 分离和压缩的低能量成本使得整体重整效率比使用 CO_2 洗涤的传统 FTR 高 4% ~ 20%。FBMR 和 MA-CLR 在成本方面表现出比具有 CO_2 捕获技术的 FTR 更好的性能,这主要是因为 FBMR、MA-CLR 的相关资本性支出较低。H_2 产生的成本从 0.28 欧元/$Nm_{H_2}^3$ 降至 0.22 欧元/$Nm_{H_2}^3$(FBMR)和 0.19 欧元/$Nm_{H_2}^3$(MA-CLR)。

Khan 等[58]对三反应器化学循环重整系统(three reactor chemical looping reforming system)进行了技术经济评估,成本数据来自阿拉伯联合酋长国的工厂。研究者分析了关键操作参数对工厂技术性能的影响。此外,来自模型的热力学数据还被用来进行经济评估,以计算生产 H_2 的成本。二氧化碳捕集产生的 H_2 成本为 1.679 美元/kg,与二氧化碳捕集的 SMR(约 2.39 美元/kg)相比,这个成本非常低。此外,非捕获情景中 H_2 产生的成本为 1.404 美元/kg,这与 SMR 技术产生的 H_2 的成本相当。在反应/分离一体化工艺流程及反应器方面,目前研究还较少。中国科学院大连化学物理研究所提出一种钯复合膜或纯钯膜反应器,并申请了中国专利。研究人员将钯复合膜或者纯钯膜束状组装在反应器中,膜外或者膜前装有催化剂。其中钯复合膜是通过化学镀把金属钯负载在金属支撑载体上得到的,钯复合膜或纯钯膜通过焊接方式进行密封和集成。膜反应器实现了反应、原位分离、提纯的一体化,具有集成度高、体积小、反应效率高、产氢量大的特点。

5.3.2　化学链重整制氢实验

瑞典、西班牙、中国等国家的研究人员已经开展 CLR 的工业运作,研究了不同连续反应器的工艺。化学循环过程可以以多种方式设计,但循环流化床可能具有优于其他替代方案的优点。循环流化床提供了气体和固体之间的良好接触,并且允许氧气-载体颗粒在反应器之间平稳流动。CLR 工艺不仅在实验室规模的大气压下进行了演示,而且在最高 140kW 的中试装置中也得到了证明。目前,瑞典查尔姆斯理工大学、西班牙 Carboquímica 研究所、奥地利维也纳科技大学、中国东南大学、中国科学院广州能源研究所开展 CLR 循环反应器的中试研究[17]。

CLR(a)过程在加压条件下可能具有非常高的效率。如果载氧体颗粒在高达 1200℃ 的温度下具有高稳定性,则重整器效率可以高于 81%。Ortiz 等[59]证实了在 CLR(a)过程中两种镍基载氧体在加压条件下的反应性,发现在所有操作压力下,CH_4 转化率非常高(>98%),并且未检测到碳形成。在加压条件下,CLR(a)应用也面临一些问题。首先,燃料转化在压力下受热力学阻碍,因此需要 1000℃ 或更高的 FR 温度才能获得足够的燃料转化率。为了获得高效率,需要 CLR(a)与燃气轮机的集成。其次,加压循环流化床不是传统技术,需要进一步开发,以用于工业过程。

CLR(a)工艺与质子交换膜燃料电池(PEMFC)系统集成,具有很大的优势,在常压下也能获得 CLR 的优势[60]。CLR(a)被视为一种有潜力的重整技术,它使整个过程可以在自热条件下运行,不需要高压条件约束,同时它使 PEMFC 堆获得的电压和功率值更接近于使用 SR 燃料处理器时的值。与燃料处理器集成的 PEMFC 堆的整体效率取决于所需的功率需求。在低负载时,效率约为 45%,而在较高功率需求下,所有燃料处理器的效率约为 25%。CLR 还可以与太阳能结合,提高工艺效率。Spallina 等[57]提出了一种混合太阳能-氧化还原方案。基于 CLRM 工艺,液体燃料和氢气均由甲烷和集成太阳能以两个氧化还原步骤产生。在还原剂中,甲烷被物质(Fe_3O_4-LSF)部分氧化成 CO 和 H_2,然后在费托(Fischer-Tropsch,F-T)反应器中转化成石脑油和柴油。在氧化器中,水蒸气被前一步骤的还原材料氧化,产生浓缩的 H_2。整体工艺效率估计为 67.5%(higher heating value,HHV),比基于 SMR 的联合生产工艺更有效率 7.7%(HHV)。根据 HHV,混合太阳能-氧化还原过程的甲烷燃料效率估计为 99.4%。

5.4　本章小结

水蒸气甲烷重整是目前较为成熟的产氢技术,但高能耗、高生产成本、高设备投资的特点制约着其进一步发展,并且该技术还需要额外能源和设备将 CO_2 从废气中分离。为了弥补水蒸气甲烷重整技术存在的技术缺陷,研究人员提出了化学链重整技术,包括化学链水蒸气重整、自热化学链重整、甲烷化学链重整等。

高性能载氧体是碳氢燃料化学链重整制氢的关键技术。目前,研究机构对镍基载氧体、铈基载氧体、钙钛矿型载氧体、其他类型载氧体开展较多研究,筛选了不同的活性金属、惰性载体,通过不同制备方法制备得到各种载氧体,开展 CLR 的工业运作,研究了不同连续反应器的工艺。

瑞典、西班牙、中国等国家的研究人员研究了不同连续反应器的工艺,并已经开展化学链重整的工业运作,在高达 140kW 的连续装置中进行中试。

化学循环过程可以以多种方式设计,但循环流化床可能具有优于其他替代方案的优点。

参考文献

［1］Kothari R, Buddhi D, Sawhney R L. Comparison of environmental and economic aspects of various hydrogen production methods［J］. Renewable and Sustainable Energy Reviews,2008,12(2):553-563.

［2］Rydén M, Lyngfelt A. Using steam reforming to produce hydrogen with carbon dioxide capture by chemical-looping combustion［J］. International Journal of Hydrogen Energy,2006,31(10):1271-1283.

［3］孙兆松,梁皓,尹泽群,等.化学链制氢技术研究进展［J］.化学工业与工程,2015,32(5):71-78.

［4］刘涛,余钟亮,李光,等.化学链制氢技术的研究进展与展望［J］.应用化工,2017,46(11):145-152.

［5］Kang K G, Sung R S, Sang D K, et al. Hydrogen production from two-step steam methane reforming in a fluidized bed reactor［J］. International Journal of Hydrogen Energy,2009,34(3):1301-1309.

［6］Norskov J K, Christensen C H. Toward efficient hydrogen production at surfaces［J］. Science,2006,312(5778):1322-1323.

［7］Rhodes C, Hutchings G J, Ward A M. Water-gas shift reaction:Finding the mechanistic boundary［J］. Catalysis Today,1995,23(1):43-58.

［8］Ross J R H. Catalysis:Science and Technology, Vol. 5［J］. Applied Catalysis,1984,13(1):221-222.

［9］Trimm D L. Coke formation and minimisation during steam reforming reactions［J］. Catalysis Today,1997,37(3):233-238.

［10］Damen K, Van Troost M, Faaij A, et al. A comparison of electricity and hydrogen production systems with CO_2 capture and storage—Part B:Chain analysis of promising CCS options［J］. Progress in Energy & Combustion Science,2006,33(6):580-609.

［11］罗明,王树众,王龙飞,等.基于化学链技术制氢的研究进展［J］.化工进展,2014,33(5):1123-1133.

[12] Rahimpour M R, Hesami M, Saidi M, et al. Methane steam reforming thermally coupled with fuel combustion: Application of chemical looping concept as a novel technology[J]. Energy & Fuels, 2013, 27(4):2351-2362.

[13] Zafar Q, Mattisson T, Gervert B. Integrated hydrogen and power production with CO_2 capture using chemical-looping reforming-redox reactivity of particles of CuO, Mn_2O_3, NiO, and Fe_2O_3 using SiO_2 as a support[J]. Industrial & Engineering Chemistry Research, 2005, 44(10):3485-3496.

[14] Ortiz M, Abad A, de Diego L F, et al. Optimization of hydrogen production by chemical-looping auto-thermal reforming working with Ni-based oxygen-carriers[J]. International Journal of Hydrogen Energy, 2011, 36(16):9663-9672.

[15] Rydén M, Lyngfelt A, Mattisson T. Synthesis gas generation by chemical-looping reforming in a continuously operating laboratory reactor[J]. Fuel, 2006, 85(12-13): 1631-1641.

[16] Garcilía-Labiano F, de Diego L F, Gayán P, et al. Effect of fuel gas composition in chemical-looping combustion with Ni-based oxygen carriers. 1. Fate of sulfur[J]. Industrial & Engineering Chemistry Research, 2009, 48(5): 2499-2508.

[17] Luo M, Yi Y, Wang S, et al. Review of hydrogen production using chemical-looping technology [J]. Renewable and Sustainable Energy Reviews, 2017, 81(2), 3186-3214.

[18] Elias K F M, Lucrédio A F, Assaf E M. Effect of CaO addition on acid properties of Ni-Ca/Al_2O_3 catalysts applied to ethanol steam reforming[J]. International Journal of Hydrogen Energy, 2013, 38(11):4407-4417.

[19] Rydén M, Johansson M, Lyngfelt A, et al. NiO supported on Mg-ZrO_2 as oxygen carrier for chemical-looping combustion and chemical-looping reforming[J]. Energy & Environmental Science, 2009, 2:970-981.

[20] Johansson M, Mattisson T, Lyngfelt A, et al. Using continuous and pulse experiments to compare two promising nickel-based oxygen carriers for use in chemical-looping technologies[J]. Fuel, 2008, 87(6):988-1001.

[21] De Diego L F, Ortiz M, Adánez J, et al. Synthesis gas generation by chemical-looping reforming in a batch fluidized bed reactor using Ni-based oxygen carriers[J]. Chemical Engineering Journal, 2008, 144(2):289-298.

[22]Dueso C, Ortiz M, Abad A, et al. Reduction and oxidation kinetics of nickel-based oxygen-carriers for chemical-looping combustion and chemical-looping reforming[J]. Chemical Engineering Journal,2012,188:142-154.

[23]Ortiz M, De Diego L F, Abad A, et al. Catalytic activity of Ni-based oxygen-carriers for steam methane reforming in chemical-looping processes[J]. Energy & Fuels,2012, 26(2):791-800.

[24]Zhou Z, Han L, Bollas G M. Kinetics of NiO reduction by H_2 and Ni oxidation at conditions relevant to chemical-looping combustion and reforming[J]. International Journal of Hydrogen Energy,2014,39(16):8535-8556.

[25]Mattisson T, Johansson M, Lyngfelt A. The use of NiO as an oxygen carrier in chemical-looping combustion[J]. Fuel,2006,85(5-6):736-747.

[26]Ipsakis D, Heracleous E, Silvester L, et al. Reduction and oxidation kinetic modeling of NiO-based oxygen transfer materials[J]. Chemical Engineering Journal,2017,308: 840-852.

[27]Zafar Q, Mattisson T, Gevert B. Integrated hydrogen and power production with CO_2 capture using chemical-looping reforming-redox reactivity of particles of CuO, Mn_2O_3, NiO, and Fe_2O_3 using SiO_2 as a support[J]. Industrial & Engineering Chemistry Research,2005,44(10):3485-3496.

[28]Zhu X, Wang H, Wei Y, et al. Hydrogen and syngas production from two-step steam reforming of methane using CeO_2 as oxygen carrier[J]. Journal of Natural Gas Chemistry,2011,20(3):281-286.

[29]Zhu X, Wei Y, Wang H, et al. Ce-Fe oxygen carriers for chemical-looping steam methane reforming [J]. International Journal of Hydrogen Energy, 2013, 38 (11): 4492-4501.

[30]Guerrero-Caballero J, Kane T, Haidar N, et al. Ni, Co, Fe supported on Ceria and Zr doped Ceria as oxygen carriers for chemical looping dry reforming of methane[J]. Catalysis Today,2019,333:251-258.

[31]Chuayboon S, Abanades S, Rodat S. Solar chemical looping reforming of methane combined with isothermal H_2O/CO_2 splitting using ceria oxygen carrier for syngas production[J]. Journal of Energy Chemistry,2020,41:60-72.

[32]Zheng Y, Li K, Wang H, et al. Designed oxygen carriers from macroporous $LaFeO_3$

supported CeO$_2$ for chemical-looping reforming of methane[J]. Applied Catalysis B: Environmental,2016,202:51-63.

[33]Pachler R F, Penthor S, Mayer K, et al. Fate of sulfur in chemical looping combustion of gaseous fuels using a Perovskite oxygen carrier[J]. Fuel,2019,241:432-441.

[34]Ebrahimi H, Rahmani M. Modeling chemical looping syngas production in a microreactor using perovskite oxygen carriers[J]. International Journal of Hydrogen Energy, 2018,43(10):5231-5248.

[35]Jeangros Q, Hansen T W, Wagner J B, et al. Reduction of nickel oxide particles by hydrogen studied in an environmental TEM[J]. Journal of Materials Science,2013, 48(7):2893-2907.

[36]Galinsky N L, Yan H, Shafiefarhood A, et al. Iron oxide with facilitated O$_2$- Transport for facile fuel oxidation and CO$_2$ capture in a chemical looping scheme[J]. ACS Sustainable Chemistry & Engineering,2013,1(3):364-373.

[37]Zhao K, He F, Huang Z, et al. Perovskite-type oxides LaFe$_{1-x}$Co$_x$O$_3$ for chemical looping steam methane reforming to syngas and hydrogen co-production[J]. Applied Energy,2016,168:193-203.

[38]Suzuki T, Nakayama O, Okamoto N. Partial oxidation of methane to nitrogen free synthesis gas using air as oxidant[J]. Catalysis Surveys from Asia,2012,16(2):75-90.

[39]Cha K S, Yoo B K, Kim H S, et al. A study on improving reactivity of Cu-ferrite/ ZrO$_2$ medium for syngas and hydrogen production from two-step thermochemical methane reforming[J]. International Journal of Energy Research,2010,34(5):422-430.

[40]Hafizi A, Rahimpour M R, Hassanajili S. Calcium promoted Fe/Al$_2$O$_3$ oxygen carrier for hydrogen production via cyclic chemical looping steam methane reforming process [J]. International Journal of Hydrogen Energy,2015,40(46):16159-16168.

[41]Voitic G, Hacker V. Recent advancements in chemical looping water splitting for the production of hydrogen[J]. RSC Advances,2016,6:98267-98296.

[42]Zafar Q, Abad A, Mattisson T, et al. Reduction and oxidation kinetics of Mn$_3$O$_4$/Mg-ZrO$_2$ oxygen carrier particles for chemical-looping combustion[J]. Chemical Engineering Science,2007,62(23):6556-6567.

[43]Lu C, Li K, Wang H, et al. Chemical looping reforming of methane using magnetite as oxygen carrier: Structure evolution and reduction kinetics[J]. Applied Energy,

2018,211:1-14.

[44] Wang X, Wang X, Hu X, et al. Performance evaluation of a Chinese lean iron ore as the oxygen carrier in multi and short-time redox cycles[J]. Applied Sciences,2018, 8(5):682.

[45] Wang X, Liu H, Jin B, et al. Experimental evaluation of a Chinese sulfur-containing lean Iron ore as the oxygen carrier for chemical-looping combustion[J]. Industrial & Engineering Chemistry Research,2016,55(2):428-435.

[46] San Pio M A, Martini M, Gallucci F, et al. Kinetics of CuO/SiO_2, and CuO/Al_2O_3, oxygen carriers for chemical looping combustion[J]. Chemical Engineering Science, 2017,175:56-71.

[47] Cho W C, Lee D Y, Seo M W, et al. Continuous operation characteristics of chemical looping hydrogen production system[J]. Applied Energy,2014,113(6):1667-1674.

[48] Edrisi A, Mansoori Z, Dabir B. Using three chemical looping reactors in ammonia production process—A novel plant configuration for a green production[J]. International Journal of Hydrogen Energy,2014,39(16):8271-8282.

[49] Sanfilippo D. One-step hydrogen through water splitting with intrinsic CO_2 capture in chemical looping[J]. Catalysis Today,2016,272:58-68.

[50] Zeng D W, Xiao R, Huang Z C, et al. Continuous hydrogen production from non-aqueous phase bio-oil via chemical looping redox cycles[J]. International Journal of Hydrogen Energy,2016,41(16):6676-6684.

[51] Chen S, Xue Z, Dong W, et al. Hydrogen and electricity co-production plant integrating steam-iron process and chemical looping combustion[J]. International Journal of Hydrogen Energy,2012,37(10):8204-8216.

[52] Xue Z, Chen S, Wang D, et al. Design and fluid dynamic analysis of a three-fluidized-bed reactor system for chemical-looping hydrogen generation[J]. Industrial & Engineering Chemistry Research,2012,51(11):4267-4278.

[53] Moghtaderi B. Hydrogen enrichment of fuels using a novel miniaturised chemical looping steam reformer[J]. Chemical Engineering Research and Design,2012,90(1):19-25.

[54] Diglio G, Bareschino P, Solimene R, et al. Numerical simulation of hydrogen production by chemical looping reforming in a dual fluidized bed reactor[J]. Powder Tech-

nology,2017,316:614-627.

[55]Spallina V, Marinello B, Gallucci F, et al. Chemical looping reforming in packed-bed reactors: Modelling, experimental validation and large-scale reactor design[J]. Fuel Processing Technology,2017,156:156-170.

[56]Morgado J F, Cloete S, Morud J, et al. Modelling study of two chemical looping reforming reactor configurations: Looping vs. switching[J]. Powder Technology,2016, 316:599-613.

[57]Spallina V, Pandolfo D, Battistella A, et al. Techno-economic assessment of membrane assisted fluidized bed reactors for pure H_2 production with CO_2 capture[J]. Energy Conversion and Management,2016,120:257-273.

[58]Khan M N, Shamim T. Techno-economic assessment of a plant based on a three reactor chemical looping reforming system[J]. International Journal of Hydrogen Energy, 2016,41(48):22677-22688.

[59]Ortiz M, De Diego L F, Abad A, et al. Hydrogen production by auto-thermal chemical-looping reforming in a pressurized fluidized bed reactor using Ni-based oxygen carriers[J]. International Journal of Hydrogen Energy,2010,35(1):151-160.

[60]De Silva A L, Dick L F P, Müller I L. Performance of a PEMFC system integrated with a biogas chemical looping reforming processor: A theoretical analysis and comparison with other fuel processors (steam reforming, partial oxidation and auto-thermal reforming)[J]. International Journal of Hydrogen Energy,2012,37(8):6580-6600.

第6章 氢能的应用

随着人类社会对可持续发展的关注,清洁无污染的氢气不仅可以作为直接能源加以利用(如发电),而且可以作为风能、太阳能等能源的储备优选解决方案,甚至可以作为制备燃料电池、化学合成品(如甲烷、甲酸、烯烃、液体燃料)等的工业原料。

6.1 PEM 燃料电池技术

燃料电池是继火力发电、水力发电和核能发电后的新能源系统,是清洁能源的重要类型。质子交换膜(PEM)燃料电池是第五代燃料电池(其他四代分别是碱性燃料电池、磷酸燃料电池、熔融碳酸盐燃料电池和固体氧化物燃料电池),受到了业界的广泛关注。它采用氢气作为燃料,以氧气作为氧化剂,通过氢氧发生化合反应,直接将氢气中的化学能转换成可以利用的电能,并生成对环境无污染的纯净水。

6.1.1 PEM 燃料电池的特点

PEM 燃料电池具有能量转换率高、环境友好的特点。

①能量转换率高。根据热力学理论,PEM 燃料电池由电化学反应释放的能量直接驱动,不受卡诺(Carnot)循环的限制,因此其能量转换效率远高于内燃机,可达到 45% ~ 60% 。

②环境友好。PEM 燃料电池使用氢气作为燃料,其运行产物只有水,因

此,PEM 燃料电池是一种环境友好的能量转换装置。

PEM 燃料电池被认为是最有发展前景和吸引力的新型清洁能源之一,在固定式发电、便携式移动电源和电动汽车等多个领域均具有十分广阔的应用前景。

6.1.2 PEM 燃料电池的工作原理和组成

6.1.2.1 PEM 燃料电池的工作原理

PEM 燃料电池主要由阳极、阴极、电解质和外部电路组成。PEM 燃料电池中阳极为氢电极,阴极为氧电极,阴、阳极都含有一定量用来加速电极上电化学反应发生的催化剂,两极之间以质子交换膜作为电解质。当氢气与氧气分别通入阳极和阴极时,进入阳极的氢气在催化剂作用下离化成氢离子和电子($H_2 \longrightarrow 2H^+ + 2e^-$),电子经外电路转移到阴极,氢离子则经质子交换膜到达阴极,阴极的氧气与氢离子及电子反应生成水分子($1/2O_2 + 2H^+ + 2e^- \longrightarrow H_2O$),其中产生的水不会稀释电解质,而是随着尾气通过电极排出(图 6.1)。

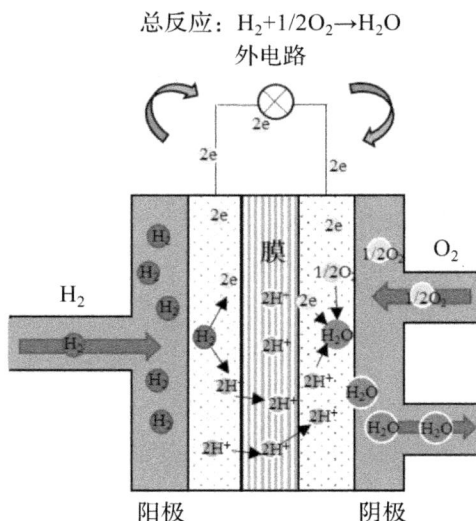

图 6.1 PEM 燃料电池的工作原理示意图

PEM 燃料电池的反应式如下：

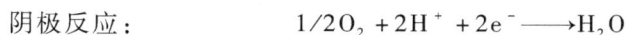

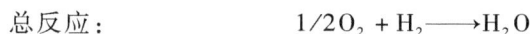

阳极反应：　　　　　　　$H_2 \longrightarrow 2H^+ + 2e^-$

阴极反应：　　　　　　　$1/2O_2 + 2H^+ + 2e^- \longrightarrow H_2O$

总反应：　　　　　　　　$1/2O_2 + H_2 \longrightarrow H_2O$

质子交换膜只能传导质子，因此，质子（H^+）可直接穿过质子交换膜到达阴极，而电子通过外电路到达阴极，产生直流电。

6.1.2.2　PEM 燃料电池的主要部件

PEM 燃料电池由气体扩散层、催化剂层和质子交换膜组成（图6.2）。PEM 燃料电池的关键部件主要包括质子交换膜、电催化剂和双极板。

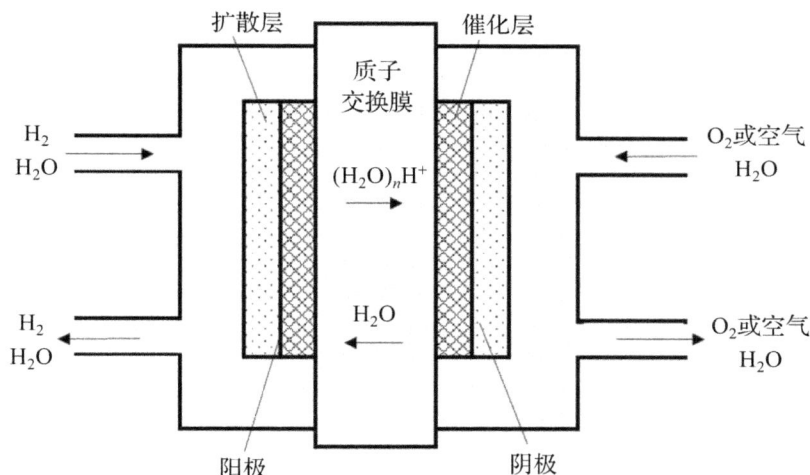

图 6.2　PEM 燃料电池的组成结构示意图

（1）质子交换膜

质子交换膜（PEM）是 PEM 燃料电池的核心部件，起到隔绝阴阳两极、提供质子传递通道和阻止燃料渗透的作用。PEM 的性能优劣直接影响燃料电池的性能和使用寿命。通常 PEM 需要满足以下性能要求：①高质子导电性和低燃料渗透；②高机械强度和柔韧性；③低吸水溶胀率；④优良热学和稳定化学；⑤合理的价格。其中，质子导电性是 PEM 的关键性能之一。

目前,最常用的 PEM 为杜邦(DuPont)公司生产的 Nafion 系列膜。Nafion 具有碳氟主链和含磺酸基的醚支链结构,氟原子在 C—C 键周围形成一道保护层,使得 Nafion 具有优良的机械强度和化学稳定性。但是,Nafion 同时也存在一些缺陷,包括其全氟骨架制备过程复杂、成本高、会对环境造成污染、燃料渗透严重,以及高温低湿条件下质子导电性下降严重等,因此,开发新型性能优良的聚合物质子交换膜替代 Nafion 是当前研究热点。

(2)电催化剂

电催化剂具有使电极与电解质界面上的电荷转移反应加速的催化作用。铂(Pt)催化氧化还原反应活性和稳定性好,是目前在 PEM 燃料电池中被广泛使用且很难被取代的电催化剂。然而,Pt 在地壳中储量稀少,这阻碍了 PEM 燃料电池的大规模生产应用。

催化剂载体能够降低 PEM 燃料电池中 Pt 的用量,是实现 PEM 燃料电池商业化应用的途径之一。催化剂载体是 PEM 燃料电池中非常重要的组成部分,直接影响催化剂的粒径、分布、电化学活性比表面积、稳定性和利用率,最终影响 PEM 燃料电池的性能和使用寿命。PEM 燃料电池中反应物、产物、电子及质子传输效率和速度也与载体性质密切相关,并且载体与催化剂的协同效应能够提高催化剂性能。好的载体具备以下性能:①较高的活性比表面积,能够均匀负载催化剂;②合适的孔结构,能提供高活性三相反应界面;③较强的稳定性,在高湿、高电压等苛刻条件下,长时间不发生严重电化学腐蚀;④高电导率。

炭黑是 PEM 燃料电池的主要载体。美国 Cabot 公司生产的 Vulcan XC 性能较好,是目前应用最广泛的商业载体。BET 比表面积约为 $250m^2/g$,中孔和大孔达 54% 以上,电导率 2.77S/cm,基本满足电催化剂载体对比表面积和导电性的要求。

近年来,学者对碳载体的研究主要集中在新型碳载体的开发和利用上,包括碳气凝胶(carbon aerogel)、碳纳米管、石墨烯、碳纤维等。

PEM 燃料电池电催化剂的研发方向包括降低铂的载量、提高铂的利用率、开发非铂高催化活性的催化剂、提高催化剂的抗 CO 中毒性能等。

（3）双极板

双极板主要起到支撑、阻气、集流和导电的作用。广泛应用的双极板有石墨板、金属板和复合双极板。

6.2　二氧化碳加氢制甲醇

CO_2 加氢合成甲醇技术是指在一定温度、压力下,利用 H_2 与 CO_2 作为原料气,通过在催化剂（$Cu/ZnO/Al_2O_3$ 等氧化物催化剂）上加氢反应催化转化生产甲醇[1-3]。由 CO_2 加氢合成甲醇主要涉及的反应方程式如下:

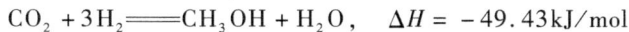

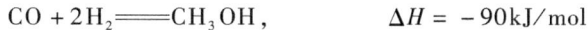

$$CO_2 + 3H_2 \longrightarrow CH_3OH + H_2O, \quad \Delta H = -49.43\,kJ/mol$$

$$CO_2 + H_2 \longrightarrow CO + H_2O, \quad \Delta H = -41.12\,kJ/mol$$

$$CO + 2H_2 \longrightarrow CH_3OH, \quad \Delta H = -90\,kJ/mol$$

甲醇是最简单的饱和醇,也是重要的化学工业基础原料和清洁液体燃料,被广泛用于有机合成、医药、农药、涂料、染料、汽车和国防等领域[4-5],用于合成甲醛、二甲醚、烯烃、汽油、醋酸、氯甲烷、甲胺、硫酸二甲酯、对苯二甲酸二甲酯、甲基丙烯酸甲酯、丙烯酸甲酯等多种产品[6]。

目前,我国几乎全部采用以煤炭为原料经过气化合成甲醇的技术路线,这不仅浪费了大量煤炭资源,而且也排放出大量二氧化碳。近年来,我国新增甲醇产能主要采用煤制甲醇、焦炉气制甲醇的技术路线,项目集中在西北、华北地区。截至 2020 年底,我国甲醇有效产能约 9700 万吨,约占世界甲醇总产能的 55.4%。2020 年我国甲醇总产量为 6385 万吨,逐渐成为全球最大的甲醇生产和消费国。

目前,CO_2 加氢合成甲醇处于工业化示范阶段。CO_2 加氢合成甲醇具有两点优势:①可以利用温室气体 CO_2 合成化工原料甲醇;②可减少温室气体排放,实现碳资源的循环利用[8-9]。同时,也有两个需要重点解决的技术瓶颈问题:①高性能催化剂的开发,以适应工业化生产;②廉价氢气的来源。

CO_2 加氢制甲醇,一定程度上也依赖于新能源的发展,特别是风能、核能、太阳能等能源技术大规模发展后,可解决廉价氢的来源问题。就近期来看,我国盐卤行业、焦炉气行业和弛放气行业等排放出大量的氢气,因此,这些行业是目前该技术可以利用的优先区域。从长远来看,随着我国可再生能源、先进核能技术的发展,电解水制氢和生物质制氢的成本将大幅降低,可能获得充足的廉价氢气,将极大地推动该技术的大面积应用。

6.3 二氧化碳加氢制甲酸

CO_2 加氢合成甲酸技术是指 CO_2 与 H_2 在催化剂的作用下直接合成甲酸的过程。该过程在理论上属于原子经济性100%的绿色工艺,已引起各国研究者的关注[10-12]。由 CO_2 加氢合成甲酸主要涉及的反应方程式如下:

$$CO_2 + H_2 =\!\!=\!\!= HCOOH, \Delta H = -31.5kJ/mol$$

甲酸是最简单的有机羧酸,与其他有机酸相比,其分子中既含有羧基又含有醛基,故甲酸既有酸的性质,又有醛的性质。甲酸在化学工业、食品工业、医药、农药、制革行业中应用广泛[13]。甲酸还可以作为能源生产的原料,CO_2 加氢合成甲酸可以作为储存和运输氢气的方式[14]。甲酸也可作为燃料电池和汽车燃料的原料,为人们提供电力和动力。

甲酸生产主要采取轻油液相氧化法、甲酸甲酯水解工艺,而生物法和二氧化碳法生产工艺仍处于研究阶段,污染严重、原料成本高的甲酸钠法生产甲酸技术已经基本被淘汰。随着医药及食品等领域的发展,我国甲酸需求不断增长,产业进入快速发展阶段。2018年,我国甲酸行业产量约50.2万吨,同比2017年的40.2万吨增长了24.9%。2018年,我国甲酸行业进口量约为0.02万吨,出口量约为17.69万吨,国内甲酸行业需求量约为32.53万吨[15]。

目前,CO_2 加氢合成甲酸技术大多数还处于实验室阶段,选择性和转化率均不太理想,难以进行商业化推广。该技术需要解决的技术瓶颈问题主要是制备活性高、能够长周期使用、环境友好的催化剂。当前的研究绝大多数都集中于均相反应在较高压力下进行,存在金属残留的问题,部分催化剂的成本太高,造成大量损失,而其他类型的催化过程由于技术不成熟,效率较低[16-18]。改善催化反应体系中的传质和传热,促进反应的产业化,使二氧化碳有效地转化为有用的化工资源,对解决环境问题、能源问题和化工原料问题均具有重大意义[19]。同时,为了降低过程的生产成本,开发能量优化的合成工艺,也是该技术工业化必须解决的难点之一。

6.4　二氧化碳加氢制烯烃

CO_2 加氢合成烯烃技术是指热催化 CO_2 加氢直接合成乙烯、丙烯等高附加值化学品。CO_2 加氢制烯烃可以通过两种途径进行:改良的费托合成(FTS)和甲醇介导合成(图6.3)。

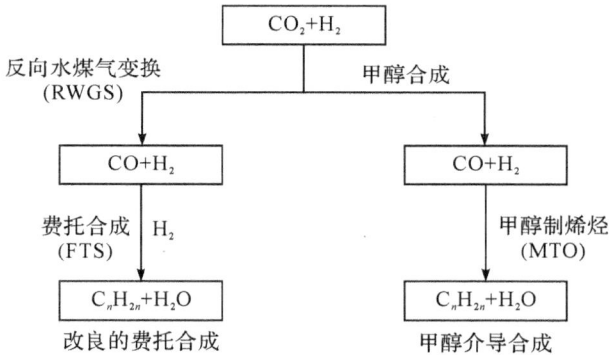

图 6.3　通过 CO_2 加氢生产烯烃的直接途径

在第一种途径中,CO_2 通过反向水煤气变换(RWGS)还原为 CO,然后通过 FTS 进行链传播。在第二种途径中,CO_2 首先被氢化为甲醇,然后转化为碳氢化合物。这两种途径都是通过链增长的步骤来产生增值的碳氢化合物的。由于上述两种途径都涉及两个不同的步骤,因此可以使用两级反应器(间接途径),通过使用两种不同的催化剂并在针对每个步骤优化的特定反应条件下进行两个步骤。同时,由于这两个步骤不是互相排斥的,因此单独使用单个反应器的直接路线也是可行的,这样会更经济、节能。目前,研究较多关注 CO_2 加氢生成低级烯烃,主要研究参数如表 6.1 所示[20]。

表 6.1　CO_2 加氢生成低级烯烃的部分研究(CO_2 转换值为 20%~40%)

| 催化剂 | CO_2 /% | 选择性[a]/% | | | O/P 比值[b] | 反应条件 | | | 空间速率/ $(mL \cdot g_{cat.}^{-1} \cdot h^{-1})$ |
		CO	CH_4	C_2-C_4		T/℃	H_2/ CO_2 比值	P/ MPa	
80Fe20Cu/K/Al_2O_3	30	5.7	9.2	n.r.[c]	5.5	300	3/1	2	756
Fe-Cu(0.17)/ K(1)/Al_2O_3	29.3	17	7	n.r.	5.2	300	3/1	1.1	3600
Fe-Co/K/Al_2O_3	37.2	28.9	13.5	30.2	7.3	320	3/1	2	3600
5Fe-1Zr-1Ce-K	28.2	10.5	41.8	22.6	1.1	320	3/1	2	n.r.
Fe/ZIF-8	30	17	25	8	0.2	300	3/1	3	3600
FeK1.5/rGO	37	46	n.r.	30.24	5.6	340	3/1	2	2200
ZnGa_2O_4/SAPO-34	37	85	0.8	6.8	1	450	3/1	3	5400
In-Zr/SAPO-34	35.5	85	0.6	11.5	4.6	400	3/1	3	9000
ZnZrO/SAPO	20	65	1.8	28	8	400	3/1	2	3600
In-Zr/SAPO-34	26.2	63.9	0.7	26.9	3.5	380	3/1	3	9000
CuZnZr@Zn-SAPO-34	19.6	58.6	6.1	25	3	400	3/1	2	n.r.

[a] 表中的选择性值基于碳计算,包括 CH_4、CO、C_2-C_4 烯烃、C_2-C_4 烷烃和 C_{5+} 化合物;[b] O/P 比值是指产物混合物中烯烃与链烷烃的差异;[c] n.r. 指尚未报告的数据。

目前,烯烃主要来自化石燃料,消费主要集中在制备聚乙烯、环氧乙烷/乙二醇和苯乙烯、聚丙烯、丙烯腈、异丙醇、丙酮、环氧丙烷等。人们对塑料等需求不断增长,促使人们开发更可持续的合成路线。在乙烯方面,2020 年我国乙烯产能达到 3518 万吨,约占全球总产能的 17.9%,我国是仅次于美国的世界第二大乙烯生产国[21];2021 年我国乙烯产能预计达到近 4400 万吨,较 2020 年增幅超过 20%。在丙烯方面,2021 年我国丙烯产能达到近

5044 万吨,产能高速增长,丙烷脱氢(PDH)和煤制烯烃(CTO)生产工艺进展迅速[22]。

目前,CO_2 加氢合成烯烃技术大多数还处于实验室阶段。在二氧化碳制备低碳烯烃过程中,降低烷烃特别是甲烷的生成和提高某一烯烃的选择性是研究重点。后续研究目标包括更好地控制 C/H 表面比率和催化剂功能范围内的相互作用,以及了解反应机理并避免失活。

6.5　二氧化碳加氢制液体燃料

目前,CO_2 加氢合成高碳烃的研究还相对较少。2017 年 5 月,中国科学院大连化学物理研究所碳资源小分子与氢能利用创新特区研究组研究员孙剑、葛庆杰团队通过设计一种新型 Na-Fe_3O_4/HZSM-5 多功能复合催化剂,成功实现了 CO_2 直接加氢制取高辛烷值汽油,这被认为是 CO_2 催化转化领域的突破性进展[23]。Na-Fe_3O_4/HZSM-5 多功能复合催化剂催化 CO_2 氢化的三个步骤包括:①通过 RWGS 得到 CO;②通过 FTS 将 CO 氢化为 α 烯烃中间体;③通过酸催化齐聚、异构化和芳构化反应形成汽油烃。

2017 年,中国科学院低碳转化科学与工程重点实验室创造性地采用氧化铟/分子筛双功能催化剂,实现了 CO_2 加氢一步转化高选择性得到液体燃料。孙予罕、钟良枢和高鹏团队成功设计出金属氧化物/分子筛双功能催化剂,在 CO_2 高选择性转化为高碳烃方面取得突破。烃类产物中汽油烃类组分的选择性高达近 80%,而副产物甲烷的选择性小于 1%,汽油烃类组分以高辛烷值的异构烃为主。双功能催化剂是利用氧化铟表面的高度缺陷结构来活化 CO_2 并进行选择性加氢,在实现 CO_2 高效转化为含氧中间体的同时可有效抑制副产物的生成,中间体传递至分子筛笼中,发生偶联反应,得到汽油烃类组分。研究还发现,双活性位的精准控制对汽油烃类组分的生成起着至关重要的作用。

此外,CO_2 加氢还可以合成芳烃,这是一种非石油路线合成芳烃的技术。

目前,利用 CO_2 加氢直接制取芳烃也取得了一定的突破。控制活性金属组分的还原能力,调控分子筛的结构与最佳酸浓度,寻找金属组分与分子筛的最佳空间距离,是将 CO_2 转化为芳烃过程中得到复合催化剂高活性与高稳定性的关键特征。但是反应过程中仍然存在着 CO_2 转化率过低、副产物 CO 的选择性高、产物分布广泛等问题[24]。

6.6 氢加氮制备氨肥料技术

工业上合成氨的技术主要是将氮气和氢气在高温(超过 400℃)、高压(超过 100bar,或地球表面大气压的 100 倍)下进行催化反应。合成氨从 20 世纪初发展至今已有一百多年的历史,其生产技术和制备设施都已日趋完善,工艺能耗能够接近理论最小值,现今工业技术主要为哈伯-博世工艺(Haber-Bosch process)。合成氨是极为重要的化工产品,是氮肥工业的基础原料。化学工业中大部分含氮产品、药物中的磺胺化合物,以及国防工业中的三硝基甲苯、硝化甘油、硝化纤维等也都来源于合成氨。

合成氨的传统工艺流程如图 6.4 所示[25]。

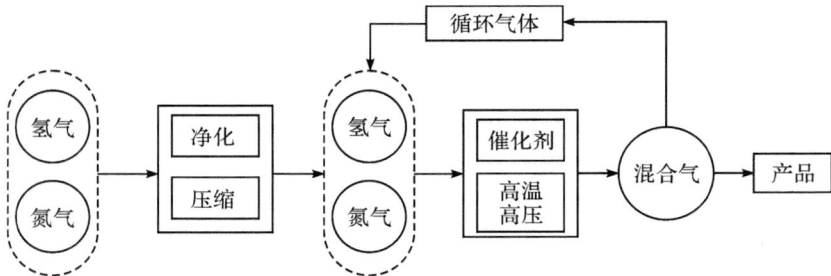

图 6.4　合成氨的工艺流程

①原料气的制取。原料气主要为氮气和氢气。氮气可由空气液化的物理方法获得,也可利用碳与空气中的氧气反应,再除去二氧化碳后得到。氢气的制取方法是将水蒸气与煤炭、石油或天然气等在高温条件下混合,生成含有一氧化碳和氢气的混合气体,一氧化碳与过量的水蒸气继续反应,生成

氢气和二氧化碳。

②净化、压缩。原料气中含有少量碳氧化合物及硫化物等,利用物理或化学吸附等手段净化脱碳脱硫是合成氨工艺中最重要的一道环节。将有毒的 CO 转化为 CO_2、脱硫脱碳,不仅利于环境保护和资源回收利用,而且关系到后续氨合成的工序。在气体精制后,纯净的氮、氢混合气经高压压缩,送入氨反应装置中。

③氨的合成。在高温高压及催化剂条件下,氮、氢混合气进行化合反应制得氨气,它是整个工艺流程的核心。由于合成氨是放热、体积减小的可逆反应,因此需要及时分离已生成的氨,排放惰性气体并循环未反应气体,推动整个反应体系不断正向进行,以达到降低生产成本以及提升氨生产效率的目的。

根据合成氨的含碳量的高低,合成氨技术可分为棕色氨、蓝色氨和绿色氨。其中,棕色氨是以化石燃料为原料制成的高碳氨;蓝色氨是低碳棕色氨,在制造过程中主要应用了碳捕获和存储技术;绿色氨是零碳氨,主要采用可持续的电力、水和空气制成。

棕色氨技术是目前主要的氨生产工艺技术。主流生产技术是基于哈伯-博世工艺,使用甲烷气体生产氢气,然后氢气与大气中的氮气在高温高压下的催化反应合成氨。总体来说,棕色氨生产属于能量密集型产业,每生产 1t 氨耗电 8000kW・h,其中大部分能源消耗和大约 90% 的碳排放来自氢气的生产。氢气几乎完全是通过化石燃料的水蒸气重整产生的。大多数氨厂依靠天然气的水蒸气重整来生产氢气和二氧化碳[26](图6.5)。煤、重质燃料油和石脑油也可用于合成氨,但二氧化碳排放量较高(2.5～3.8吨二氧化碳/吨氨),远高于天然气合成氨(1.6吨二氧化碳/吨氨)[27]。氮气从压缩空气或空气分离装置中获得。减少合成氨过程中的二氧化碳排放,主要取决于氢气来源,使用低碳能源进行工艺和系统集成,以产生最高效的整体工艺。

蓝色氨技术使用来自水蒸气甲烷重整(SMR)的蓝色氢气,再加上碳捕集和封存(CCS)技术。具有碳捕获和储存功能的 SMR 可能是降低氨生产碳

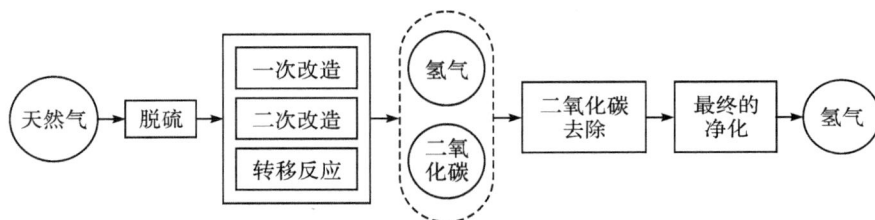

图 6.5　天然气水蒸气重整制氢示意图

足迹的最低成本选择(估计二氧化碳捕获和储存可增加 0.40kg 氢)[28]。SMR 以浓缩的形式排放二氧化碳,非常适合碳捕获和储存。虽然高达 90% 的二氧化碳可以被捕获,但与天然气开采相关的上游温室气体排放,将 SMR 和碳捕获和储存相结合的生命周期减排限制在 60%~85%[29]。但对于净零碳氢生产,目前的预测表明,这一过程只能是向零碳解决方案过渡的一部分。

绿色氨(零碳氨)技术主要是指通过 100% 可再生和无碳工艺生产的氨。绿色氨使用可再生能源代替天然气或煤炭生产氢气,因此,它是减少温室气体排放的有效途径。电化学哈伯-博世工艺产生氨的过程中没有任何温室气体排放。地球大气中的氮含量约为 78%,很容易从空气中分离出来,而氢可以通过电解从水中获得。氢气和氮气在哈伯-博世工艺的工业标准反应中结合生产氨。如果使用太阳能和风能等可再生能源为这些工艺提供动力,那么这些能量就会被锁定在氨分子中,而不会产生任何直接的碳排放。绿色氨的生产和使用如图 6.6 所示。

6.7　本章小结

氢能已被视为未来战略性能源,是清洁能源的重要类型,可以作为制备燃料电池、化学合成品(如甲烷、甲酸、烯烃、液体燃料)等工业原料。PEM 燃料电池是第五代燃料电池,采用氢气作为燃料,以氧气为氧化剂,通过氢氧发生化合反应,直接将氢气中的化学能转换成可以利用的电能,具有能量转

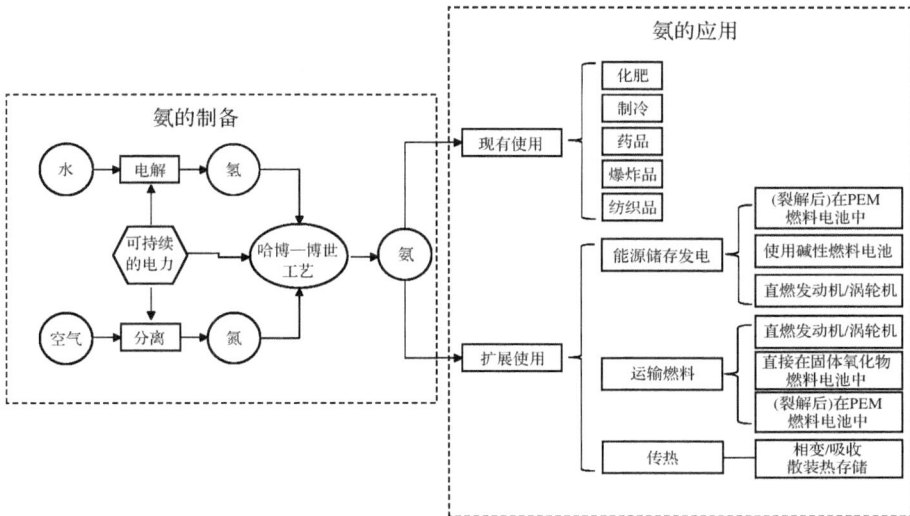

图 6.6　绿色氨的生产和使用

换率高、环境友好等显著优势。PEM 燃料电池是最具发展前景和吸引力的新型清洁能源之一,受到了业界的广泛关注。

在 CO_2 加氢制化学品与液体燃料方面,大部分研究较多关注 CO_2 加氢制得短链产物,如甲烷、甲醇、甲酸、二甲醚、低碳烯烃等,并且取得了很大的进展,而对长链产物的研究相对较少。CO_2 加氢合成甲醇技术目前处于工业化示范阶段,需要继续解决廉价氢的来源问题和工业化催化剂问题。CO_2 加氢合成甲酸、烯烃、汽油等技术大多数还处于实验室阶段,需要开发活性高、能够长周期使用、环境友好的催化剂,以提高转化率,降低工业化生产成本。

参考文献

[1]Olah G A, Goeppert A, Prakash G K S. Chemical recycling off carbon dioxide to methanol and dimethyl ether:From greenhouse gas to renewable, environmentally carbon neutral fuels and synthetic hydrocarbons[J]. Journal of Organic Chemistry,2009,74(2):487-498.

［2］李庆勋,王宗宝,娄舒洁,等.二氧化碳加氢制甲醇研究进展［J］.现代化工,2019,
39(5):25-29.

［3］程金燮,胡志彪,王科,等.合成甲醇铜基催化剂及制备工艺研究进展［J］.工业催
化,2015(8):585-594.

［4］Choudhury J. New strategies for CO_2-to-methanol conversion［J］. ChemCatChem,
2012,4(5):609-611.

［5］González-Garay A, Frei M S, Al-Qahtani A, et al. Plant-to-planet analysis of CO_2-
based methanol processes［J］. Energy & Environmental Science, 2019, 12 (12):
3425-3436.

［6］钱伯章.甲醇生产技术进展［J］.精细化工原料及中间体,2012(3):33-37.

［7］刘亮.甲醇:应对能源安全的又一选择［N］.中国石油报,2020-10-22(4).

［8］Gao P, Li F, Zhan H, et al. Influence of Zr on the performance of Cu/Zn/Al/Zr cata-
lysts via hydrotalcite-like precursors for CO_2 hydrogenation to methanol［J］. Journal of
Catalysis,2013,298:51-60.

［9］Zhou X, Qu J, Xu F, et al. Shape selective plate-form Ga_2O_3 with strong metal-support
interaction to overlying Pd for hydrogenation of CO_2 to CH_3OH［J］. Chemical Communi-
cations,2013,49(17):1747-1749.

［10］Wesselbaum S, Hintermair U, Leitner W. Continuous-flow hydrogenation of carbon
dioxide to pure formic acid using an integrated $scCO_2$ process with immobilized cata-
lyst and base［J］. AngewandteChemie International Edition, 2012, 51 (34):
8585-8588.

［11］Himeda Y. Conversion of CO_2 into formate by homogeneously catalyzed hydrogenation
in water:Tuning catalytic activity and water solubility through the acid-base equilibri-
um of the ligand［J］. European Journal of Inorganic Chemistry, 2010, 2007 (25):
3927-3941.

［12］于英民,费金华,张一平,等.功能化 MCM-41 固载的钌基催化剂上二氧化碳加氢
合成甲酸［J］.燃料化学学报,2006,34(6):700-705.

［13］何燕.国内外甲酸生产、消费与市场［J］.现代化工,1999(1):35-36.

［14］史建公,刘志坚,刘春生.二氧化碳催化转化为甲酸的技术进展［J］.中外能源,
2019,24(4):64-82.

［15］2019 年中国甲酸产业供需现状分析及甲酸产量供应趋势预测［EB/OL］.(2019-

08-05）[2021-08-22]. https：//www. chyxx. com/industry/201908/768645. html.

[16] Zhang Z，Xie Y，Li W，et al. Hydrogenation of carbon dioxide is promoted by a task-specific ionic liquid[J]. Angewandte Chemie International Edition，2008，47（6）：1127-1129.

[17] Wang W H，Himeda Y，Muckerman J T，et al. CO_2 hydrogenation to formate and methanol as an alternative to photo- and electrochemical CO_2 reduction[J]. Chemical reviews，2015，115（23）：12936-12973.

[18] Wang W，Wang S，Ma X，et al. Recent advances in catalytic hydrogenation of carbon dioxide[J]. Chemical Society Reviews，2011，40（7）：3703-3727.

[19] Costentin C，Robert M，Savéant J M. Catalysis of the electrochemical reduction of carbon dioxide[J]. Chemical Society Reviews，2013，42（6）：2423-2436.

[20] Ronda-Lloret M，Rothenberg G，Shiju N R. A critical look at direct catalytic hydrogenation of carbon dioxide to olefins[J]. ChemSusChem，2019，12（17）：3896-3914.

[21] 2019 年乙烯行业迎来井喷式增长[EB/OL].（2019-01-21）[2021-08-22]. https：//www. sohu. com/a/290474931_237486.

[22] 2018 年中国丙烯产量达 3140 万吨，产能高速增长，PDH 与 CTO 路线成为主流[EB/OL].（2019-08-26）[2021-08-22]. http：//www. chyxx. com/industry/201908/775482. html.

[23] Wei J，Yao R，Han Y，et al. Towards the development of the emerging process of CO_2 heterogenous hydrogenation into high-value unsaturated heavy hydrocarbons[J]. Chemical Society Reviews，2021，50（19）：10764-10805.

[24] 焦佳鹏，田海锋，何环环，等. CO/CO_2 加氢制芳烃的研究进展[J]. 化工进展，2021，40（1）：205-220.

[25] 徐也茗，郑传明，张锟宏. 氨能源作为清洁能源的应用前景[J]. 化学通报，2019，82（3）：214-220.

[26] International Fertiliser Industry Association. Fertilizers，climate change and enhancing agricultural productivity sustainably[R/OL].（2009-07-23）[2021-08-22]. https：//www. fertilizer. org/Public/Stewardship/Publication _ Detail. aspx? SEQN = 4910&PUBKEY = 0E80C30A-A407-49D2-86B5-0BAC566D3B26.

[27] Brightling J. Ammonia and the fertiliser industry：The development of ammonia at Billingham[J]. Johnson Matthey Technology Review，2018，62（1）：32-47.

[28]International Energy Agency. The future of hydrogen[R/OL]. (2019-06-01)[2021-08-22]. https://www. iea. org/hydrogen2019.

[29]Committee on Climate Change. Hydrogen in a low-carbon economy[R/OL]. (2018-11-22)[2021-08-22]. https://www. theccc. org. uk/wp-content/uploads/2018/11/Hydrogen-in-a-low-carbon-economy. pdf.

第7章 我国氢能发展的对策

随着氢能产业的发展及其燃料电池应用相关技术和产品的快速发展,我国和日本、美国、德国等发达国家在氢能燃料电池领域展开了激烈的国际竞争,需要打破相关技术壁垒来改善产品质量和技术先进性,从而提升我国氢能及相关应用链在国际上的战略优势。因此,开展氢能技术、人才、交流合作、标准、知识产权等多角度、全方位的工作,将有助于我国增强在国际氢能领域的参与度,争取更大的话语权,提升我国氢能技术和产业国际竞争力。

由于氢能的巨大使用前景以及庞大的产业链价值,氢能的开发与利用不仅成为许多国家实现能源转型的重要路径,而且还成为国际竞争的重要组成部分。国家发展和改革委员会发布的《产业结构调整指导目录(2019年本)》中鼓励发展高效制氢/运氢及高密度储氢技术开发应用及设备制造、加氢站、新能源汽车关键零部件。2019年,广东、山西等10个省(区、市)将发展氢能写入政府工作报告,北京、上海、苏州、佛山、嘉兴等超过22个城市出台了本地氢能产业发展规划或行动计划,从产值规划、加氢站建设、推广示范车辆数量、企业扶持等方面进行了详细的规划,通过人才、资金、示范运营等多举措加速氢能及燃料电池产业布局。

目前,我国氢能市场发展存在产业缺乏统一规划、关键核心技术尚未突破、总成本过高、技术专利壁垒严重等问题。针对这些问题,我们提出如下建议。

(1)开展氢能关键技术及其应用研究,从核心技术上突破市场封锁

氢能已被视为未来主要能源,氢气的制取是氢能研究的基础。如何高效、清洁制氢对氢能的发展具有重要意义,因此,研究并获取高效、低成本、大规模的制氢是氢能产业发展的前提与基础,建议加大对制氢技术及相关制氢材料的研发研制。

加强对氢能储备技术与氢能应用技术及氢能应用成套设备的研究,从技术链、产业链和供应链等角度开展氢能应用技术的研究,尤其注重关键技术、核心技术的攻关,避免受制于人。

(2)开展国内外氢能标准化研究,帮助解决国家氢能产业标准缺失问题

我国当前氢能市场存在产业缺乏统一规划、关键核心技术尚未突破、总成本过高、技术标准体系相对滞后等问题。为了解决氢能市场发展的标准化问题,需要密切跟踪国内外氢能技术标准化发展动态,详细开展国内外氢能技术标准的调研分析,建立有效促进氢能产业发展的氢能标准体系和氢能标准化发展路径,为氢能标准的研究制定和相关政策规划的出台提供参考建议,真正提升我国氢能产业的国际竞争力。

氢能产业技术复杂多样,产业交织融合,标准制定工作缺少目标方向指引,因此需要从全球视角,全面调研氢能产业技术及发展情况,结合氢能标准的现状,分析我国氢能产业链发展布局,研究建立我国氢能产业标准体系框架,指导氢能技术标准的制定。基于对国内外氢能标准、标准制定机构、氢能发展规划的调研分析,分别从国际标准、国家标准和团体标准等三个层面开展工作,研究并提出我国氢能标准化工作发展路线图和实施方案。

(3)开展氢能技术链、产业链、供应链专利壁垒与竞争研究,提出知识产权保护策略,提升国际竞争力

为了解决氢能燃料电池市场发展的技术专利壁垒和知识产权问题,需要密切跟踪国内外氢能燃料电池技术专利的发展动态,详细开展国内外氢能燃料电池技术专利的调研分析,建立有效促进氢能产业发展的氢能燃料电池技术专利发展路径,为氢能燃料电池技术专利壁垒的研究和相关政策规划的出台提供参考建议,提升我国氢能产业的国际竞争力。

氢能产业技术复杂多样,产业交织融合,专利保护工作缺少目标指引,因此需要从全球视角出发,挖掘氢能燃料电池领域的关键技术分布、重点技术研发趋势、最新技术发展动向,识别潜在应用技术和专利空白技术。

通过对国内外氢能燃料电池技术专利的调研和国内外氢能燃料电池市场需求的分析,结合国内外主要机构的技术优势和专利布局,剖析氢能技术及其应用优势和潜在机会,分析潜在的知识产权风险,应对技术壁垒和封锁,对未来氢能燃料电池技术研发和转型升级的方向与重点进行预判,从而支撑我国氢能及相关应用产业的研发方向选择和产业化项目运行。

基于对国内外氢能燃料电池技术专利、专利相关机构、氢能燃料电池市场发展规划的调研分析,结合我国氢能产业链发展布局,剖析氢能相关应用领域在国内外市场的机遇和挑战,研究并提出我国氢能及应用技术专利保护相关策略,指导我国氢能核心技术及应用知识产权保护。